ISBN 2-86930 341-6

© Rivages, 1986
5, rue Paul-Louis Courier - 75007 Paris
10, rue Fortia - 13001 Marseille

ERIC ROHMER

PAR JOËL MAGNY

COLLECTION DIRIGEE
PAR FRANCIS BORDAT

RIVAGES

L'auteur remercie tous ceux qui, par leurs conseils, concours, informations ou prêts, ont permis la réalisation de ce livre :

Nadine Béhart, Francis Bordat, Alain Carbonnier, Yvette Cazaux, Pascal Dumont, Monique Fourny, Hervé Grandsart, Laurence Granec, Josette et Vladimir Juren, Margaret Menegoz, Georges Méran, Simon Mizrahi, Dominique Rabourdin ;

Les Cahiers du cinéma ;

Les Films du Losange ;

Et tout particulièrement :

Jean Douchet, qui retrouvera dans ces pages l'écho de nos conversations,

Et Eric Rohmer, qui a aimablement accueilli notre travail et nos questions.

Crédits photographiques : Collection Dominique Rabourdin, Cahiers du cinéma, Georges Méran et collection personnelle de l'auteur.

Sommaire

Portrait d'Eric Rohmer en héros rohmérien	7
Le plan rohmérien	19
Géométrie dans l'espace	23
Voie à double circulation	28
Chance et malchance	33
Calcul de probabilités	38
Le système des « Contes moraux » et le jeu des « Comédies et proverbes »	43
Société à irresponsabilité limitée	51
Le bourgeois libertin	57
Stratégies licencieuses et idéal conjugal	64
Le goût de la beauté	71
Le détour originel	77
Avec ou sans Dieu	90
Le pari du cinéma	97
Filmographie	100
Bibliographie	212

Portrait d'Eric Rohmer en héros rohmérien

La première caractéristique du personnage est une séparation radicale entre vie privée et vie professionnelle. Rares sont les intimes qui ont pu franchir les portes de son domicile personnel, rencontrer sa femme et ses enfants. L'homme est plus que discret sur ce qui le concerne personnellement. Il se dérobe à toute question débordant son activité de cinéaste et laisse planer un flou savamment entretenu sur ses origines et sa jeunesse.

Longtemps, il a refusé de laisser paraître sa photographie dans la presse ou même sa propre revue, les *Cahiers du cinéma*. La plus ancienne figure là, en décembre 1962, à l'occasion d'un « Dictionnaire des nouveaux cinéastes français » (n° 138). Encore s'agit-il d'un cliché peu ressemblant, guindé et probablement daté. Son exigence se relâche à partir de *Ma nuit chez Maud*, mais il tient alors à choisir lui-même l'image qui sera publiée. Encore à l'époque de *la Femme de l'aviateur,* il rejette catégoriquement l'intrusion d'un photographe des *Nouvelles Littéraires* au beau milieu d'un entretien : « Ah non, je ne veux pas ! Jamais de photo. Je suis contre le vedettariat. Je veux rester tout à fait dans l'ombre (...) J'aime que le cinéma français soit un cinéma d'auteur (...) Mais attention : on a trop souvent qualifié de cinéma d'auteur un cinéma de mégalomanes (...) Le fait que le public peut reconnaître dans un film le style de l'auteur fait partie du plaisir. Mais l'auteur n'existe que par son œuvre. »

Sur un ton plus personnel, il exprimait, en 1976, aux responsables du Festival de Cannes son refus de se rendre à la présentation de son film, *la Marquise d'O...*, et d'y tenir la conférence de presse d'usage : « Si je dois au public une œuvre faite à son adresse, si j'admets que, pour le prestige et le bien de la Culture, sa présentation puisse être entourée de quelque pompe, je n'en prétends pas moins rester jalousement maître de ma personne privée. J'aurais trop chèrement payé le succès auquel j'ai

Jean-Pierre Léaud et Eric Rohmer dans *Out One,* de Jacques Rivette.

accédé depuis peu, si ce devait être au prix de cette liberté que tant d'années de lutte dans l'ombre m'ont rendue chère plus que tout. Je ne suis plus d'âge à me guérir d'une timidité devant les foules, que je vous laisse le droit d'appeler maladive » [1].

Ses apparitions dans ses propres films sont rares. Une voix qui parle en latin dans une cabine téléphonique de *la Carrière de Suzanne*. Le commentaire neutre, objectif et scientifique de *la Place de l'Etoile*. Un rôle dans *Bérénice* et *la Sonate à Kreutzer*. Une apparition muette en officier russe dans *La Marquise d'O...* Dans ses films (de la télévision scolaire entre autres) comme dans ceux des autres (un professeur de lettres dans *Brigitte et Brigitte* de Luc Moulet, un spécialiste de Balzac dans *Out One : Spectre* de Jacques Rivette, ou des émissions de télévision scolaire de son ami Jean Douchet), il est le plus souvent grimé, affublé de barbes et moustaches postiches.

Pudeur excessive, timidité maladive ou goût de la mystification ? Quelle que soit la réponse, la question se pose aussi face aux pseudonymes volontiers adoptés. De son vrai nom Maurice

1. Bulletin quotidien du Festival de Cannes. *Avant-scène* N° 173.

Schérer, il signe son roman *Elisabeth,* en 1946, du nom de Gilbert Cordier. La majorité de ses premiers articles portent la signature de Maurice Schérer (de 1948 à 1955). Eric Rohmer ne signe alors que des scénarios (n° 5 et 12 des *Cahiers du cinéma*). Mais les initiales E.R. apparaissent dès 1950 dans *La Gazette du cinéma.*

Le cinéaste a donné au choix de ce pseudonyme des raisons diverses. La plus fréquente tiendrait à sa famille, sa mère en particulier, qui aurait peu apprécié que le digne professeur de Lettres se fourvoie dans la profession cinématographique. Mais pourquoi alors le nom Rohmer n'apparaît-il que quelques années après son véritable patronyme ? A moins de considérer qu'écrire sur le cinéma fût jugé plus noble qu'en faire, ne serait-ce que sous forme de scénario...

La raison invoquée par l'auteur tient à son appartenance, à ce moment précis, au corps enseignant : il n'était pas, à l'époque, très bien vu de se livrer à des activités aussi futiles et pernicieuses que le cinéma.

On ne saurait toutefois rejeter totalement le goût de la mystification, de brouiller les pistes. Celui qui consiste à attribuer un extrait de son film *Bérénice,* à un certain Dirk Peters, dans une émission de la télévision scolaire sur Edgar Poe. De la même façon Rohmer et Chabrol ont signé en commun leur livre sur Hitchcock. On sait que le premier s'est chargé de la période américaine, le second de la période anglaise. Mais les interférences sont nombreuses, chacun ayant participé, çà et là, au travail de l'autre.

On comprend que, dans ces circonstances, les informations manquent pour reconstituer l'itinéraire biographique d'Eric Rohmer, quand elles ne sont pas fluctuantes ! Diverses dates (1920, 1921, 1923, 1928) et lieux de naissance (Nancy, Tulle, Nuits-les-Saulniers) émaillent livres, dossiers de presse, fiches filmographiques. En fait, Maurice Schérer nous a confirmé être né le 21 mars 1920 à Tulle (Corrèze), d'une famille d'origine alsacienne. Après des études de lettres, il enseigne à Paris, puis en province, à Vierzon.

Passionné de cinéma, il écrit dès 1948 dans *La Revue du cinéma* (qui disparaît en 1949) et dans *Les Temps Modernes* (dirigés alors par Merleau-Ponty). Il participe en 1949 au Festival du film maudit de Biarritz, organisé par le ciné-club *Objectif 49,* dont les membres d'honneur sont Jean Cocteau, Robert Bresson, Roger Leenhardt, René Clément, Alexandre Astruc, Pierre Kast et

Raymond Queneau. C'est là qu'il rencontre un enthousiaste cinéphile de 17 ans, François Truffaut. A partir de 1950, il anime le ciné-club du Quartier Latin et fonde *La Gazette du cinéma* qui eut cinq numéros. On y trouve les signatures de Jacques Rivette, Jean-Luc Godard, Jean Douchet et Jean Domarchi. C'est une période de cinéphilie où ceux qui constitueront (avec en outre Chabrol) la tendance hitchcocko-hawksienne des *Cahiers du cinéma,* se rencontrent quotidiennement à la Cinémathèque, dans les salles de quartier ou dans les cafés autour des billards électriques, quoique Rohmer s'en défende : « Quand on aime le cinéma, on ne peut pas passer son temps aux jeux de hasard »[2]. Le groupe, dans l'ensemble peu fortuné, fréquente aussi les cantines universitaires, comme le foyer proche du parc Monceau qui figure dans *La Boulangère de Monceau.* Les « Mardis soirs du Studio Parnasse », animés par Jean-Louis Cheray, sont l'occasion d'affrontements verbaux entre François Truffaut, entre autres, et les futurs collaborateurs de *Positif,* comme Adonis Kyrou ou Robert Bénayoun.

Paul Gégauff (à gauche) dans *Une partie de plaisir,* de Claude Chabrol.

2. Nous empruntons nos informations à l'entretien accordé par Eric Rohmer pour le numéro d'hommage à François Truffaut (*Cahiers du cinéma,* hors série, décembre 1984) ; ainsi qu'aux propos d'Eric Rohmer, Claude Chabrol, Paul Gégauff, Charles Bitsch, recueillis pour le dossier dirigé par Jean-Luc Douin, *La Nouvelle vague vingt-cinq ans après,* Cerf, Paris, 1983.

Rohmer est l'aîné d'une dizaine d'années des Godard, Truffaut, Rivette... Sa haute silhouette et la solidité de sa réflexion théorique en imposent un peu et le font surnommer amicalement « Grand Momo ». Paul Gégauff en dresse un portrait savoureux : « Rohmer, c'était un honnête, un intègre, très prof. A nous les fauchés, il passait toujours de l'argent, mais il fallait remettre en échange un justificatif : du ticket de métro au billet de train, en passant par la note de l'épicier. Il ne nous donnait que la somme nécessaire strictement. Question d'organisation. » Rohmer est aussi l'un des premiers à passer à la pratique, certes en amateur, en réalisant régulièrement des courts métrages à partir de 1950.

Presque tous les membres du groupe passeront par la critique. Gégauff (1922-1984) ne sera que scénariste (de Rohmer, Chabrol, Clément, Schroeder, Valère, Casaril, Gobbi, Leterrier, Molinaro), romancier et cinéaste (*Le Reflux ou L'Enfer au Paradis*, d'après Stevenson). Mais son rôle fut important. De famille alsacienne, passionné de culture germanique comme Rohmer, il exerça une influence occulte non négligeable : « Elle s'est fait sentir indirectement chez tous sauf précisément chez Truffaut (...). Il y a dans tous nos films un personnage que l'on peut appeler « gégauvien ». Dans les miens, c'est d'abord Pierre, le héros du *Signe du Lion* (Gégauff a collaboré aux dialogues parce que le personnage s'inspirait de lui et, à un certain moment, j'avais envisagé de le faire jouer lui-même). Puis Guillaume dans *La Carrière de Suzanne*, Jérôme dans *Le Genou de Claire*, Adrien dans *La Collectionneuse*, et plus tard c'est encore lui qu'on retrouvera dans le personnage d'Henri, joué par Féodor Atkine, dans *Pauline à la Plage*... Gégauff était effectivement un séducteur par l'allure qu'il se donnait (...) Mais c'était plutôt un homme qui était aimé des femmes qu'un homme qui aimait les femmes. Ce qui nous attirait dans l'homme et dans le personnage que nous-mêmes tirions de lui, c'était un côté calme, nonchalant, associé à une certaine insolence, alors que nous étions des gens plutôt crispés. »

D'autres admirations lient le groupe : Balzac, les romanciers anglo-saxons (Dashiell Hammett, par exemple).

En avril 1951, paraît le premier numéro des *Cahiers du cinéma*, fondés par André Bazin, Lo Duca, Jacques Doniol-Valcroze et Léonide Keigel. Rohmer s'y manifeste d'abord par des articles plus théoriques que critiques : « Vanité que la peinture », « Le Celluloïd et le marbre ». Mais il rend aussi compte de cinéastes qui constituent ses références majeures : Renoir, Hitchcock, Murnau, Rossellini, Hawks, Dreyer... Pendant deux ans, la revue demeure assez éclectique, partagée entre deux tendances. D'un côté, les hitchcocko-hawksiens, issus de *La Gazette du cinéma,* de l'autre une tendance plus « politique », issue d'*Objectif 49*, avec Doniol-Valcroze, Pierre Kast... Bazin joue un peu le rôle d'arbitre. Mais en deux ans, selon le mot de Truffaut, les hitchcocko-hawksiens se sont « emparés » des *Cahiers.* La victoire est scellée par la publication du célèbre article de Truffaut : « Une certaine tendance du cinéma français » (n° 31, janvier 54), que Bazin hésita à publier pendant près d'un an. Cet article marque le point de départ de la notoriété de la revue, de la « politique des auteurs » et de la Nouvelle vague.

A la suite de cela, Jean Aurel fait appel à François Truffaut pour la rubrique cinéma de l'hebdomadaire *Arts,* connu alors pour les éditoriaux de Jacques Laurent. Truffaut demande à des amis des *Cahiers* de l'alimenter : Godard, Douchet, Domarchi, de Givray, Moullet, et Rohmer qui y écrit surtout de 1956 à 1959. En outre, durant cette période, il collabore à *La Parisienne* (fondé par J. Laurent).

En 1959, à la mort de Bazin, Rohmer lui succède à la rédaction en chef des *Cahiers,* fonction qu'il assumait en partie auprès de Lo Duca depuis la maladie de ce dernier. Il y restera jusqu'en 1963 où la relève sera assurée par Rivette.

Il poursuit parallèlement ses activités de réalisateur. Tourné en 1959, sorti en 1962, *Le Signe du Lion* est un grave échec commercial, malgré une critique largement favorable. Il conçoit alors la série des Contes moraux, d'après ses nouvelles écrites probablement à la fin des années quarante. Les deux premiers furent réalisés de façon tout à fait artisanale : tournés en 16 mm, montés sans le son sur une table de montage installée dans les locaux des *Cahiers,* et sonorisés par la suite.

Depuis, la biographie rohmérienne se confond avec sa carrière de réalisateur, à laquelle il faut ajouter, à partir de 1969, un cours de mise en scène à l'Université de Paris I - Panthéon-Sorbonne.

Si le combat de la Nouvelle vague fut en partie d'ordre esthétique, il se situa aussi largement sur le plan économique. Rohmer défendit fréquemment le recours à des budgets peu élevés, le prix de revient devant, par définition, être inférieur à la recette potentielle. Il fut aussi longtemps le défenseur acharné du 16 mm, auquel il revient après l'échec du *Signe du lion.*

Son principe, l'indépendance de l'auteur de films, n'est possible qu'au prix d'un équilibre financier très strict, et d'une indépendance tout aussi grande par rapport aux pouvoirs publics. « Ce qui ne me satisfait pas, écrit-il en 1968 [3], c'est que l'État y joue un rôle. Le cinéma n'est pas un service public, n'est pas un monopole, n'est pas un organisme subventionné. Alors oui, quel rôle peut jouer l'Etat ? Mouche du coche toujours, pion trop souvent. »

Depuis 1962, ses films sont produits par Les Films du Losange, petite société fondée par Barbet Schroeder, ami de Rohmer, acteur dans *La Boulangère de Monceau* et réalisateur de films dont *More*. Rohmer, sociétaire des Films du Losange depuis l'origine (dirigés ensuite par Pierre Cottrell et, depuis 1975 par Margaret Menegoz), y a son bureau. Jusqu'à *Perceval*, il a pu travailler dans des conditions de liberté totale, avec des budgets raisonnables, en constante augmentation. Des amis, comme François Truffaut (Les Films du Carrosse), ont parfois aidé à compléter un montage financier difficile, par exemple pour *Ma nuit chez Maud*, ou *Le Beau mariage*.

Après l'échec relatif de *Perceval*, Rohmer est revenu à des budgets draconiens, tournant *La Femme de l'aviateur* et *Le Rayon vert* en 16 mm. Peu favorable à l'avance sur recettes (sur quels critères l'attribuer ?), il a essuyé un échec pour l'adaptation d'*Une femme douce* de Dostoïevski en 1960. Attribuée finalement sur film terminé, pour *Ma nuit chez Maud*, l'avance fut remboursée au bout d'un an. Il en a bénéficié aussi pour *Pauline à la plage* (remboursée deux ans après) et pour *Perceval* (non remboursée).

Ce portrait serait incomplet sans un bref rappel des thèses avancées par le théoricien et critique qu'il fut de 1948 à 1963 environ. « Nous n'avons pas dit grand-chose d'important sur le cinéma, nous n'avons fait que développer les idées de Bazin », écrivait-il en 1965 [4]. Certes, les réflexions de Rohmer s'inscrivent dans le droit fil des théories de ce dernier. Il en rappelle l'essentiel dans son texte rédigé à la mort du fondateur des *Cahiers du cinéma* [5] : « Il est certain que l'œuvre de Bazin tout entière tourne autour de la même idée, l'affirmation de « l'objectivité cinématographique », mais c'est un peu de la même manière que toute la géométrie tourne autour des propriétés de la ligne droite. »

---

3. *Cahiers du cinéma*, n° 200-201, avril-mai 1968.
4. *Cahiers du cinéma*, n° 172, novembre 1965.
5. *Cahiers du cinéma*, n° 91, janvier 1959 : « La"somme"d'André Bazin ».

Eric Rohmer (tournage du *Signe du Lion*).

C'est ce que Rohmer qualifie « d'axiome » et de « révolution à la Copernic ». Auparavant, les plus grands théoriciens mettaient l'accent sur la subjectivité du Septième Art, tendaient à lui conférer une dignité esthétique en dépit de sa tare originelle, celle de reproduire mécaniquement et chimiquement le réel. Ils accumulaient les « preuves d'infidélité », « les traces de l'intervention de l'artiste », faisant du montage, du gros plan ou de tout autre procédé de langage l'essence de l'expression cinématographique.

Prolongeant la réflexion de Bazin, Rohmer insiste en premier lieu sur le caractère spatial du cinéma : « Même aujourd'hui, la valeur expressive des rapports de dimensions ou de déplacement des lignes à l'intérieur de la surface de l'écran peut faire l'objet d'un soin rigoureux »[6]. Le cinéma est un « art de la vue », pas de l'interprétation de signes visuels. Chaque plan a ses capacités d'expression propre et le montage, loin de s'y substituer, a pour fonction de les renforcer, en donnant à percevoir par exemple, un

---

6. « Le cinéma, art et espace », *La Revue du cinéma,* n° 14, juin 1948.

Simon de la Brosse, Amanda Langlet *(Pauline à la plage)*.

espace virtuel excédant l'étroitesse du champ de vision de chaque prise de vue séparée.

En insistant sur le « réalisme ontologique » du cinéma, Bazin risquait de fétichiser la prise sur le vif. Rohmer tient aussi cette fidélité du réalisateur à son modèle pour une condition élémentaire : « Le cinéma abolit la distance traditionnelle entre la réalité et sa représentation. Le modèle est intégré à l'œuvre, en quelque manière, il est l'œuvre ». Alexandre Astruc dira : « Le cinéaste écrit avec la pâte du monde. » Mais, par sa conception et son organisation de l'espace, le cinéaste passe de la simple reproduction du réel à son expression. Non pas tordre la réalité pour constituer de pures visions, mais choix rigoureux de ces portions d'espace que prélève l'acte cinématographique. Ainsi pour Rohmer le cinéma combine deux attitudes trop souvent voulues contradictoires : la révélation du réel et la volonté d'expression, de langage. Il définit l'expressionnisme comme « la recherche d'une outrance de l'expression destinée non pas à accroître quantitativement le pouvoir immédiat de celle-ci, mais à la doter d'une signification autre, supportée, si l'on peut dire, par la signification immanente qu'elle a dans la réalité, sans qu'elle risque à aucun moment de se confondre avec elle. »

De là découle une idée-force qui traverse tous les écrits du critique et dirige son activité de cinéaste. Pour atteindre au maximum de sa puissance, tout art doit conformer ses fins à ses moyens. Roman, peinture, poésie, musique, architecture ont chacun leur rôle, conforme à leur essence. Loin d'avoir à les imiter pour se hisser à leur niveau, le cinéma ne saurait être grand qu'en étant lui-même, fidèle au mécanisme qui le constitue : donner à voir la vérité et la beauté du monde, ce qu'aucun des arts antérieurs ne pouvait atteindre pleinement. « Ce qu'un cinéaste digne de ce nom entend faire partager, ce n'est point son admiration pour les musées, mais la fascination qu'exercent sur lui les choses mêmes »[7]. Et ces « choses sont ce qu'elles sont et se passent de notre regard »[8].

Dans cette synthèse entre réalisme et expression, on saisit mieux le sens de la fameuse « politique des auteurs », dont il fut un des ardents promoteurs. Elle n'a rien de l'*axiome* bazinien. Elle n'est pas exempte de « parti pris », et « il ne s'agit pas (...) de l'affirmation d'un fait constamment vérifié, mais d'une ligne de conduite, d'une politique pour tout dire. »

Si l'on admet que le cinéma est art de l'espace, le véritable auteur, le véritable créateur est bien cet organisateur de l'espace qu'est le metteur en scène, quelle qu'ait pu être la part des autres collaborateurs de création (scénariste, opérateur, décorateur, voire producteur). Il ne s'agit pas d'affirmer sans preuve que le cinéaste – Hitchcock par exemple – est totalement responsable, matériellement, de tous les éléments de son œuvre. De même que l'espace perçu par le spectateur n'est pas l'espace réel enregistré tel quel, mais un espace virtuel, postulé, garantissant la cohérence de chaque film et de l'œuvre entière portant sa signature. Ainsi, Bazin écrivait, à propos du *Hitchcock* de Chabrol et Rohmer : « J'admire avec jubilation, à défaut de l'Hitchcock que j'ai vu, celui qu'ils me font voir »[10]. Cet Hitchcock-là pourrait, après tout, n'avoir que peu de similitude avec le citoyen Alfred. Au temps de confirmer l'hypothèse et de rapprocher, si possible, l'auteur du cinéaste réel. On peut dire que les choix de Rohmer furent

---

7. « Le celluloïd et le marbre (III) : de la métaphore », *Cahiers du cinéma,* n° 51, octobre 1955.

8. « Vanité que la peinture », *Cahiers du cinéma,* n° 3, juin 1951.

9. « Les lecteurs des « Cahiers » et la politique des auteurs », *Cahiers du cinéma,* n° 63, octobre 1956.

10. *Cahiers du cinéma,* n° 86, août 1958.

Nestor Almendros, Eric Rohmer (tournage de *Perceval*).

souvent plus judicieux que certains de ceux de Bazin. Que la politique des auteurs ait ultérieurement dévié au point de s'inverser, faisant de la personnalité du cinéaste la garantie de l'œuvre (Huston, par exemple), c'est une autre histoire.

A l'origine, la politique des auteurs ne contredit pas la conception bazinienne, puisqu'elle s'appuie sur le réalisme ontologique. L'auteur ne crée pas son univers et son style à partir du néant, mais en structurant un espace emprunté au monde réel. C'est ainsi que Chabrol et Rohmer s'efforcent de démontrer comment s'opère, dans les films du maître du suspense, un travail d'organisation de l'espace et du temps générateur de style et d'obsessions morales : « Notre tâche n'aura pas été vaine, concluent-ils, si nous avons pu montrer comment, à partir de cette forme, en fonction de sa rigueur même, tout un univers moral s'était élaboré. La forme ici, n'enjolive pas le contenu ; elle le crée »[11]. Sans doute l'œuvre de Rohmer cinéaste est-elle tout autre chose que l'application des conceptions du théoricien. Mais il est difficile de ne pas voir en lui un personnage rohmérien : quelqu'un qui se forge des principes que son trajet accomplit, même si c'est au prix de détours, de surprises, de « hasards » imprévisibles.

---

11. *Hitchcock,* Ed. Universitaires, 1957 ; Ramsay-Poche-Cinéma, 1986.

Eric Rohmer, tournage du *Rayon vert* (Photo : Françoise Etchegaray).

Le plan rohmerien

Un plan de Rohmer est-il aussi immédiatement reconnaissable et identifiable qu'un plan de Welles, Murnau, Eisenstein, Hitchcock ou Ozu ? Certes pas. En effet, à l'instar du cinéma de Hawks ou de Rossellini, la mise en scène de Rohmer travaille à partir d'une saisie immédiate et sans afféterie du réel : loin de toute volonté de style, chaque plan semble avoir pour seul but de nous montrer le plus clairement et le plus simplement possible ce que le cinéaste a choisi d'offrir à notre regard et à notre jugement. Nestor Almendros, qui fit ses vrais débuts d'opérateur professionnel sur *La Collectionneuse,* film qui permit aussi à Eric Rohmer de rencontrer pour la première fois un public autre que confidentiel, parle en ces termes du tournage : « Dans les films de Rohmer, l'image est très fonctionnelle. Le décor, les acteurs, les objets, tout doit être parfaitement organisé. La sensibilité de Rohmer se concentre avant tout sur les personnages et les comédiens. Aussi m'en suis-je tenu à une image très simple, sans trucages. Les acteurs n'étaient pas maquillés, les femmes se fardaient à peine, comme dans la vie »[1].

Techniquement, Rohmer tourne presque toujours avec des objectifs compris entre le 25 et le 75 mm, surtout le 50, « le plus conforme à la vision humaine », confirme Almendros, qui précise encore : Rohmer « sait que le gros plan exagère les choses, accroît leur pouvoir expressif. Multiplié dans un même film, il cesse d'être efficace au moment précis où l'on veut mettre l'accent sur quelque chose », ou : « Chez Rohmer, les angles et les mouvements de caméra doivent être justifiés, et les objectifs qui s'éloignent de la vision humaine impitoyablement éliminés ». Tout plan qui semble s'écarter de ces normes est légitimé par le

---

1. *Un homme à la caméra,* par Nestor Almendros, Hatier/5 continents, 1980.

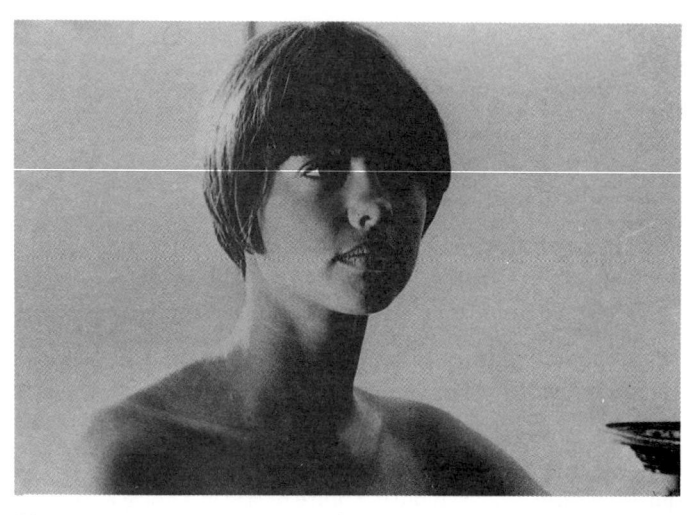

Une image simple, sans trucages (H. Politoff dans *La Collectionneuse*).

fait qu'il restitue le point de vue d'un personnage : c'est le cas du plan en plongée sur la rue de Levis, près de la rue Lebouteux, dans le premier Conte moral, *La Boulangère de Monceau*. Il se justifie en fin de film, lorsqu'on apprend que Sylvie habite un appartement de cette rue et, immobilisée par une foulure, observe les allées et venues du narrateur. Ce sera aussi celui de la contre-plongée sur le dos d'un laquais dans une séquence de *La Marquise d'O...*, qui correspond à la vision qu'ont les occupants de la calèche de celui qui la conduit.

Ce qui vaut pour les angles et les valeurs de prise de vue vaut pour les éclairages : un soin maniaque à utiliser la lumière naturelle de préférence à tous artifices, ceux-ci ne jouant qu'un rôle d'appoint pour corriger les défauts techniques et rendre plus lisible la totalité de l'image, de la scène et de l'action. On utilisera par exemple un complément d'éclairage (artificiel ou par réflexion de la lumière naturelle) afin de rendre totalement visible le visage des acteurs et de ne rien perdre de leur expression ou de leurs réactions physiques.

C'est dans le même esprit que Rohmer tourne quasi systématiquement en décors naturels, tant en intérieur qu'en extérieur. A l'exception de *Perceval le Gallois*, dont le projet ne pouvait se concevoir qu'en studio, les manquements à cette règle se justifient par des raisons techniques ou pratiques. La très grande précision des parcours et déplacements des personnages dans les scènes de l'appartement de Maud dans *Ma nuit chez Maud* ont rendu préférable la reconstitution de ce lieu en studio : encore Rohmer affirme-t-il l'avoir abordé ensuite de la même façon qu'un décor naturel. Par ailleurs, Rohmer tourne le plus souvent en son direct (depuis *Ma nuit chez Maud*) et certains lieux se prêtent mal à cette technique : trouver des bureaux calmes et disponibles dans la journée pour certaines scènes de *L'Amour l'après-midi* était pratiquement impossible ; il fallut bien recourir aux studios. En revanche et paradoxalement, *La Marquise d'O...* est tourné en décors naturels dans le château d'Obernzen, en Allemagne.

Ce souci de la prise de vue « naturelle » allié à cette exigence du décor détermine aussi la tonalité très particulière de l'image rohmérienne. Pas de jeu de type expressionniste entre l'ombre et la lumière. Le dessin et la ligne de l'image ne sont constitués que du jeu de la lumière sur les objets et les corps à l'intérieur d'un cadre qui ne vise jamais à la picturalité pure (sauf exception précise et significative, comme ce célèbre plan de *La Marquise d'O...* reprenant un tableau de Füssli) mais à la restitution la plus précise de la réalité. Plutôt que fabriquer artificiellement une lumière, Rohmer préfère la capter l'instant et le lieu précis où elle se produit. Telle scène exigeant telle tonalité correspondant à tel moment de la journée sera tournée à l'instant exact où la caméra peut la saisir, quitte à retarder la prise de vue de plusieurs heures.

Ce souci d'exactitude, de précision et d'authenticité se retrouve à tous les niveaux de la réalisation : choix des interprètes, des costumes, des objets, écriture des dialogues qui seront parfois modifiés en collaboration avec les acteurs. Non pour les plier à ceux-ci, mais parce que l'interprète choisi pourra apporter un vocabulaire ou une tonalité plus conforme à un personnage dont le cinéaste est trop éloigné pour en concevoir lui-même tous les détails. C'est en particulier le cas des très jeunes filles que Rohmer met fréquemment en scène dans certains des Contes moraux et surtout dans ses Comédies et proverbes : elles collaborent à la finition de leur personnage en lui apportant une façon de dire (et d'être) en pleine adéquation avec leur époque. L'auteur poussera l'expérience jusqu'à demander à Pascale Ogier, pour *Les Nuits de la pleine lune,* de choisir elle-même les objets et la décoration de la chambre que s'aménage son personnage.

Si nous insistons sur cette obsession de l'authenticité, c'est

La caméra s'efface (P. Ogier dans *Les Nuits de la pleine lune*).

qu'elle est le fondement même du cinéma de Rohmer. Au réalisme qui préside au choix de tout ce qui se présente devant l'objectif, répond le réalisme de la prise de vue : angles, focales, lumières, tout est mis en œuvre pour que la caméra s'efface, que l'écran soit une fenêtre ouverte sur le monde, que rien ne s'interpose entre le spectateur et l'univers du film. Ce que vise d'abord Rohmer, c'est la transparence des images, et la force de son cinéma tient à la radicalité de cette approche.

Cette transparence, on la trouve en quelque sorte métaphorisée dans quelques plans qu'une grâce absolue transforme en images emblématiques. C'est le premier prologue de *La Collectionneuse*, où l'on voit simplement Haydée Politoff marcher le long de la mer. Ou encore les premiers plans où Adrien se baigne, au début du même film : parfaite transparence de la lumière méditerranéenne comme de l'eau qui nous découvre galets, herbes aquatiques et algues dans une pureté totale. Cette transparence produit une impression d'évidence, sans réserve ni ambiguïté. Evidence de la beauté des êtres et des choses, mais surtout évidence de la présence de l'univers physique : « Les choses sont ce qu'elles sont et se passent de nos regards », écrivait le critique Rohmer. On songe aussi à la phrase célèbre de Rossellini : « Les choses sont là, pourquoi les manipuler ? »

Le plan rohmérien tire donc sa densité et sa tonalité de cette saisie directe de l'espace physique, matériel, concret. Et c'est sur lui que va se bâtir toute l'œuvre.

Géométrie dans l'espace

Rohmer ne triche jamais avec la géométrie des lieux. A l'inverse de Rivette (dans *Le Pont du Nord,* par exemple) qui reconstruit un Paris imaginaire où l'avenue d'Italie peut déboucher sur les Champs-Elysées, le parcours de ses personnages respecte scrupuleusement la topographie des villes où se situe leur action.

Bien plus, dans de nombreux cas, c'est la nature de cet espace authentique, son organisation géométrique qui détermine l'action des personnages, sert de point de départ à leur aventure tant physique que morale. Le premier des Contes moraux, *La Boulangère de Monceau,* a pour cadre un étroit périmètre autour du carrefour Villiers. C'est le parcours effectué par le personnage qui produit aussi bien sa rencontre avec celle qu'il épousera qu'avec la boulangère proprement dite. Il constitue à la fois le sujet et l'action du film.

Le thème et la matière du premier long métrage de Rohmer, *Le Signe du Lion,* sont indissolublement liés à la géométrie d'un Paris déserté pour les vacances d'été et au trajet Paris-banlieue-Paris effectué par son personnage central.

C'est parfois la nature historique du lieu qui produit la fiction : Clermont-Ferrand induit Pascal et l'argument du pari dans *Ma nuit chez Maud,* le Lac d'Annecy et les *Confessions* de Jean-Jacques Rousseau l'argument érotique du *Genou de Claire* à partir de la scène de cueillette des cerises. C'est souvent aussi la structuration des lieux qui sert d'articulation au récit. Les deux appartements de Louise, entre Marne-la-Vallée et la rue Poncelet à Paris, constituent le support essentiel de l'intrigue des *Nuits de la pleine lune,* qu'indique le proverbe associé au titre : « Qui a deux femmes perd son âme, qui a deux maisons perd sa raison ». De la même façon, les allers et retours de Sabine entre Le Mans et Paris, dans *Le Beau mariage,* sont indispensables à l'intrigue. L'éclatement de l'espace dans *Le Rayon vert*, construit sur des trajets tous

Jean Le Poulain, le clochard du *Signe du Lion*.

L'espace et le regard (J.-Cl. Brialy dans *Le Genou de Claire*).

azimuts entre Paris et des lieux de vacances rêvés (la Grèce) ou réels (Cherbourg, La Plagne, Biarritz, Saint-Jean-de-Luz...), correspond à la personnalité éclatée de Delphine et à sa perpétuelle fuite en avant.

De nombreux films sont construits sur des lieux uniques dont la situation est elle aussi constitutive de l'action des personnages parce qu'ils sont des lieux d'exil (volontaires ou non, liés aux vacances ou au travail): le Clermont-Ferrand de *Ma nuit chez Maud*, la villa tropézienne de *La Collectionneuse*, la maison et le parc du *Genou de Claire*, la station balnéaire de *Pauline à la plage*. Dans ce cas, la fiction se constitue à partir de mini-trajets dans un espace circonscrit et limité à quelques lieux, que les personnages parcourent avec une circularité obsessionnelle, leur départ final répondant le plus souvent à leur arrivée initiale : le portail de *Pauline à la plage*, l'arrivée et la décision de partir d'Adrien dans *La Collectionneuse*, le débarquement et l'éloignement de Jérôme dans *Le Genou de Claire*.

Si *Perceval le Gallois* est réalisé en décors artificiels, le studio en ellipse choisi par Rohmer et la structure du décor conçu par Kohut-Svelko allient cette notion de trajet à celle de circularité. L'itinéraire de Perceval est rendu par ce mouvement répétitif sans cesse renouvelé et varié, tant il est vrai qu'un mouvement circulaire est perçu de la même façon qu'un mouvement rectiligne par une caméra qui suit un personnage « à hauteur d'homme ».

Trajet et circularité sont aussi les figures de base du sketch de *Paris vu par...*, intitulé Place de l'Etoile, exemplaire à cet égard. C'est de la topographie de cette place et du danger que constitue son parcours que naît la fiction, si minime soit-elle, de ce petit chef-d'œuvre de précision mathématique. Une présentation objective et un commentaire neutre nous présentent les lieux : intersection de douze avenues dont seul le pourtour est utilisé par le piéton parisien. Celui-ci est divisé en douze arcs de cercle de cinquante mètres environ, séparés par une chaussée et des feux de signalisation réglés sur le défilement des voitures et non sur l'allure des piétons.

C'est au cours de l'un de ses parcours quotidiens que le héros, Jean-Marc, est bousculé par un ivrogne qui l'agresse. Durant l'altercation, l'homme tombe et reste inanimé. Convaincu de l'avoir gravement blessé sinon tué, Jean-Marc prend la fuite. Les jours suivants, il empruntera un autre itinéraire, évitant la place de l'Etoile, jusqu'à ce qu'il rencontre, dans le métro, sa « victime » bien vivante et toujours aussi agressive.

On peut trouver à ce film anecdotique en diable de multiples lectures, en particulier quant à l'attitude de classe du héros. Nous importe ici le rôle joué par la structuration spatiale. Comme l'indique le commentaire, la gêne occasionnée par le dispositif de circulation des piétons ouvre un vaste champ d'exercice à l'individualisme parisien. Pour se rendre efficacement de la bouche de métro de la rue de Wagram à son magasin situé avenue Victor-Hugo (quasi diamétralement opposée), Jean-Marc ne peut qu'agir comme la plupart des piétons parisiens et traverser les chaussées à contre-courant des feux de circulation. Ex-coureur de 400 mètres en 50 secondes 8/10e, il ne prend là qu'un risque limité. Mais on peut deviner que ce manquement quotidien aux règles de la circulation éveille un sentiment de culpabilité, certes infime, mais régulièrement renouvelé dans une bonne conscience que l'on devine bourgeoise et en d'autres circonstances plus respectueuse des règles ou du moins de leur apparence, comme l'indiquent sa profession, le lieu où il l'exerce et le soin qu'il apporte à sa tenue vestimentaire.

Si ses actions quotidiennes constituent une subversion minime et fort peu répréhensible, elles n'en révèlent pas moins une attitude de supériorité à laquelle n'est pas étrangère une agilité qui

Un espace agressif : *Place de l'Etoile* (J.-M. Rouzière, M. Gallon) (Coll. Cahiers du cinéma).

lui permet de s'élever au-dessus des règles qui gouvernent le commun des piétons. Ce que confirme le regard qu'il jette, lors de son premier trajet, sur les ouvriers qui travaillent à la réfection de la chaussée : un mélange de colère, de mépris et de dégoût. Il renonce d'ailleurs à ce parcours par crainte de se salir et de trébucher sur les pierres et les gravats du chantier.

Son aventure, on le voit, n'est que la conséquence de ce mépris mêlé de crainte — il a par ailleurs subi l'agression d'un talon aiguille sur son pied dans le métro. L'incident ranime la peur latente de l'agression physique issue de cet espace inquiétant et réveille la mauvaise conscience accumulée. Le héros transforme ainsi un événement banal en drame imaginaire, recherchant dans les journaux la trace du meurtre dont il s'accuse intérieurement.

Voie à double circulation

Dans ce petit film en apparence insignifiant, on voit clairement de quelle façon se constitue une fiction rohmérienne. En fait, le film superpose habilement deux espaces : celui, strictement objectif, que nous décrivent caméra et commentaire, et celui, subjectif, que se construit imaginairement le personnage central, à partir d'une légère hypertrophie du moi et de la mauvaise conscience qui en résulte. A aucun moment le spectateur n'est abusé : tout ce qu'il voit est parfaitement objectif et il est clair que Jean-Marc n'est en aucune façon responsable de l'accident survenu. Si celui-ci pouvait voir avec la même sérénité ce qui lui arrive, rien ne justifierait sa fuite et son sentiment de culpabilité. Mais l'être humain n'est pas une caméra et ne voit le monde que reflété par sa conscience, déformé par sa subjectivité, positivement comme négativement.

Telle est la base de toutes les fictions de Rohmer et telle est la fonction qu'il attribue au cinéma. Si celui-ci est susceptible de nous faire découvrir le monde dans sa vérité et sa beauté, cela n'a de sens que parce que nous en avons une vision toujours faussée, déformée par un moi qui n'a de cesse de le reconstruire selon ses aspirations et ses craintes.

Tout film de Rohmer est donc nécessairement double, et cela à plusieurs niveaux. Tout d'abord l'image, nous l'avons vu, est voulue radicalement objective, pure contemplation du monde, épurée, tant que faire se peut, de toute tricherie, de tout manquement à la représentation des choses. Elle ne saurait mentir. L'utiliser autrement reviendrait à trahir sa nature mais surtout ne présenterait aucun intérêt. Restituer une vision subjective reviendrait à plagier ce que d'autres arts qui n'utilisent pas de matériaux directement puisés dans la réalité sont plus aptes à évoquer, et mènerait le 7e art dans une impasse. La précision photographique de l'image de cinéma, son haut pouvoir de concrétisation l'obligerait à construire un imaginaire particulier,

Ce que voit le personnage *(Place de l'Etoile)* (Coll. Cahiers du cinéma).

celui du cinéaste, qui ne vaudrait que pour lui-même sans correspondre à la subjectivité, toujours unique, de chaque spectateur. Contrairement à la peinture, la littérature, la poésie, la musique ou la danse, le cinéma n'est pas un art de la métaphore ou de la suggestion, mais de la désignation.

Lorsqu'il était muet, le cinéma devait recourir à un système complexe de codage pour introduire la dimension subjective : composition de l'image, rôle de la lumière, symboles, montage, etc. Devenu parlant, le voici doté d'un formidable moyen de restituer cette dimension subjective. Par les dialogues des personnages, évidemment, comme au théâtre : ce qu'ils disent n'est jamais que leur point de vue personnel, toujours suspect. Par le commentaire, qui exprime toujours le point de vue relatif d'un narrateur qui peut être confirmé ou infirmé par ce que l'on voit ou ce que l'on verra. Enfin, par extension, par le son en général dans la mesure où il n'est pas toujours assignable à la réalité filmée. Ainsi, dans *Place de l'Etoile,* au moment où Jean-Marc se bat avec la « victime », on entend, en off, outre les bruits naturels de la circulation, une sirène de voiture de police. Banal bruit d'ambiance de la vie parisienne qui n'est, après tout, que le rendu purement objectif d'une atmosphère sonore. Mais que nous ne voyions pas l'origine de ce son hautement significatif fait que, dans notre conscience (ou notre inconscient), il agit de façon subjective, suscitant un réflexe naturel de crainte et de culpabilité qui nous aide à comprendre la réaction du personnage et sa peur des ennuis éventuels. Ce bruit reste suspendu entre l'objectivité documentaire et la subjectivité obsessionnelle.

L'œuvre cinématographique de Rohmer, celle de fiction en tout cas, va utiliser toutes les ressources de cette dualité image-son, objectivité-subjectivité, vérité-mensonge. Un premier groupe, celui des Contes moraux, joue du commentaire off, à la première personne, restituant la subjectivité du personnage central, le narrateur. Le second, lui aussi organisé en série, les Comédies et proverbes, supprime ce narrateur et tout commentaire off pour ne plus jouer, à la manière du théâtre, que sur le discours tenu directement par les personnages.

Ces deux possibilités de récit impliquent deux types de fiction, et des personnages de nature radicalement différente. Dans le premier cas, le discours du narrateur vise à expliquer ses actes et à les justifier aussi bien au regard du spectateur qu'à ses propres yeux. Il s'agit bien d'introspection, et l'on aura affaire à des personnages introvertis, se regardant vivre et agir, se posant des problèmes de morale et de conduite personnelle. Au contraire, dans les Comédies et proverbes, les personnages tentent, par leur discours, et le plus souvent par leurs mensonges, d'imposer aux autres une image d'eux-mêmes, et leur problème sera plutôt de se confronter à des normes sociales (admises par tous) que de se donner une ligne de conduite personnelle. L'intrigue développera des événements relativement plus amples, et provoquera des affrontements de personnage à personnage (et non plus de soi à soi).

Réalisé avant le cycle des Contes moraux, *Le Signe du Lion* se rattache, par certains aspects, aux Comédies et proverbes, dans la mesure où le film ne comporte pas de commentaire subjectif et ne traite pas du rapport d'un personnage à sa conscience, mais de son trajet dans la société et de ses relations aux autres (même si ceux-ci brillent par leur absence). Remarquons que le jeu qu'institue le cinéaste entre l'image et la parole ne suffit pas, à lui seul, à rendre compte du rapport entre objectivité et subjectivité. Le héros du *Signe du Lion* s'affronte peu, en paroles, aux autres personnages, puisqu'il les cherche le plus souvent sans les trouver. Si, dans tous

Jess Hahn dans *Le Signe du Lion* : un trajet solitaire.

ses films, Rohmer restitue une image objective de la réalité, celle-ci, évidemment, ne saurait être totale. La caméra n'est pas un personnage extérieur au drame, qui en aurait une vision plus large. Cela réintroduirait une subjectivité complémentaire (la vision que l'auteur aurait des événements) ou supposerait un point de vue démiurgique que ne peut avoir un simple instrument d'optique. C'est pourquoi la caméra ne découvre (et, avec elle, le spectateur) que ce que peut voir le personnage central, ce à quoi il est mêlé. Ce mécanisme permet au spectateur de participer aussi bien à la conscience du personnage qu'à une vision objective des faits. Un cinéaste aurait montré, dans *Place de l'Etoile,* l'ivrogne se relevant, après la fuite de notre héros. Mais alors nous ne pourrions plus participer à ses angoisses, les sachant vaines, et nous perdrions intérêt à suivre ses pensées et ses actions au profit d'une supériorité intellectuelle vide de sens.

Car le cinéma de Rohmer est un cinéma de la connaissance. Il importe peu que le 7e art permette de regarder le monde sans fard (notre œil, dans ce cas, y suffirait sans doute) : il faut encore que cela permette d'en percer le mystère, d'en découvrir le sens. Si les personnages accomplissent un trajet physique, ce n'est pas celui-ci qui importe en dernière instance, mais ce qui le motive. Leur parcours est donc double, lui aussi, physique et matériel d'une part, moral et intellectuel de l'autre. Chaque geste est révélateur d'une pensée et c'est celle-ci qui est le vrai sujet rohmérien.

Nous avons choisi deux images de *La Collectionneuse* pour illustrer la *transparence* de la mise en scène rohmérienne. Elles ne nous sont pas venues par hasard : Haydée et Adrien, au bord de la mer, ne font rien. Ils *sont*. C'est même la préoccupation avouée d'Adrien : le vide absolu. Ce sont précisément des images sans tension, sans ambiguïté, sans dissimulation. Elles ne s'accompagnent d'ailleurs d'aucun commentaire, d'aucune musique. Le bruit de la mer est pur, adhérant parfaitement à l'image. Aucune subjectivité ne vient troubler la représentation. Mais dès qu'un personnage bouge, agit, une tension s'introduit entre le geste et sa signification (le sens que lui donne le spectateur — comme le cinéaste).

Si Rohmer, à la suite de Bazin, croit à *l'objectivité* du cinéma et à sa capacité de nous découvrir le monde, ce n'est pas dans un sens naïvement fétichiste ou utopique. Il n'ignore pas que la caméra n'existe pas en soi et qu'elle n'est qu'un instrument manié par un individu, un artiste dans le meilleur des cas. C'est lui qui choisit aussi bien la portion du monde qu'il va reproduire que le point de vue d'où il la regarde. Aucune image n'est totalement objective et reflète nécessairement le point de vue de celui qui l'a choisie. Pour atteindre, en supposant que cela soit matériellement possible, à l'objectivité absolue, il faudrait renoncer à tout choix, aussi bien dans le temps que dans l'espace. Et s'en remettre totalement au hasard.

Chance et malchance

En cherchant à approcher d'une connaissance objective du monde et des êtres, Rohmer ne peut que rencontrer cette notion de hasard. Présente dans tous ses films, elle est au cœur du *Signe du Lion,* son premier long métrage où il livre quelques-unes de ses obsessions fondamentales.

Pierre Wesselrin est un artiste raté et bohême qui vit d'expédients parmi la faune de Saint-Germain-des-Prés. Une cartomancienne lui a annoncé la pauvreté ou la fortune. Cette dernière lui vient en dormant : une lettre lui annonce la mort de sa tante, dont il doit hériter. Il emprunte de quoi fêter l'événement. Mais la vieille femme l'a déshérité au profit d'un parent. Ruiné dans un Paris vidé par les vacances d'été, il cherche en vain quelque ami pour le renflouer. Il glisse peu à peu vers la clochardisation. Mais un accident de la route coûte la vie à l'héritier, le faisant de nouveau milliardaire. Ses amis, de retour de vacances, le découvriront par hasard chantant avec un pittoresque clochard et lui annonceront la bonne nouvelle.

Que de hasards heureux et malheureux dans un seul film ! On pourrait croire le scénariste à court d'imagination faisant intervenir le destin chaque fois que son histoire s'enlise. Mais Rohmer nous tend tout de même quelques perches : le titre d'abord, avec ses références à l'astrologie (que l'on retrouvera dans quelques films, en particulier dans *Le Rayon vert*). Si tout cela arrive, c'est que c'était inscrit dans l'horoscope du pauvre Wesselrin. Telle est l'interprétation apparente de cette intrigue abracadabrante : celle de Wesselrin lui-même, sans doute. Son mode de vie consiste justement à croire en sa bonne étoile, à se laisser porter par la vie, à attendre de l'extérieur, copains ou tante à héritage, les moyens de sa subsistance. On a reproché, à l'époque, à Rohmer, ce personnage inintéressant, veule, lamentable, sans énergie, indifférent, négatif. Et c'est vrai qu'il est le négatif des héros des Contes comme des Comédies, qui, s'ils sont souvent manipulés par leur entourage, prétendent au moins dominer la situation, suivre une règle de conduite, diriger leur destin, même en s'illusionnant sur leur pouvoir ou leur liberté.

Rohmer croirait-il donc à l'astrologie ou à la Providence ? La façon dont il nous fait accompagner pas à pas son héros dans sa déchéance sociale nous amène à partager son cheminement physique et mental. A la façon d'Hitchcock, il nous entraîne, dans cette identification, au seuil du gouffre, au bout de la désagrégation sociale. En buvant le gros rouge et en faisant la fête aux terrasses des cafés avec son compagnon d'infortune, Wesselrin réalise, au-delà de toute espérance, ses aspirations à une vie végétative, irresponsable, sans conscience de lui-même.

Lorsque survient l'accident qui va de nouveau rendre son héros milliardaire, le cinéaste semble renoncer à sa règle de conduite : il nous montre, avec une superbe plongée, du point de vue de Sirius, sur la route nationale fatidique, un événement auquel aucun des protagonistes n'assiste. Mais ce plan et ce « hasard » ne sont que la concrétisation des aspirations de Wesselrin comme du spectateur : de même que chez Hitchcock ou chez Rossellini, lorsqu'est atteint le point ultime de la déchéance, lorsqu'on ne peut tomber plus bas, survient le miracle, le sursaut de la conscience, le mouvement d'espérance.

Le réflexe vital (J. Hahn dans *Le Signe du Lion*) (Coll. Cahiers du cinéma).

On peut lire alors cette fable comme une parabole chrétienne : aide-toi, le Ciel t'aidera ! C'est lorsque Wesselrin utilise ses dons musicaux (qu'il avait galvaudés jusque-là) pour gagner les quelques piécettes nécessaires à sa subsistance, en jouant du violon à la terrasse des cafés remplis de touristes, que le ciel lui enverra la Grâce. C'est par sa musique que ses amis vont le retrouver.

Cette lecture court en filigrane du *Signe du Lion*. Mais Rohmer nous propose aussi, par la précision maniaque de sa description, une interprétation moins empreinte de religiosité ou d'idéalisme : Wesselrin est pris dans un engrenage matériel implacable. Son mode de vie initial s'explique en partie parce qu'il se sait issu d'une classe aisée et que tôt ou tard un héritage lui permettra de justifier son oisiveté et d'en pallier les inconvénients. Mais c'est aussi cette oisiveté et cette vie dissolue qui inclinent sa tante à le déshériter au profit d'un cousin sans doute plus conforme aux normes de sa classe sociale. Quant à l'accident qui le rétablit dans ses droits, il répond à un calcul statistique : privé d'argent, piéton dans un Paris désert, Wesselrin risque moins que son rival, devenu riche, de compter au nombre des victimes de l'exode automobile estival. Enfin, les habitudes de ses amis étudiants et artistes bohêmes doivent tôt ou tard les mener dans les bars et restaurants que fréquentent les clochards à la recherche de quelque aumône.

Plus qu'un problème moral et psychologique, c'est une question quasi métaphysique qu'aborde Rohmer dans *Le Signe du lion,* celle du hasard et de la nécessité. Contrairement aux apparences, il n'y a pas de hasard dans ce qui advient à Wesselrin, pas plus dans ce qui provoque sa chute que dans ce qui produit sa rédemption (rédemption d'ailleurs sujette à caution, comme le laisse entendre une remarque : « Cet héritage le tuera », comme il a tué son premier bénéficiaire. Bien étrange grâce divine que celle-là).

Pour comprendre le choix de ce thème il faut, une fois encore, revenir au principe même du cinéma. Dans la vie, ce qui nous arrive nous semble souvent relever du hasard. Telle rencontre n'est que la coïncidence fortuite de deux trajets. Un décalage minime dans le temps ou l'espace et elle n'eût pas eu lieu. Selon notre culture ou nos croyances, nous interprétons ce hasard comme une indétermination fondamentale, d'absurdité ontologique du monde, ou comme une organisation de l'univers :

enchaînement matérialiste des causes et des effets, intervention d'un plan astrologique ou de la Providence divine.

Au cinéma, il ne peut en être ainsi : tout est déterminé par le cinéaste. Il a beau laisser entrer dans sa création des aléas qu'il n'avait pas prévus, il prend néanmoins la décision de les conserver dans son montage final. Ils semblent alors relever de la volonté de l'auteur, au même titre que ce que prévoyait explicitement le scénario. La liberté du personnage n'est qu'un simulacre, puisqu'il aboutira toujours là où le réalisateur l'a mené, même si cette décision n'intervient qu'a posteriori.

Filmer, c'est, par définition, avoir un point de vue sur le monde. Tout cinéaste doit organiser une histoire, faire des choix, donner un sens au monde. En cela, le cinéma ne diffère pas des autres arts, qui utilisent un système de signes abstraits. Mais, par son objectivité mécanique, son indétermination immédiate, sa contingence, tout film est une tension entre l'organisation et le désordre, le sens et le non-sens, la subjectivité du cinéaste et l'objectivité radicale du monde. Dans l'entreprise de faire un film, le cinéaste confronte une idée qu'il se fait de la réalité à la résistance que lui oppose cette réalité. On comprend l'obsession réaliste de Rohmer. S'il se contente de faire entrer les choses et les êtres dans son moule subjectif, il n'aura rien prouvé. Si au contraire il incarne son modèle mental dans la réalité physique sans trahir celle-ci, sans la faire céder, il aura donné à son projet la force même de la réalité, atteignant à la vérité et la beauté de l'évidence. Celle-ci s'imposera alors au spectateur, qui reconnaîtra dans le décalque que lui propose l'artiste la vie telle qu'il la perçoit au quotidien, mais éclairée par un sens qui habituellement lui échappe.

Le choix du personnage de Wesselrin répond bien à cette intention : il appartient à cette bohème germano-pratine des années d'après-guerre, marquées par l'existentialisme, l'affirmation de l'absurdité du monde et la revendication d'une liberté, conçue comme absence de règles, de morale (si ce n'est cette fameuse « morale de l'ambiguïté »). Confronté aux réalités matérielles, économiques en particulier, Wesselrin est sans prise jusqu'à ce qu'un réflexe vital le remette en contact avec cet environnement. Il retrouve alors une ligne de conduite certes minimale : le musicien qui a abandonné son art pour proclamer la vanité de toute action, sera sauvé par cet art même, fût-il réduit au plus médiocre des artisanats.

Le héros rohmérien reproduit ainsi la situation du cinéaste dans le chaos du monde : il confronte l'idée qu'il en a − et qui se

Végétatif, sans conscience (J. Hahn dans *Le Signe du Lion*).

traduit dans sa conduite, même la plus superficielle — à la réalité matérielle. Dans ce sens, il ne peut y avoir de hasard dans ce qui lui advient : tout est signe, positif ou négatif, puisque tout prend sens par rapport à une idée préalable.

Calcul de probabilités

La plupart des Contes moraux illustrent à merveille cette conception du hasard et de la fortune. Le narrateur de *La Boulangère de Monceau,* étudiant en droit, va dîner tous les soirs au foyer des étudiants, préparant son examen le reste de la journée. Entre la rue de Rome où il habite et le parc Monceau où se situe le foyer, il croise régulièrement Sylvie, qu'il désire aborder. Mais il a des principes, ceux de son éducation et de sa classe : « Elle n'était pas fille à se laisser aborder comme ça dans la rue. Et accoster « comme ça », c'était encore moins son genre. » Dans ces premières remarques se dessine déjà, sinon une vision du monde, du moins une certaine morale acquise, à laquelle le héros, pour atteindre son but, est obligé de faire entorse. On verra que ce n'est pas ce qui le gêne. Il lui importe néanmoins de ne pas y déroger à ses propres yeux. On retrouve ici le double itinéraire, physique et mental. Sur le plan physique, la rencontre a lieu « par hasard ». C'est du moins ce que veut croire et nous faire accroire le héros : il bouscule Sylvie, que son camarade Schmidt lui désigne mais qu'il ne voit pas. « La chance, commente-t-il, me sourit. »

Mais en croisant sans cesse volontairement le chemin de la jeune fille et en suscitant, par ses réticences et ses hésitations, les exhortations de Schmidt, le narrateur a considérablement réduit le rôle de la fortune et accru en proportion inverse les probabilités d'un « accident ». Il reconnaîtra d'ailleurs : « J'avais mis, il faut le dire, dans la bousculade un tout petit peu du mien. Elle n'avait pas eu l'air de s'en offusquer, et s'était empressée, bien au contraire, de saisir la balle au bond. » Il avait antérieurement remarqué, à propos de l'accostage que lui conseillait Schmidt : « Je la supposais prête à faire, en ma faveur, exception à sa règle, comme je l'eusse fait à la mienne, mais je ne voulais pour rien au monde gâcher mes chances par quelque manœuvre prématurée.» Nous voici passés du hasard invoqué à une véritable préméditation. C'est aussi parce

Un choix moral (M. Girardon dans *La Boulangère de Monceau*) (Coll. Cahiers du cinéma).

que le narrateur a remarqué l'intérêt que lui porte Sylvie que la rencontre n'est plus seulement possible, mais probable : la jeune fille ne s'y dérobera pas, quel que soit le subterfuge employé. Mais elle doit revêtir les apparences de l'accident parce que le narrateur a perçu chez Sylvie une morale comparable à la sienne, issue d'un même milieu social. Il faut donc que la réalisation du désir prenne la couleur du hasard.

Ce petit jeu de la bonne conscience que se donne le narrateur ne présenterait qu'un mince intérêt s'il se limitait là. Ce qui intéresse Rohmer, c'est la façon dont l'itinéraire mental du narrateur pervertit son itinéraire physique et ce qu'il nous révèle d'un comportement, d'une mentalité. C'est ici une mentalité typique de la petite bourgeoisie, dépositaire des valeurs morales communes. Dans la suite du film, notre héros va soudain perdre sa conquête, pour la retrouver « par hasard » à la fin du film et décider d'en faire sa femme : « Mon choix, dit-il, fut, avant tout, moral ». Que le choix d'une épouse soit d'ordre moral et non physique et matériel, voilà ce que dicte cette moralité bourgeoise dominante (nous sommes en 1962). Qu'il soit de l'ordre d'une attirance sexuelle elle-même conditionnée par une appartenance de classe, voilà ce que va nous montrer *La Boulangère de Monceau*.

En effet, le narrateur a une conscience aiguë de sa valeur morale et ne saurait accepter pour épouse qu'une femme de même qualité. Sylvie ayant accepté de prendre, un jour prochain, un café avec lui, disparaît soudain. « Ma chance inespérée fut suivie d'une malchance tout aussi extraordinaire », commente-t-il. Cette disparition constitue-t-elle bien une « malchance » ? Bien au contraire, puisque le retard ainsi provoqué lui permettra de prendre conscience de l'importance qu'il attache à sa conquête. Il mettra alors en œuvre une stratégie spatiale précise et régulière pour provoquer une nouvelle rencontre, inéluctable. Le jeu de séduction qu'il entame entre-temps avec la petite boulangère l'aidera à admettre le désir qui l'anime et à justifier son choix final par la comparaison des deux femmes. Enfin, l'immobilisation de Sylvie permet à celle-ci d'observer le manège du narrateur, qui suscite son intérêt, et d'apprécier son assiduité. Ce retardement avive leurs désirs respectifs, augmente la valeur morale qu'ils s'attribuent réciproquement et fait l'économie d'un fastidieux travail de séduction peu conforme à leur éthique puritaine.

Plus important est ce que nous révèle l'aventure avortée du narrateur avec la boulangère. Allant régulièrement acheter des sablés (qui le dispensent des repas au foyer : ces derniers

Un mépris social (B. Schroeder et Cl. Soubrier dans *La Boulangère de Monceau*) (Coll. Cahiers du cinéma).

l'éloigneraient du marché où Sylvie ne peut manquer de s'approvisionner un jour ou l'autre), le jeune homme noue relation avec la serveuse de la boulangerie. S'il en remarque initialement la beauté, il est surtout sensible à l'intérêt qu'elle lui porte, et qu'il considère comme des avances. Conscient de sa propre valeur, y compris esthétique (« le fait que je plaise à une fille me paraissait aller de soi »), il ne peut admettre d'être attiré par une personne inférieure. Il ne s'agit pas seulement de catégories esthétiques (« elle n'entrait pas dans mes catégories »), mais bien d'un mépris d'ordre social : « J'évite soigneusement toute familiarité avec les vendeurs », précise-t-il. Aussi, « ce qui me choquait, ce n'était pas que je puisse lui plaire, moi, mais qu'elle ait pu penser qu'elle pouvait me plaire, elle, de quelque façon ». Et pourtant son comportement ne cesse de démentir ses réflexions. Il donnera rendez-vous à la boulangère, dans l'intention très nette de la séduire : sa beauté est réelle et il n'y est pas insensible. Seul le retour de Sylvie lui évitera de céder à la tentation.

On voit ainsi très nettement comment les actes démentent les paroles et les pensées et surtout comment notre homme est amené à un parcours fort différent de celui qu'il décrit. S'il n'a de cesse d'affirmer sa fidélité à des principes, il ne cesse d'y déroger : il est sensible à un charme qu'il dément et agit avec la boulangère (en ne se rendant pas, en fin de compte, au rendez-vous qu'il lui a fixé) comme un goujat méprisant et méprisable et non comme le chevalier courtois qu'il prétend être. Pire, il justifie sa vilenie par une décision d'ordre moral : « Sylvie retrouvée, poursuivre la boulangère était pis que du vice : un pur non-sens ».

Plus grave, il y a inversion des priorités : alors que le narrateur affirme sans cesse règler sa vie par pure volonté et en conformité avec une morale qu'il s'est choisie, on se rend compte que la réapparition de Sylvie et l'affirmation du principe moral viennent à point pour lui permettre de ne pas céder à un jeu sexuel qu'il méprise et surtout d'échapper à une attirance qu'il ne contrôle pas. La décision de faire de Sylvie la femme de sa vie apparaît alors comme une fuite, motivée par la peur de céder à l'instinct, aux risques de la sensualité naturelle. Ce que confirme le choix des deux actrices : Sylvie est d'une beauté froide, non dénuée de charme, mais d'allure sophistiquée ; la boulangère est d'une beauté plus sensuelle, plus immédiate, plus animale, où affleure une vitalité plus désordonnée. Notre héros choisit l'ordre pour échapper à ses instincts profonds.

Il fonde ainsi son couple sur un mensonge par omission qui ne va pas sans une certaine bassesse. Mais on peut aussi penser que Sylvie n'est pas elle-même aussi noble de cœur que le narrateur aime à l'imaginer. « Ma fenêtre donne sur la rue : j'ai tout vu », dit-elle. A-t-elle vu seulement les allées et venues du jeune homme sous sa fenêtre, ou en a-t-elle vu plus ? La question reste en suspens. Elle précisera quand même : « En somme, je connais tous vos vices ! » Risible fanfaronnade d'une petite bourgeoise qui aime à mettre un peu de sel dans des amours trop sages ou sous-entendus malicieux ?

Le système des « Contes moraux » et le jeu des « Comédies et proverbes »

La Boulangère de Monceau, premier de la série des Contes moraux, en est le plus exemplaire, parce qu'il en donne à voir avec une très grande clarté la structure et le propos. A l'origine de ces Contes, une série de nouvelles écrites par l'auteur à une époque où il ne savait pas encore qu'il serait cinéaste, sans doute à la fin des années 40. Le sujet du *Genou de Claire* (écrit avec Paul Gégauff) fut d'ailleurs publié dans les *Cahiers du Cinéma* en septembre 1951. De quand date l'idée de regrouper ces histoires en « Six contes moraux » ? Peu importe. L'essentiel tient au projet paradoxal et sans doute unique dans l'histoire du cinéma de réaliser à la suite et dans l'ordre, si possible, six films de même structure et de même sujet. Que faut-il d'abord entendre par « conte moral » ? « Non pas un conte avec une morale, mais une histoire qui décrit moins ce que font les gens que ce qui se passe dans leur esprit quand ils le font. Un cinéma qui peint les états d'âmes, les pensées tout autant que les actions »[2].

Que le projet ait un aspect économique, après l'échec commercial du *Signe du Lion,* c'est aussi certain. « Je croyais plus facile de faire respecter mon idée par le public et par les producteurs sous cette forme que sous une autre. Au lieu de me demander quels étaient les sujets susceptibles de plaire au public, je me suis dit qu'il valait mieux traiter le même sujet six fois. Avec l'espoir qu'au bout de six fois le public viendrait à moi »[2]. Ce qui s'est vérifié dès les troisième et quatrième Contes.

On retrouve en outre ici ce que nous avons vu en œuvre aussi bien dans la conception que se fait le cinéaste de son art que dans l'attitude de ses personnages : une idée qui se développe et se transforme suivant un trajet prémédité. « Je considère qu'ils sont

---

2. *Cinéma 71,* n° 153, février 1971.

Les Contes moraux : une femme et un homme ?

(Zouzou et Bernard Verley dans *L'Amour l'après-midi*).

composés à la machine électronique. Etant donné l'idée de « Contes moraux », si je mets « conte » d'un côté de la machine et « moral » de l'autre, si l'on développe tout ce qui est impliqué par « conte » et tout ce qui est impliqué par « moral », on arrivera presque à poser la situation, car un conte moral n'étant pas un conte d'aventure, ce sera forcément une histoire en demi-teinte, donc une histoire d'amour. Dans une histoire d'amour, il y a forcément un homme et une femme. Mais s'il y a un homme et une femme, ce n'est pas très dramatique : ou alors, il faudrait faire entrer en jeu des empêchements : la société, etc. Donc il vaut mieux qu'il y ait trois personnages : disons un homme et deux femmes, puisque je suis un homme et que mes contes sont des récits à la première personne. »[3]

C'est ainsi que naît le sujet des six Contes moraux : « Tandis que le narrateur est à la recherche d'une femme, il en rencontre une autre qui accapare son affection jusqu'au moment où il retrouve la première. » On reconnaît là l'essentiel de *La Boulangère de Monceau,* en quelque sorte figure-mère de la série. Les autres Contes procèdent par enrichissement, déplacement, inversion, développement de tel ou tel aspect. La structure très contraignante au départ entraîne la nécessité de certaines libertés et variations pour éviter la monotonie. Si le narrateur et le commentaire off demeurent très présents dans *La Boulangère de Monceau, La Carrière de Suzanne* et *La Collectionneuse,* ils s'estompent largement dans *Ma nuit chez Maud,* où le héros s'explique longuement lui-même, pour disparaître dans *Le Genou de Claire,* où ils sont remplacés par les confidences qu'échangent Jérôme et la romancière Aurora. Mais on les retrouvera dans *L'Amour l'après-midi.*

D'un film à l'autre des situations se répondent : dans *La Carrière,* Suzanne impose sa présence une nuit au narrateur et dort dans un fauteuil, alors que dans *Ma nuit chez Maud,* c'est le narrateur qui est amené à passer la nuit dans un fauteuil de la chambre de Maud. Au petit matin, celle-ci prendra la fuite brusquement au moment de faire l'amour avec celui-là, tandis que Frédéric, le héros de *L'Amour l'après-midi* quittera soudainement la chambre de Chloé dans une circonstance identique. Dans le même film, c'est au cours des pauses qu'il s'octroie l'après-midi en guise de déjeuner que Frédéric sort avec Chloé, comme le

---

3. *Cahiers du cinéma,* n° 172, novembre 1965.

narrateur de *La Boulangère* profite des heures des repas pour se lancer à la recherche de Sylvie. A la villa et au jardin de vacances de *La Collectionneuse* répondent ceux du *Genou de Claire...* Pour boucler l'ensemble, Rohmer fait intervenir, dans *L'Amour l'après-midi* les héroïnes des autres Contes, dans une scène onirique.

Le projet des Contes se devait d'être limité en nombre, à la façon dont les héros s'enferment dans une idée, une morale, une vision du monde, qu'ils tentent de maintenir de bout en bout. Le rapport de soi à soi implique un retour au point de départ (même illusoire ou perverti), une circularité, une délimitation dans le temps et dans l'espace. Les fictions des Comédies et proverbes – commencées en 1980 et à ce jour en cours – sont au contraire ouvertes, pratiquement expansibles à l'infini : les rapports d'un être aux autres deviennent mathématiquement illimités. Ils dépendent certes d'une situation initiale : tel individu appartenant à telle classe sociale, exerçant tel métier, en tel lieu, à tel moment, ne peut se trouver confronté qu'à un nombre statistiquement limité de relations amoureuses, professionnelles ou de voisinage. Mais alors que les fictions des Contes étaient déterminées par des lieux strictement circonscrits géographiquement (le carrefour Villiers, le Quartier latin, un lieu de vacances, un quartier ou une ville liés au travail), celles des Comédies se développent plus librement : si *Pauline à la plage* se limite à une station balnéaire (déjà éclatée entre la plage, la villa de Marion et celle d'Henri), *Le Rayon vert* fait rayonner son héroïne de Paris vers divers coins de la France. Entre les deux, les dispositifs géographiques des autres films sont toujours articulés sur au moins deux lieux essentiels.

Rohmer joue aussi sur les autres possibilités offertes par une structure plus ouverte : si un personnage conserve une place privilégiée, par son temps de présence à l'écran ou son importance dramatique, il n'est pas toujours le seul centre d'intérêt et peut en quelque sorte se voir disputer la vedette. Il ne donne d'ailleurs pas forcément son titre au film : la femme de l'aviateur n'est pas le personnage principal du film homonyme et François n'y est pas plus important que Lucie ou Anne. En conséquence, le cinéaste n'est pas obligé d'accompagner un seul héros. Dans le film précité, on assistera à des scènes entre François et Anne, ou entre François et Lucie, mais aussi entre Anne et ses amies, Anne et Christian (l'aviateur), etc. De même, on suivra aussi bien Pauline, dans *Pauline à la plage,* dans ses relations avec Marion, Henri, Pierre ou Sylvain, que ces derniers seuls ou entre eux.

Il ne s'agit pourtant pas d'une rupture par rapport au système

Les Comédies et proverbes : une fiction expansible

(Marie Rivière et Rosette dans *Le Rayon vert*).

des Contes, encore moins d'un reniement. Rohmer se contente d'opérer un décentrement et une démultiplication. Au lieu du seul rapport d'un héros-narrateur à sa pensée (qui nous découvrait indirectement et de façon encore allusive celui des personnages secondaires à eux-mêmes), nous en découvrons ici un plus grand nombre. Dans le mouvement qui consiste, pour les protagonistes des Comédies et proverbes, à projeter une idée, une image d'eux-mêmes dans l'espace, vers les autres personnages, nous voyons leurs petits mensonges, leurs illusions, leur narcissisme et la façon dont ils se trompent sur eux-mêmes (et sur les autres), les catastrophes ou les erreurs qu'entraîne leur subjectivité dans leur comportement, leur trajectoire physique, morale ou sentimentale (et souvent les trois à la fois).

Dans ce sens, s'il est nécessaire de distinguer l'organisation dramatique des Contes de celle des Comédies, avec ses conséquences sur le traitement des personnages et des sujets, il serait absurde de s'étendre plus longuement sur des oppositions de manières là où la matière reste la même.

Société à irresponsabilité limitée

Nous avons déjà remarqué, à propos du *Signe du Lion,* de *La Boulangère de Monceau* et de *Place de l'Etoile,* que le héros rohmérien se caractérisait d'abord par une haute conscience de soi, de sa valeur morale, de ses qualités physiques (beauté, sportivité). Et aussi que cette conscience correspondait à une situation sociale privilégiée, avec les comportements culturels y afférant. A tel point que l'on a pu reprocher à l'auteur, comme à beaucoup de ses amis de la Nouvelle vague, de décrire le même milieu social privilégié. Notons qu'il s'agit là d'une caractéristique largement partagée par la grande majorité du cinéma français et même occidental. Ce n'est point ici le lieu de se livrer à une sociologie du cinéma américano-européen. Notre auteur pourrait, à l'instar de beaucoup de ses collègues, rétorquer que l'on ne parle bien et honnêtement que de ce que l'on connaît.

On pourrait ajouter que c'est là un phénomène lié aux conventions classiques. Pour parler de l'âme humaine, Racine et Shakespeare mettaient en scène des rois et des princes. Jouant sur l'identification aux personnages, Rohmer, comme le théâtre classique ou la majeure partie du cinéma hollywoodien, propose au spectateur des modèles d'identification élevés dans la hiérarchie sociale, mais limités à la petite et moyenne bourgeoisie : pratiquement pas de ministres, d'ambassadeurs, de grands notables (comme on en rencontre chez son ami Chabrol). Ce qui correspond, là encore, à un souci de réalisme, tout au moins de réalisme de mentalité. Le mode de vie et de pensée de ces classes moyennes est aujourd'hui, en France en particulier, celui qui domine et cristallise les aspirations de la majorité des Français, toutes classes confondues. C'est donc un objet d'observation particulièrement instructif.

Ajoutons qu'attaché à étudier les relations des êtres avec eux-mêmes, Rohmer trouve un champ d'analyse plus approprié chez des individus à qui une certaine aisance permet de se regarder

En état de vacance (Vincent Gauthier et Marie Rivière dans *Le Rayon vert*).

vivre et de s'analyser sans être préoccupés par la nécessité de gagner leur vie. De là découle aussi le fait que ses personnages principaux (à l'instar de ceux de Hitchcock) sont en état de vacance, que ce soit ce qu'il est convenu d'appeler « congés payés » ou que l'essentiel de la fiction se situe dans un moment creux de la journée.

Enfin, ce serait ne rien comprendre au cinéma de Rohmer que ne voir dans la situation sociale de ses héros qu'un arrière-plan facile sans effet sur leur comportement et leur nature. Ainsi, si chaque personnage même secondaire ou épisodique est défini par une activité professionnelle, celle-ci n'est pas une simple caractérisation, mais joue un rôle essentiel dans la fiction. Le métier d'ingénieur (lié par ailleurs à la ville de Clermont-Ferrand et aux usines Michelin) du narrateur de *Ma nuit chez Maud* justifie son intérêt pour les mathématiques, puis le calcul des probabilités et partant le pari de Pascal, qui fournira le thème central du film. Que Daniel soit peintre et Adrien trafiquant d'œuvres d'art, dans *La Collectionneuse,* est inséparable des questions sur la beauté et l'idée de collection qui sont au centre de ce film.

Un éventail social ouvert (Zouzou dans *l'Amour l'après-midi*).

D'autre part, l'éventail social que nous proposent les Contes et les Comédies est largement plus ouvert qu'on ne le dit généralement. Au personnage central des Contes est souvent opposé un personnage secondaire de situation plus modeste : à la boulangère déjà citée, s'ajoutent Suzanne *(La Carrière)*, travaillant pour payer ses études et aux crochets de qui vivront quelque temps le narrateur et Guillaume, ou la Chloé de *L'Amour l'après-midi,* serveuse dans une boîte de nuit, puis dans un restaurant et enfin vendeuse. Sans parler de l'intrusion de quelques personnages anecdotiques, comme le responsable du camping du *Genou de Claire,* qui vient troubler et souiller l'univers hautement bourgeois de la propriété familiale, faire sortir les personnages de leur vocabulaire châtié et marquer ainsi leur appartenance à un monde protégé. La diversité augmentera encore avec les Comédies et proverbes, même si elle n'est pas toujours précisément perçue par un spectateur trop peu attentif. C'est d'abord le François de *La Femme de l'aviateur,* étudiant travaillant au tri postal de la gare de l'Est, et ses échecs amoureux ne sont pas étrangers à cette infériorité sociale. L'héroïne du *Beau mariage,* Sabine, est issue d'un milieu modeste, mais ses aspirations sont élevées. Elle fait des études d'histoire de l'art. Son désir forcené de mariage répond au désir d'être respectée (« Il y a cent ans, dit-elle à sa mère, les femmes étaient respectées ») et d'élévation sociale (ce n'est pas pour rien qu'elle jette son dévolu sur un avocat parisien et envisage de ne plus travailler). Sylvain, dans *Pauline à la plage,* ne possède pas de planche à voile et ses vêtements jurent avec la recherche de ceux des autres. Louisette est marchande ambulante. Le premier dévoile ses aspirations en affirmant que son père possède un voilier que l'on ne verra jamais. La seconde affirme qu'elle « a de l'argent » pour inviter Pierre qu'elle tente de draguer.

L'héroïne du *Rayon vert,* Delphine, secrétaire de situation modeste (sa famille fait du camping en Irlande pour l'été), ne peut aller en vacances que chez les autres : dans la famille de son amie Françoise, à Cherbourg ; dans un appartement prêté à la Plagne puis à Biarritz. Mais au contraire de la Sabine du *Beau mariage,* elle manque de l'énergie nécessaire pour affronter la vie et se réfugie dans la superstition et le mythe de l'homme idéal : elle épousera peut-être son fade ébéniste, apparu dans la gare de Biarritz. Elle restera fondamentalement liée à sa classe sociale, continuant sans doute de rêver à des lendemains merveilleux.

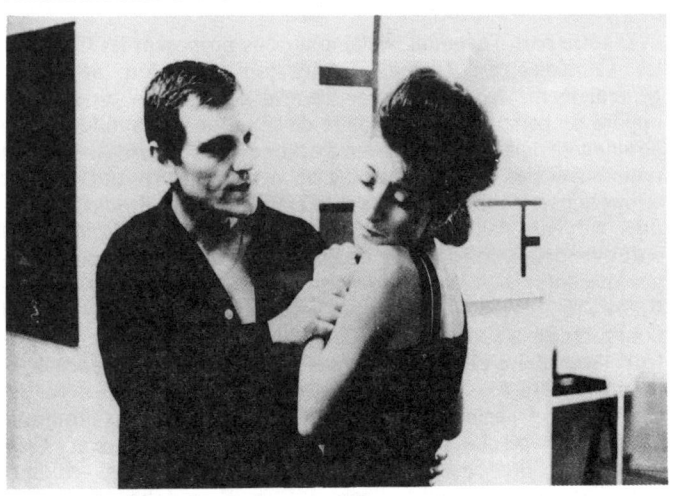

Libres et victimes (Tcheky Karyo et Pascale Ogier dans *Les Nuits de la pleine lune*).

Plus subtile est la description des personnages des *Nuits de la pleine lune*. Ici, pas de véritable clivage de classe. Louise, Rémi, Octave, chacun dans leur genre, appartiennent à un même milieu. Et ils n'aspirent pas à proprement parler à en changer. En fait ils ont déjà accompli leur évolution, le mouvement étant en quelque sorte interne. Ils se sont conformés à un modèle de vie bourgeoise au goût du jour, dans leurs vêtements, leur décor, leur comportement, leur morale (le couple à la page et indépendant, les mœurs libres...). Leur seule aspiration, leur seule évolution consiste à coller un peu plus au goût du jour (voir l'aménagement du studio de Louise ou la théière qu'elle offre à Rémi). Croyant se libérer, ils ne font qu'être plus encore les victimes de leurs déterminations sociales. Seul le mystérieux Rémi en sortira peut-être moins malheureux : il construit les habitations des autres, a une prise sur le monde et n'est pas tout à fait dupe des idées à la mode.

Les personnages centraux des Contes ont en commun un profond mépris pour les classes sociales inférieures, les amenant à n'envisager le mariage qu'avec des êtres d'une même noblesse (au moins d'âme) et à considérer les autres relations comme un jeu sans importance autorisant de leur part toute forme de goujaterie, de manipulation, d'humiliation, voire de sadisme (c'est bien le cas des deux héros de *La Collectionneuse* à l'égard d'Haydée). Ceux des Comédies et proverbes sont mal à l'aise dans leur peau (entendons leur milieu social) et visent avant tout à se conformer à l'image qu'ils supposent attendue d'eux. En fait, ils se méprisent eux-mêmes, conscients de ce que leur être social n'est pas à la hauteur de l'idée qu'ils se font d'eux.

Dans tous les cas, c'est bien la liberté qui est en jeu. Les premiers fondent cette liberté sur un système moral supérieur (voire religieux pour le narrateur de *Ma nuit chez Maud*), visant moins à dicter leur conduite qu'à la justifier. Les seconds sur une morale sociale qui leur est extérieure et à laquelle ils tentent de se conformer, au risque d'étouffer leurs aspirations réelles. Dans les deux cas, cette liberté paraît bien illusoire. Par définition, la liberté consiste à agir par sa volonté propre, indépendamment de toute détermination. Lorsque les personnages des Contes moraux se choisissent une ligne de conduite, ils pensent agir en toute liberté. Mais on voit bien que cette morale vise à la fois à justifier leurs écarts et leur éviter d'être les prisonniers de leurs instincts. Quant à ceux des Comédies, les voilà entraînés, par absence de système de référence, à se conformer au modèle ambiant.

Dans les Contes, le narrateur affirme certes la primauté de l'esprit sur le corps. Mais celui-ci échappe au carcan de l'éthique. Il ne s'y conformera que par un coup de force et une frustration qui risque d'ôter au système de valeurs l'efficacité attendue et à l'esprit le bonheur espéré. Le bonheur qu'affirment et affichent les héros en fin de Conte n'est souvent que résignation, fadeur sinon souffrance. Faut-il donc jeter la morale par dessus les moulins, et, en l'absence de tout Dieu, comme l'affirme la pensée du siècle, s'en remettre au plaisir des corps, voie royale sinon vers la sainteté, du moins vers l'épanouissement physique ? C'est du moins la tentative qui domine les Comédies et proverbes.

Le bourgeois libertin

Cette recherche rejoint un mouvement de pensée fréquemment invoqué au sujet de Rohmer, le libertinage (au sens qu'il prend surtout au XVIIIᵉ siècle). Si les Contes sont parfois marqués par un puritanisme exacerbé (chez les narrateurs de *La Carrière de Suzanne* et de *Ma nuit chez Maud*), les Comédies s'approchent d'une attitude libertine. Mais le libertinage a une place importante dans *La Collectionneuse* et surtout *Le Genou de Claire,* tandis qu'un certain puritanisme, plus psychologique que moral, imprègne les conduites d'Anne et de Delphine dans *La Femme de l'aviateur* et *Le Rayon vert,* comme celles de Pierre dans *Pauline à la plage,* par exemple.

Le terme de libertinage recouvre des notions différentes, quoique liées. A l'origine, il s'agit d'une notion philosophique, apparaissant dans sa forme latine *libertinus,* en 1477, dans une traduction du Nouveau Testament. Jusqu'au milieu du XVIIᵉ siècle, le terme désignera bientôt des groupes religieux manifestant un certain scepticisme à l'égard des dogmes chrétiens et des préceptes de l'Eglise. Leur succèderont ensuite les libertins érudits, à la recherche d'une morale laïque et d'un certain matérialisme, le terme évoluant lentement d'une libre pensée à un épicurisme mondain. Ce n'est qu'au XVIIIᵉ siècle qu'il prendra un sens plus directement érotique et se systématisera autour d'une pratique et d'une stratégie amoureuses en particulier avec *Les Liaisons dangereuses* de Choderlos de Laclos.

Ce jeu entre libre pensée et libre conduite, avec domination de l'une ou de l'autre selon les époques, n'est pas sans rapports avec l'œuvre de Rohmer. Encore cette coïncidence ne saurait-elle tenir lieu de principe d'explication, mais seulement éclairer quelques aspects. Dans son livre sur Laclos [4], Roger Vailland, décrivant le libertin, souligne sa relation à deux figures que l'on retrouve au

---

4. Editions du Seuil, coll. « Ecrivains de toujours », 1953.

cœur de l'œuvre de Rohmer : Don Juan et le pari de Pascal. On sait que celui-ci est le sujet de *Ma nuit chez Maud*. Bien des personnages des Contes et des Comédies sont, ou plutôt voudraient se donner l'image de Don Juan, au sens galvaudé du terme, celui de séducteur irrésistible. On a vu le narrateur de *La Boulangère de Monceau* dénué de tout scepticisme quant à ses charmes, comme les héros de *La Collectionneuse*. Vidal rappelle au narrateur de *Ma nuit chez Maud* ses anciennes conquêtes féminines. La romancière du *Genou de Claire* accueille Jérôme en ces termes : « En somme, tu n'as pas changé, tu cours toujours les petites filles ». Le narrateur de *L'Amour l'après-midi* apprécie de vérifier, selon lui, son charme auprès de chaque passante croisée dans la rue et s'imagine possesseur d'un petit appareil suspendu à son cou qui lui permet de séduire toutes les femmes. Même le François de *La Femme de l'aviateur* ne doute pas qu'il plaise à Anne, comme l'héroïne du *Beau mariage* est sûre de pouvoir séduire Edmond, puisqu'aucun homme ne lui résiste. Quant à la collectionneuse, son attitude est bien celle d'un Don Juan féminin.

Plus explicitement, la partition du *Don Juan* de Mozart apparaît, de façon un peu incongrue, lors de la séance de faux spiritisme de *La Carrière de Suzanne,* connotant le personnage de Guillaume dont le narrateur admire la désinvolture et les talents de séducteur.

Mais peut-on sérieusement parler de *Don Juan,* dans ces divers cas ? La fatuité et le goût de la séduction sont bien en deçà du mythe. Roger Vailland précise : « Les *Don Juan* du théâtre espagnol, et même celui de Molière, ne sont pas des drames psychologiques mais métaphysiques (...) l'essentiel, c'est la tragédie de l'homme qui joue son salut éternel en priant que Dieu n'existe pas. » A l'exception du héros de *Ma nuit chez Maud,* rares sont ceux qui atteignent à cette dimension. Cette référence permet tout de même de situer leur conduite au-delà de la simple attitude psychologique.

Le héros rohmérien serait-il alors plus conforme à ce « jeu de société dramatique » de la seconde moitié du XVIIIe siècle que décrit Vailland à propos des *Liaisons dangereuses* ? Si le libertin des temps héroïques affirme sa liberté à l'égard d'une société qui fondait une grande part de sa morale sur la crainte de Dieu, le libertin tardif se veut libre à l'endroit des choses de l'amour, nouvel enjeu social. Le séducteur ne doit jamais être séduit et, en particulier, échappe à l'amour-passion. C'est bien le cas des héros rohmériens, dans leur immense majorité : rationalisant sans cesse

Les perdants (Philippe Marlaud dans *La Femme de l'aviateur*).

leurs penchants sentimentaux, ils ne sauraient être la proie d'un instinct irrationnel. Ceux qui s'y abandonnent plus ou moins sont des perdants. Ils sont rares et constituent une minorité : c'est un peu le cas du François de *La Femme de l'aviateur,* à qui échappent à la fois Anne et Lucie. Dans *Pauline à la plage,* Marion et Pauline sont les victimes de leur attachement trop instinctif à Henri et Sylvain, tandis que Pierre est le perdant-né, son côté midinette l'empêchant d'aborder le sexe avec le détachement nécessaire.

C'est que, précise Roger Vailland, « la passion entraîne, emporte, subjugue, réduit en esclavage. L'amant passionné ne choisit pas (...) En toute occasion, le libertin *agit* ; le passionné subit, pâtit ». Tel le libertin, le héros rohmérien tient à conserver l'initiative du choix, quitte à justifier après coup son penchant irrationnel par un choix vertueux. D'ailleurs, même ceux qui choisissent, par un acte qu'ils voudraient de volonté pure, l'unique, l'élue, l'épouse à qui ils jureront fidélité, ne semblent jamais le faire dans un élan passionné du cœur : la raison l'emporte sur le sentiment immédiat. Le narrateur de *Ma nuit chez Maud* passe tout le film à justifier une décision intellectuelle destinée à le protéger d'une vie dissolue. Celui de *L'Amour l'après-midi* affirme même ne plus se sentir l'âge ni la force de faire la cour à une fille. Fuit-il Chloé par un acte de volonté et de fidélité, ou parce que celle-ci le pousse dans ses retranchements et veut un enfant de lui qui ne l'a pas décidé ? De même l'héroïne du *Beau mariage* porte son choix sur Edmond qui lui apportera la sécurité de l'emploi ; quant à la Marquise d'O..., elle épousera le père de l'enfant qu'elle porte, quel qu'il soit.

Roger Vailland distingue bien le libertin du « coureur ». Celui-ci « est excité indifféremment par tout objet de l'autre sexe (...) le libertin au contraire choisit librement *l'objet* de sa flamme ». Cette figure essentielle du libertinage est présente dans tous les films de Rohmer, de même que la séduction, la chute de la victime (encore peut-elle n'être que prévisible, non accomplie) et surtout la rupture : on se souvient de la façon théâtrale dont Daniel rompt avec la collectionneuse, comme le faisait Guillaume avec Suzanne *(La Carrière)*. *Le Beau mariage* commence par la rupture de Sabine avec son amant marié et trouve sa conclusion dramatique dans le discours d'Edmond, amenant la fin d'une liaison purement verbale. Henri, dans *Pauline à la plage,* rompt de façon moins dramatique et plus lâche avec Marion (par fuite et lettre), tandis que c'est une rupture qui marque le point de départ aussi bien de *La Femme de l'aviateur* que du *Rayon vert*.

Cette rupture marque bien l'essence du libertinage : la nécessité, pour le libertin, d'affirmer sa souveraineté sur sa situation et sur les êtres. Il ne peut jouir de sa liberté que si celle-ci se fonde sur une destruction des liens qui l'attachent à sa proie, voire à la destruction morale de celle-ci. C'est d'ailleurs le point fondamental : les actes importent moins (en quoi le roman libertin se distingue du roman érotique ou grivois, simple récit de prouesses physiques) que leur réfraction dans la conscience de leur auteur, l'interprétation qu'il s'en donne et par laquelle un banal séducteur s'affirme maître de son destin, défiant les valeurs sociales et divines.

Eric Rohmer n'a-t-il fait que reproduire, à quelques siècles d'intervalle, la morale et le jeu dramatique du libertinage ? Quel en serait alors l'intérêt et la signification présente ? Nous avons vu à quel point il serait faux de confondre le discours du narrateur des Contes moraux avec le point de vue du cinéaste. Le sens des Comédies et proverbes ne se déduit pas plus des affirmations du personnage central. *Le Beau mariage* en est une belle illustration, où Sabine ne cesse d'agir à l'encontre de ce qu'elle dit, jusqu'à la conclusion dénégatrice où elle affirme qu'Edmond n'avait rien de ce qui peut l'attirer chez un homme.

S'il y a reprise en compte de l'idée libertine, c'est moins de la part de l'auteur que de ses personnages. La figure du libertin est intimement liée à la société aristocratique de cette fin du XVIIIe en marche vers la Révolution et le triomphe de la bourgeoisie. Elle est une sorte de protestation de classe contre les transformations sociales en cours. C'est en adversaire, bourgeois et futur révolutionnaire, comme le montre Vailland, que Laclos décrit le jeu aristocratique des *Liaisons dangereuses*. Aujourd'hui, l'esprit de la bourgeoisie a triomphé. Le monde des Contes moraux et des Comédies et proverbes est par excellence celui de l'égalité et de la liberté (à défaut de fraternité), où les valeurs morales désuètes ou absentes ne déterminent plus la vertu des êtres, la hiérarchie sociale ou le prix des choses. Les héros des Contes protestent en se raccrochant à des principes anciens auxquels ils n'adhèrent qu'en pensée, leurs actes ne cessant de démontrer qu'il n'ont plus cours dans le siècle. Ceux des Comédies tentent de naviguer à vue en se bricolant des lignes de conduite interchangeables, aussi vite abandonnées qu'adoptées. L'individu rohmérien est prisonnier de son temps comme de son milieu, il s'y débat et s'y meut tant bien que mal et plutôt mal que bien.

Pour affirmer sa liberté, il aspire à une souveraineté (qui peut être de type libertin) qui lui fait souvent adopter une attitude aristocratique de pure apparence, en décalage avec la réalité quotidienne. Dans un monde égalitaire où les êtres tendent de plus en plus à l'indifférenciation, il affirme sa différence. L'héroïne du *Rayon vert* ne cesse de répondre à ceux et celles qui critiquent son attitude qu'elle n'est « pas pareille ». A l'inverse, Frédéric (*L'Amour l'après-midi*), le plus platement et sinistrement bourgeois dans son physique, sa fatuité, son enlisement social et conjugal et son comportement quotidien frileux, revendique le plaisir de se fondre dans la foule du quartier des grands magasins parisiens, de « voguer à sa surface, en écumeur solitaire ». Incapable de toute espèce de choix, il a appris à aimer ce qu'on lui impose (une chemise en cachemire qu'une vendeuse lui fait essayer adroitement à la place du pull à col roulé qu'il désirait). Il ne sait même plus les raisons qui lui ont fait choisir sa femme : « Pourquoi, dans la masse des beautés possibles, ai-je été sensible à *sa* beauté ? C'est ce que je ne sais plus très bien. »

Plus classiquement, le héros rohmérien conjugue singularité et supériorité. C'est un poseur. Superficiellement, on remarquera l'affectation tant verbale que vestimentaire des deux personnages

L'affectation. Arielle Dombasle avec Pascal Greggory (*Pauline à la plage* et *Le Beau mariage*).

interprétés par Arielle Dombasle (Clarisse dans *Le Beau mariage*, Marion dans *Pauline à la plage*). Affecté aussi est celui d'Octave dans *Les Nuits de la pleine lune*. Son hilarant discours sur l'angoisse que provoque la vie à la campagne et les bienfaits de la vie parisienne témoigne d'un parisianisme prétentieux (se sentir « au centre ») et narcissique (il note fréquemment avec satisfaction ses propres paroles dans un carnet). Autre forme d'affectation, celle de l'héroïne du *Rayon vert* qui, dans une scène de repas tout aussi drôle, manifeste son dégoût pour la viande, le poisson, les œufs, les crustacés, et son intérêt exclusif pour les végétaux et autres céréales (mais pas les fleurs !). Elle ne peut mieux se singulariser, au milieu de cette famille aux vacances si semblables à celles de millions de Français.

Quand la pose atteint son paroxysme, nous rencontrons les dandys de *La Collectionneuse*. Eux déclarent ouvertement leurs aspirations aristocratiques. Il s'agit d'appartenir non à une classe, mais à une caste, un groupe de « happy few », une intelligentsia. Daniel, peintre moderne, fabrique des objets tranchants destinés à blesser les autres, à l'exception de ceux qui appartiennent au même univers d'initiés, d'élus, comme le critique Alain Jouffroy, avec qui il dialogue dans le second prologue. Plus tard, il se définira comme un barbare : « Il faut toujours être quelque part en tuant quelque chose. » Il revendiquera l'élimination, le gommage, la pureté. C'est une autre forme de pureté que vise Adrien, dans sa recherche ascétique du vide, du « rien absolu ». Sa pose se veut la négation de son être : « Ce que je ne veux pas, c'est penser dans ma direction à moi. Je veux me laisser mener. Je veux faire comme l'Arabe : dans la rue, il ressent la rue..., tandis que nous, on pense au but. » Il se situe à mi-chemin entre le créateur qu'est Daniel, à la recherche de l'unique, et Haydée, la collectionneuse, ou Sam, le collectionneur. Il affirme que Daniel est son maître mais vit du commerce des œuvres d'art et de l'argent de gens comme Sam. Plus que Daniel, (tout de même créateur), il incarne une aspiration velléitaire à l'aristocratie culturelle et artistique.

Stratégies licencieuses et idéal conjugal

L'attitude de ces deux personnages à l'égard de Haydée illustre la composante sadique de l'érotisme rohmérien. Les deux héros de *La Carrière* renvoyaient Suzanne à une sorte d'inexistence, à une négation radicale de son être, l'un par refus de la prendre en considération, psychologiquement et sexuellement, l'autre par une stratégie semi-libertine faisant d'elle un objet de plaisir passant dans la séduction, la chute et la rupture. L'attitude d'Adrien et de Daniel, du même type, se fonde d'abord sur le mépris. Dans le troisième prologue, Adrien participe à une conversation sophistiquée sur la beauté où une femme déclare que si elle trouve quelqu'un laid, « il n'a pas de grâce. Plus rien n'est possible (...) Même pour des rapports très superficiels. Même pour boire un pot cinq minutes avec lui. » Plus tard, il affirmera : « On a toujours tort de boire ce qu'on n'aime pas..., d'accepter les choses qu'on aime pas. C'est même la suprême immoralité. » Haydée est donc décrétée de la catégorie inférieure, sans grâce, ne correspondant pas aux critères que partagent les deux garçons. Ce que dément à la fois l'image et leur attitude. Daniel la « saute » pour ensuite la snober, puis la plaquer. Adrien ne cesse de l'observer, puis, lorsqu'elle est à sa merci (après le départ de Daniel), l'abandonne lui aussi, dans un acte qu'il veut de pure volonté, mais que les circonstances extérieures (un encombrement sur la route, Haydée tentée de rejoindre ses amis) ont singulièrement déterminé.

En fait, elle n'est qu'un enjeu à la fois dans les relations des deux hommes et dans leur propre jeu intellectuel et subjectif, en particulier pour Adrien, le narrateur. Elle est à la fois obstacle à son projet d'ascèse monacale et moyen de la réaliser en fin de compte, quel que soit le détour. Ce ne sont pas les actes ni les êtres qui importent, mais le plaisir intellectuel qu'ils peuvent susciter. Personnages comme spectateurs jouissent de cette *perversion :* les tours et détours qui semblent éloigner d'un but auquel ils

Le fétichisme (J.-Cl. Brialy et L. de Monaghan dans *Le genou de Claire*).

ramènent finalement. Le terme de « perversion » est à prendre au sens large, même s'il peut parfois coïncider avec ses diverses acceptions psychanalytiques. Parallèlement, si un certain sadisme peut se rencontrer dans les relations amoureuses, *Le Genou de Claire* illustre une autre figure, perversion d'objet celle-là, le fétichisme.

Au contraire du narrateur de *Ma nuit chez Maud*, Jérôme, le héros du *Genou de Claire,* n'a jamais eu les femmes qu'il convoitait : ses aventures lui sont toujours arrivées « par hasard ». La quarantaine atteinte, « rangé », le voici résolu au mariage, non par choix délibéré, mais parce que si « malgré tous nos efforts pour nous quitter, nous n'y sommes pas parvenus, c'est qu'il nous faut rester ensemble (...) Je constate un fait, je ne me dicte aucune obligation. » Jérôme serait-il plus lucide que d'autres héros rohmériens ? Comme le précise Aurora, sa confidente de romancière, « les héros d'une histoire ont toujours les yeux bandés. Sinon ils ne feraient plus rien. » Jérôme affirme d'autant plus sa liberté, le libre jeu de son plaisir, qu'il ne cesse d'être le jouet des circonstances et de la romancière elle-même, qui lui suggère ses actes, les commente avec lui, relance son action, bref, le manipule.

C'est un être sans volonté propre, quoi qu'il en dise, et c'est à ce

65

titre que son acte de « volonté pure » prend une telle importance. L'essentiel, c'est la démonstration et le récit, non l'acte lui-même, qui est réduit au geste le plus dérisoire, le franchissement de la distance séparant la main de Jérôme du genou de Claire, les détours physiques, intellectuels et moraux qu'il devra employer pour ce but infime et pourtant essentiel à ses yeux.

Ce n'est pas l'acte qui importe mais la signification qu'il prend aux yeux des intéressés, et au premier chef de celui qui le raconte. Il ne jouit pas du geste, mais de sa réfraction dans sa conscience. Toute jouissance doit être intellectualisée. Plus mince sera le prétexte, plus grand sera le plaisir, qui ne s'accomplira vraiment que dans le *récit* de l'acte « pervers » : on peut le raconter à soi-même (les autres Contes), à un confident ou à un tiers (ici et dans les Comédies). La personnalité de Jérôme fait partie du processus. Son caractère velléitaire, son abjection donnent à l'acte pervers toute son ampleur : ayant vu Gilles avec une autre fille, il n'hésite pas à en faire part à Claire − au risque de briser le couple − pour parvenir à ses fins. Les larmes et le désarroi de celle-ci permettent alors à Jérôme de poser sa main sur le genou convoité.

De tous les héros rohmériens et particulièrement des Contes moraux, Jérôme est sans doute le plus malhonnête à l'égard de lui-même et le plus méchant, à la limite du crapuleux, sous des dehors très gentleman, un air de ne pas y toucher, si l'on peut dire. Le héros de *La Boulangère de Monceau* ne risque que de provoquer une déception sentimentale de la part de la boulangère. Suzanne, Haydée et Maud ont une force intérieure et un rayonnement qui leur permettent de surmonter les atteintes à leur amour-propre. Plus dangereuse est l'attitude de Frédéric, dans *L'Amour l'après-midi*. Son sursaut final implique, on peut le supposer, une rupture de toute relation avec Chloé. L'idée de suicide (rare dans l'univers de Rohmer) plane sur celle-ci, que ce soit par l'évocation du suicide manqué de son ancien ami Bruno ou sa façon d'affirmer que Frédéric est le seul élément la rattachant à la vie. Rien ne permet d'imaginer un au-delà du film, mais la faiblesse et les velléités du héros l'ont entraîné vers des risques qui dépassent largement les effets d'une petite déception sentimentale.

Jérôme, lui, séducteur manqué et vieillissant, fait preuve d'un acharnement sadique des plus suspects. Lors de sa première rencontre avec Laura, la jeune demi-sœur de Claire, une conversation anodine évoque une prof qui n'est contente que lorsqu'elle a fait pleurer ses élèves. « Elle est mauvaise, je dis bien mauvaise », précise l'adolescente. La romancière Aurora, qui semble connaître Jérôme mieux qu'il ne se connaît lui-même, lui reproche de dévoiler ses noirceurs en révélant son désarroi devant le spectacle d'une fille en pleurs, « surtout quand elle est jolie ». Les dénégations du héros n'y feront rien : c'est en faisant pleurer Claire qu'il parviendra à ses fins. Ou plus exactement les fins se confondant avec les moyens, le plaisir trouble de Jérôme tient autant au fait d'avoir touché le genou de la jeune femme qu'à ses larmes. En toute bonne conscience, il explique la gêne et l'écœurement que lui cause sa propre attitude par la honte, qu'il présume chez Claire, de s'être laissée aller à pleurer devant un étranger.

Quant à la responsabilité de cet acte « héroïque », de « pure volonté », il la rejette sur Aurora : « Car, il fallait le faire, n'est-ce pas, je te l'avais promis ?... » Pour enfin se laver de tout soupçon moral, Jérôme n'a plus qu'à affirmer le bien qui découle de son action : le voilà débarrassé de l'obsession du corps de Claire et, par là, de toutes les autres femmes, et tout entier voué à sa future épouse, Lucinde. Mais surtout, le voici auteur d'une « bonne action » dont la conscience, dit-il, est constitutive de son plaisir :

La bonne conscience (Aurora Cornu et J.-Cl. Brialy dans *Le Genou de Claire*).

« Je l'ai détachée de ce garçon pour toujours ». Briser le couple que formaient Gilles et Claire est à l'évidence le fond du problème.

Les conversations de Jérôme avec Laura tournent autour de la jeunesse et de la différence d'âge, la jeune fille insistant sur son goût pour les hommes mûrs, renvoyant ainsi Jérôme à sa situation d'adulte, voire de père potentiel. L'agace au plus haut point l'attachement exclusif de Claire à Gilles et son indifférence à l'égard des autres et de lui-même. Il se heurte à une aristocratie dont il est exclu, celle de la beauté liée à la jeunesse. Si son désir se cristallise sur le genou de Claire, c'est qu'il a vu la main de Gilles négligemment posée sur celui-ci, dans un geste qui scelle en quelque sorte symboliquement un ordre dont son âge l'exclut – et l'excluera sans doute de plus en plus. D'où son acharnement à briser cette relation. Il détruit ce qu'il ne peut plus avoir.

A ce versant pervers de l'érotisme rohmérien s'oppose évidemment le versant conjugal. Opposition logique puisqu'elle fait partie de la structure des Contes moraux. A la tentatrice correspond l'épouse, qu'elle le soit déjà (*L'Amour l'après-midi*), le **devienne** au cours du film *(Ma nuit chez Maud)* ou que le mariage

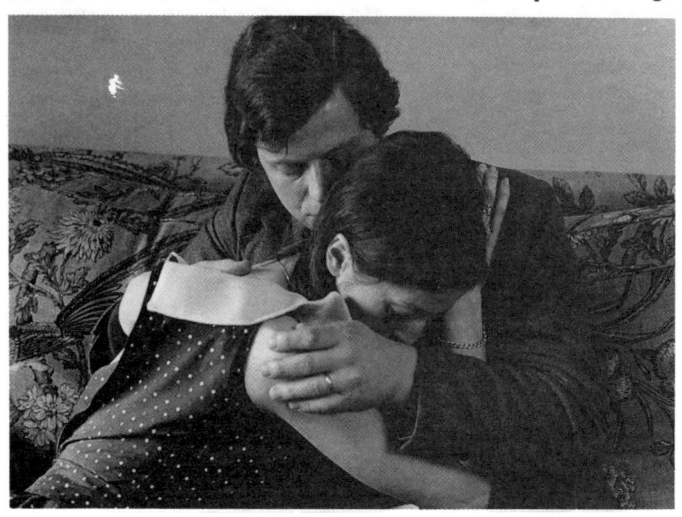

Un final ambigu (Bernard et Françoise Verley dans *L'amour l'après-midi*)

soit annoncé par le narrateur pour un avenir proche (*La Boulangère, Le Genou de Claire*). Une exception, Sophie, que convoite le héros de *La Carrière de Suzanne*, mais que ses blocages psychologiques ne lui permettent pas de séduire. On a pu faire de Rohmer, à travers ce premier cycle, un apologiste de l'amour conjugal et des valeurs classiques de la fidélité. C'est ainsi, par exemple, que l'on a le plus fréquemment analysé le final ambigu de *L'Amour l'après-midi*. En fait, les larmes et l'émotion peuvent provenir aussi bien de la connaissance qu'aurait Hélène de l'escapade de son époux que de sa propre infidélité, amorcée par certains détails (Chloé dit l'avoir vue en compagnie d'un autre homme) et que ces mots pourraient laisser supposer : « Je n'aurais pas voulu d'un homme qui me traite familièrement et fouille dans mes pensées. »

Indépendamment de cet aspect particulier, auquel on pourrait ajouter le passé de Françoise, dans *Ma nuit chez Maud,* qui a eu une liaison avec un homme marié, le mari de Maud, l'élue est un personnage fade, souvent froid, peu sensuel, qui ne provoque pas le désir érotique du héros. Celui-ci déclare d'ailleurs à plusieurs reprises (*Le Genou de Claire, L'Amour l'après-midi*) ne pas connaître exactement les raisons de son choix définitif, ou voulu tel, et manifeste une sorte de résignation. Tout se passe comme si l'élection de celle qu'il épousera répondait à une pure décision rationnelle contre les pressions du désir et du sentiment. L'épouse est avant tout une idée, un élément du projet intellectuel et moral du narrateur, son point d'ancrage et sa bouée de sauvetage.

Dans les Comédies et proverbes, ce processus d'idéalisation est développé et multiplié. Mais les conséquences sont plus nettes et plus cruelles. Tout personnage, homme ou femme, à la recherche de l'amour idéal, unique et définitif, qui ne passe pas par le corps, le désir, la sexualité, est voué à l'échec. Le processus est plus explicite encore : celui qui projette sur l'autre une image abstraite, conforme à une idée romantique et mystique de l'amour (et du mariage) se heurte à la réalité et au désir de l'autre. Il se trompe sur son objet comme il se trompe sur lui-même : ses actes démentent le plus souvent l'idée qu'il se fait de ses propres aspirations. François, dans *La Femme de l'aviateur,* interprète mal la visite de Christian, l'aviateur, à Anne, comme, avec Lucie, il interprètera à contresens la visite de Christian et la femme blonde à l'avocat. Quant à ses sentiments pour Anne, plus qu'absolus, ils sont possessifs, jaloux et friables : son après-midi avec Lucie montre son attirance pour celle-ci (fort opposée au type psychologique et physique d'Anne), que confirmera son désappointement devant Lucie embrassant l'un de ses collègues du tri postal.

Avec ce film, comme Hitchcock avec *Fenêtre sur cour,* Rohmer met en place la « figure-mère » des Comédies, un mécanisme de projection et d'idéalisation déjà présent dans les Contes, mais alors intériorisé par les narrateurs.

Sabine dans *Le Beau mariage,* Pauline, Marion et Pierre dans *Pauline à la plage* suivent le même itinéraire. Le cas le plus flagrant est celui de Louise dans *Les Nuits de la pleine lune.* Elle projette sur Rémi une idée de l'amour unique et durable en même temps qu'elle se veut conforme à la morale de son époque et de son milieu, celle d'une liberté sexuelle. Le caractère imaginaire et abstrait de cette liberté est très net : à Rémi elle affirme qu'elle veut sa chambre à Paris pour y être seule, à Octave que les relations physiques ne l'intéressent pas. Elle y amènera pourtant Bastien avec qui elle passera la nuit. Mais cette expérience faite, elle comprend qu'elle aime Rémi plus que cette idée de liberté. Comme elle n'a pas tenu compte des désirs propres de Rémi, celui-ci lui échappe dans un effet boomerang des plus pathétiques.

Quant à l'héroïne du *Rayon vert,* son malaise sentimental, sa solitude et sa difficulté à établir des relations avec les hommes ont à voir avec l'idée qu'elle se fait de l'homme idéal. Encore attend-t-elle du ciel (le fameux « rayon vert » de Jules Verne) un signe confirmant son choix, celui de l'unique contre la collection.

Le conflit du héros rohmérien en matière de sentiments se résume à cette remarque de Frédéric, le narrateur de *L'Amour l'après-midi* : « Je rêve d'une vie qui ne soit faite que de premières amours, – et d'amours durables : c'est dire que je veux l'impossible... » Qu'est-ce qui fait que deux êtres se rencontrent : hasard ou nécessité ? Choix ou détermination ? Quelle est la part de l'absolu et celle du relatif ? Dans un monde aussi déterminé, comment la liberté de choix peut-elle s'exercer ? Vaut-il mieux se laisser porter par les multiples mouvements de l'univers ou suivre farouchement un plan rationnel au risque de contredire ces courants ? Quelle est la part de relatif, de programmé et celle d'absolu, d'éternel, dans ce qui nous attire dans la beauté d'une femme ? La beauté créée par l'homme participe-t-elle de la beauté de la nature ?

Le goût de la beauté

L'idée de beauté est nécessairement au cœur de tous les films de Rohmer. Dans *Le Genou de Claire,* elle est omniprésente dans les paysages du lac d'Annecy. Comme la mer dans *La Collectionneuse,* c'est une beauté naturelle qui s'impose d'elle-même. Dans un tel cadre, la faune aristocratique internationale du *Genou de Claire* défend son territoire, sa conception du beau contre l'intrusion du désordre, de la saleté, des papiers gras de l'univers prolétarien des campeurs. Cette idée du propre et du sale imprègne tout le film. C'est dans le même registre que Jérôme défend sa pureté morale contre la noirceur de ses actes.

Deux discours dominent le cinéma de Rohmer : celui de l'esthétique et celui de la morale, voire de la métaphysique. Rares sont les personnages qui n'expriment pas une idée de la beauté physique, n'établissent pas une hiérarchie dans ce domaine. Nombreux aussi sont ceux qui, de près ou de loin, se livrent à une activité artistique. Le héros du *Signe du Lion* est musicien. Sylvie, dans *La Boulangère*, s'occupe d'une galerie de peinture. Les personnages de *La Collectionneuse* gravitent dans le monde des arts. La confidente de Jérôme, dans *Le Genou de Claire,* est romancière, et Octave écrit, dans *Les Nuits de la pleine lune,* où Louise travaille dans un atelier de décoration et conçoit des lampes, tandis que Camille et Marianne sont aussi dans la décoration. Décoration et architecture sont d'ailleurs deux activités artistiques privilégiées. Dans le même film, Rémi travaille à la mission d'aménagement de la ville nouvelle de Marne-la-Vallée. Si, dans *Le Beau mariage,* Sabine étudie l'histoire de l'art et travaille chez une antiquaire, son amie Clarisse dessine des abat-jour et l'avocat Edmond s'intéresse aux faïences de Jersey.

De la décoration aux vêtements, il n'y a qu'un pas, de ceux que vend Chloé dans *L'Amour l'après-midi* à ceux que conçoit Marion dans *Pauline à la plage*. La peinture est encore présente dans les tableaux qui ornent maints intérieurs, du Matisse de la chambre

Des métiers d'art (B. Romand et A. Dombasle dans *Le Beau mariage*).

de Pauline au Mondrian de l'appartement de Marne-la-Vallée *(Les Nuits...)*. Enfin, et de façon plus générale, l'attention extrême portée par Rohmer au choix des décors et de l'architecture relèvent bien de son sens aigu de l'espace. Des allusions à l'architecture reviennent le plus souvent sous la plume du critique qu'il fut et il lui a consacré le dernier chapitre du texte intitulé « Le celluloïd et le marbre »[5] ainsi que la majeure partie d'une émission de télévision portant le même titre en 1965 et une série de quatre émissions sur « La Ville nouvelle » en 1975.

L'art occupe ainsi une place importante dans son œuvre de fiction et l'essentiel de son activité à la télévision scolaire vers 1964-65 est consacré à la littérature et à l'art (dont un *Hugo architecte*, *Les Métamorphoses du paysage industriel* et *Le Béton dans la ville*), mais il n'a réalisé que deux émissions sur des cinéastes, Louis Lumière et Carl Dreyer. Le cinéma, de fait, n'est pas évoqué dans les Contes moraux ni dans les Comédies et proverbes, au contraire de bien des films de la Nouvelle vague (Truffaut, Godard). S'il y a dans l'œuvre de Rohmer une réflexion

---

5. « Une architecture d'apocalypse », *Cahiers du cinéma*, n° 53, décembre 1955.

La modernité : *Perceval le Gallois.*

sur le cinéma, elle n'est toujours qu'implicite. Elle fait partie de la démarche du cinéaste, de l'acte de filmer.

Rien ne répugne plus à notre auteur qu'un cinéma qui se regarde lui-même, un cinéma dit « de poésie », où la présence de la caméra se fait sentir à chaque plan. On qualifie le plus souvent Rohmer de classique, en particulier parce qu'il a fréquemment fustigé la modernité en matière de cinéma. Mais l'importance qu'il accorde à la parole dans ses films le rapproche de certains modernes, Duras par exemple. Quant à *Perceval le Gallois,* échec, c'est un film qui va bien plus loin dans la modernité, dans la destruction du système de représentation classique que bien des œuvres contemporaines admirées pour leur rupture à l'égard des formes usuelles. On pourrait accumuler à l'envie les indices par lesquels se manifestent dans les Contes et les Comédies, des manquements au fameux « classicisme ».

Mais le débat semble un peu vain. Le cinéaste sera-t-il grandi de pouvoir se targuer de modernisme ? Essayons seulement de comprendre où se situe ce débat et ce qu'il nous apprend de l'œuvre de Rohmer. Si nombre de ses textes critiques se présentent comme des pamphlets contre la modernité, c'est qu'il constate que le terme désigne fréquemment des œuvres qui empruntent aux autres arts leurs moyens et leur démarche, au lieu de faire confiance aux vertus propres du cinéma, à sa capacité à nous faire voir le monde, à en dévoiler la beauté. En ce sens le cinéma est un art classique. Dans « Le Celluloïd et le marbre »[6], il examine les autres arts du point de vue du cinéaste. Il admet que certaines œuvres modernes ont pu lui apprendre « à voir, et par un plus ou moins long ou violent détour, finalement ramené aux choses mêmes ». Mais il remarque que « la peinture est née d'un besoin, qui est la chose, justement, dont elle s'embarrasse le moins à l'heure présente (...) Pour ma part, je crois que le dessein premier du peintre a été de reproduire une fraction du monde réel que, pour une raison ou une autre, simple plaisir, fétichisme, ou foi religieuse, nous aimerons à garder sous nos yeux. Il est inquiétant qu'aujourd'hui la plupart des grandes œuvres ne soient plus faites, à de rares exceptions, pour l'intimité d'une chambre, d'un salon, mais la froideur d'un musée, ou pis encore, le sinistre entrepôt d'un collectionneur. »

La modernité, c'est-à-dire le jeu des arts contemporains avec leurs fins originelles, est-elle donc irrémédiablement condamnée ? Non, car il ne s'agit pas de prôner un quelconque retour aux recettes anciennes, un ressassement de ce qui a déjà été. L'ancien n'écrase pas le moderne, il le justifie. Parlant de l'œuvre d'un Matisse, par exemple, il précise : « Lui accorderions-nous quelque prix, si elle surgissait tout à coup à nos yeux ignorants de l'histoire de l'art ? » La conservation des œuvres du passé rend inutile leur répétition et oblige les artistes d'aujourd'hui à avancer, non en détruisant, symboliquement ou non, le patrimoine culturel, mais en s'y appuyant pour progresser.

Sans doute le goût du paradoxe et une certaine provocation à l'égard des idées reçues ajoutent-ils à cette dialectique subtile, comme cette phrase, qui lui valut l'arrêt de sa collaboration aux *Temps modernes,* dirigés alors par Merleau-Ponty : « S'il est vrai que l'histoire est dialectique, il arrive un moment où les valeurs de conservation sont plus modernes que les valeurs de progrès. »

Ces conceptions esthétiques que l'on pourrait qualifier de conservatrices − mais lorsque le progressisme est l'idéologie de la majorité, la réaction ne prend-t-elle pas coloration moderniste ? pourrait objecter notre auteur − on en retrouve la trace dans les

---

6. *Cahiers du cinéma,* n° 44, 49, 51, 52, 53.

activités et les goûts artistiques des héros rohmériens. L'objet d'art que manipule le critique au prologue de *La Collectionneuse* – une boîte de peinture jaune entourée de lames de rasoirs – renvoie uniquement à la personnalité de Daniel, à son enfermement en lui-même, à cet art froid des musées que regrettait l'auteur du « Celluloïd et le marbre ». De même, l'art géométrique de Mondrian répond à l'univers froid de Louise et des *Nuits de la pleine lune,* tandis que les tons plus chauds de Matisse et ses courbes répondent mieux à la sensualité naissante de Pauline (à la plage). Plus globalement, c'est un art purement décoratif et débarrassé de tout aspect fonctionnel que décrit Rohmer dans ces différents films. Qu'il s'agisse des reproductions que nous venons de citer, de l'aménagement de la chambre de Louise *(Les Nuits...),* des objets peints par Clarisse *(Le Beau mariage)* ou conçus par Louise encore *(Les Nuits...),* ces œuvres ne renvoient pas à une nécessité profonde, personnelle ou sociale. La boîte de peinture de Daniel ou la théière que Louise offre à Rémi se caractérisent par une forme surprenante, radicalement coupée de la fonction utilitaire et sociale de l'objet, répondant seulement au besoin de se situer culturellement. Pour Daniel, il s'agit de se démarquer de façon radicale, pour Louise, d'adhérer au goût et à la mode de son temps et de son milieu social.

Se constitue ainsi une réflexion implicite sur l'idée de beauté, dont une part serait universelle et naturelle, une autre contingente, liée aux goûts, aux modes, à l'évolution des styles et des techniques, au temps, à de nécessaires évolutions. Si cette part aléatoire peut entraîner une dégradation de la première, elle peut aussi en être, dans le meilleur des cas, la manifestation réfractée dans l'esprit du siècle. La jeune femme, dans le troisième prologue de *La Collectionneuse,* précise : « Quand je dis beau, je ne parle pas de la beauté grecque. La beauté absolue, ça n'existe pas ! Moi, pour que je trouve quelqu'un beau, il suffit parfois d'une toute petite chose, quelque chose entre le nez et la bouche, ça pourrait suffire (...) Les mouvements, l'expression, la démarche, tout ça, ça compte, non ? » Et bien d'autres personnages expliquent la beauté de la tentatrice ou de l'élue par quelque charme particulier, voire quelque défaut échappant aux canons universels.

La beauté dont s'entourent les personnages des Comédies (bien plus que ceux des Contes), en particulier par le biais du décor, qui, de façon un peu minnellienne, est la projection de leur aspiration ou mentalité, est résolument moderne. Rohmer semble d'ailleurs peu la priser, si l'on en juge en particulier par l'architecture

Plongés dans leur époque (P. Ogier et F. Luchini dans *Les Nuits de la pleine lune*).

glaciale et géométrique que dévoilent le premier et le dernier plan des *Nuits de la pleine lune*. Il opérait d'ailleurs une vive critique de l'architecture moderne dans la dernière partie du « Celluloïd et le marbre », alors même qu'il lui accordait une place privilégiée en raison de son caractère fonctionnel. Plongés dans leur époque, ne pouvant plus, comme ceux des Contes moraux, se rattacher à des principes universels ou une beauté absolue qu'ils défendaient en quelque sorte contre leur temps, les héros des Comédies sont beaucoup plus tributaires des idées et des mœurs contemporaines.

Entre le conflit des valeurs absolues et des contingences (les Contes) et le libre et cruel jeu des relativités et des déterminations sociales (les Comédies), deux films historiques constituent une transition dans l'œuvre de Rohmer. Si les deux cycles contemporains se déroulent en quelque sorte dans l'espace, *La Marquise d'O...* et *Perceval le Gallois* opèrent une plongée verticale dans le temps.

Le détour originel

Etant donné son intérêt pour le jeu des conduites amoureuses et des principes moraux chez ses contemporains, il était logique que Rohmer s'interrogeât sur les origines de ces comportements et de ces valeurs. Deux temps forts de l'histoire du sentiment amoureux sont le romantisme (ne parle-t-on pas, dans le langage commun, d'« amour romantique » ?) et le Moyen Age, avec la codification des règles amoureuses, à travers l'amour courtois en particulier. La liaison entre le sentiment et le comportement amoureux d'une part, la pression sociale, les structures philosophiques et religieuses de l'autre, s'exprime exemplairement dans l'art d'une époque. C'est pourquoi Rohmer, dans les deux films de ce cycle, ne se contente pas de situer une fiction dans son temps mais choisit d'adapter très fidèlement des textes littéraires précis : une nouvelle de Kleist publiée en 1808 et le dernier « roman » de Chrétien de Troyes, *Le Conte du Graal,* écrit vers 1181. Il s'agit, précise Rohmer, de « mettre en scène un texte »[7].

Le cinéma ne peut rendre compte de ce qui se passe dans la conscience des personnages, de leur intériorité, qu'à travers leurs comportements. De ceux-ci, pour une période ancienne, nous ne pouvons avoir connaissance qu'au travers des traces qui en subsistent : textes littéraires ou théâtraux, représentations picturales. Le choix de la nouvelle de Kleist pour *La Marquise d'O...* est important. Le texte comporte non seulement les notations historiques souhaitables, mais des dialogues complets, des indications de mise en scène sur l'attitude, les mouvements, les gestes précis, les expressions des personnages. « Chaque ligne de texte, explique Rohmer, serait illustrée d'une gravure, qu'elle ne parlerait pas mieux à notre imagination »[8]. Pour compléter

---

7. *Cinématographe,* n° 19, juin 1976.
8. « Avant-propos au découpage du film », par Eric Rohmer, *L'Avant-Scène du cinéma,* n° 173, 1ᵉʳ octobre 1976.

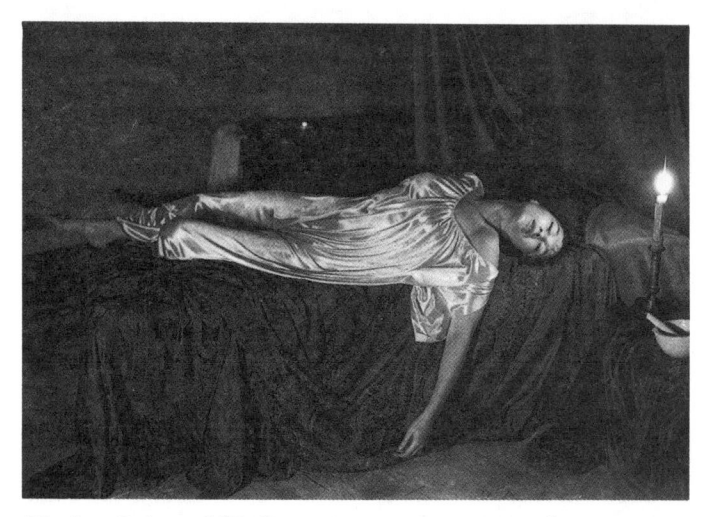

Füssli ou Rohmer ? (E. Clever dans *La Marquise d'O...*).

l'exactitude de la reconstitution, il s'inspire de la peinture romantique allemande (Füssli, par exemple, dont *Le Cauchemar* est expressément cité) ou de la peinture française qui lui est proche (Ingres, Greuze entre autres). En nous mettant de plain-pied avec les modes par lesquels le romantisme se représentait lui-même, il nous installe directement dans l'esprit de cette époque.

Un autre intérêt de cette démarche, inédite à ce point d'exigence dans le film historique, est de placer le spectateur moderne dans une situation analogue à celle du narrateur des Contes rationalisant sa conduite : face au spectacle de comportements englués dans une émotion excessive (pleurs, postures théâtrales), nous devons opérer un détour intellectuel, comprendre les raisons de ces comportements.

Le romantisme allemand se fonde sur une forme de dandysme, où la pose, l'excès d'attitudes, la théâtralité des gestes, expriment l'importance accrue du sentiment. Les personnages de Kleist sont des consciences aux prises avec leur sensibilité, des êtres rationnels affrontés à l'irrationnel du sentiment. Philosophiquement, le romantisme allemand est fils de la pensée de Kant et de *La Critique de la raison pure*. L'être se débat, dans *La Marquise d'O...*, avec sa subjectivité dans la prison du corps, des réflexes

Ange ou démon ? (Bruno Ganz dans *La Marquise d'O...*).

sociaux acquis et des comportements codifiés qui canalisent les sentiments.

Les règles sociales ne permettent pas à la Marquise et au Comte de se rencontrer fortuitement et de s'aimer. Le film, comme la nouvelle, est le récit des détours que prendra leur désir pour respecter les conventions. La Marquise doit d'abord prendre le Comte pour un héros ou un ange : il apparaît tel, la sauvant chevaleresquement d'une première tentative de viol. Un freudien, même débutant, verra dans son sommeil profond le signe d'un désir inavoué (comment une jeune veuve ayant des enfants à élever pourrait-elle, dans cette société, de surcroît italienne, exprimer son désir de prendre amant ?). Qu'elle ne puisse admettre la réalité du viol qu'elle subit dans son sommeil et de sa grossesse, puis que le Comte en soit l'auteur, démon après avoir été ange, quoi de plus juste ? Qu'enfin la raison puisse triompher, avec l'aide de la nature (l'enfant qu'elle porte est bien là, la science le garantit !) et réconcilier le désir et la loi par le mariage, quoi de plus logique ?

Cette traversée de l'irrationnel, du sentiment qui trouble la raison avant que celle-ci en assure le triomphe, est bien rohmérienne, et *La Marquise d'O...* pourrait être un septième Conte moral. Mais par cette incursion dans le passé, Rohmer approfondit le caractère *social* de sa réflexion et annonce le mécanisme des Comédies et proverbes. Les valeurs qui régissent ou justifient les conduites individuelles ont, à l'époque romantique, perdu de leur universalité et les êtres sont désormais en lutte avec des contraintes plus aléatoires, liées au lieu, à l'époque et au groupe social.

Les principes qui régissent l'adaptation de Chrétien de Troyes sont les même que ceux de *La Marquise d'O...* Rohmer a retraduit en octosyllabes le texte original, afin d'en respecter l'intégralité, la prosodie et l'expression. Il a conservé le style indirect du roman, les personnages s'exprimant à la troisième personne. Visuellement, il reproduit le système de représentation de la peinture du Moyen Age, telles que nous sont parvenues les images des XIIe et XIIIe siècles : des a-plats sans profondeur ni perspective, juxtaposition d'éléments sur la surface de la toile, sans respect de proportions physiques, les rapports de grandeur répondant à une hiérarchie intellectuelle ou morale et non perceptive. Le film est ainsi tourné dans un studio de forme elliptique où Perceval accomplit un parcours circulaire restituant une aventure géogra-

Ignorant et naïf (Cl. Amouroux et F. Luchini dans *Perceval le Gallois*).

phique linéaire. Dramatiquement, les scènes se juxtaposent plus qu'elles ne s'enchaînent : à l'absence de perspective visuelle correspond l'absence de perspective dramatique et narrative.

Ainsi se constitue une image du Moyen Age selon les codes mêmes par lesquels il se représentait et se pensait. Dans ce cadre, Perceval rencontre l'amour selon différentes étapes. Ignorant et naïf, il ne connaît d'abord que l'amour maternel et quelques principes élémentaires qu'il applique à sa première rencontre, la Pucelle qui dort : « Ma mère m'enseigna et dit que les pucelles saluasse, en quelque lieu que les trouvasse (...) Je vous baiserai, par mon chef, tant pis pour qui m'en fait grief, car ma mère me l'enseigna. » Avec Blanchefleur, il découvre la beauté et l'amour de type féodal et courtois, par opposition au simple désir physique de l'épisode précédent, associé à la façon dont il se jetait gloutonnement sur la nourriture. Il apprend les règles de la courtoisie en même temps que celles de la chevalerie. Il pourra alors punir l'Orgueilleux de la Lande, le compagnon jaloux de la Pucelle qui dort.

En s'extasiant devant les gouttes de sang sur la neige où il croit voir les couleurs et le visage de Blanchefleur, il accomplit un

Eric Rohmer sur le plateau de *Perceval le Gallois*.

premier pas vers une forme de sublimation, partout présente dans l'œuvre de Rohmer, aussi bien dans les Contes ou les Comédies que dans *La Marquise d'O...* De l'amour féodal à l'amour courtois, il y a passage de l'instinct brutal fondé sur la force à une relation intériorisant la loi, les règles sociales et morales correspondant au passage de la féodalité au centralisme monarchique. Réveillé par Gauvain, modèle accompli de chevalerie et de courtoisie, Perceval peut alors être accueilli par le roi Arthur et prononcer son nom devant le père-roi (le Père-Dieu de l'Ancien Testament).

Suit l'épisode de Gauvain, où l'on quitte pour un temps le personnage de Perceval. Il est significatif que Gauvain soit d'abord pris pour un marchand. C'est au cours de cette séquence, au moment où le chevalier entre dans la ville d'Escavalon, que l'activité économique est montrée en détails, avec les divers métiers, ouvriers fabriquant heaumes, hauberts, selles, blasons, harnais, éperons, épées, draps, coupes, écuelles, etc. et marchands de cire, poivre, graines, peaux et autres marchandises. L'esprit de la chevalerie et ses règles garantissent la paix, l'ordre et la loi nécessaires à l'épanouissement de l'artisanat et du commerce,

Dépositaire des valeurs chevaleresques : Gauvain (M. Duchaussoy) dans *Perceval le Gallois.*

dans une parfaite hiérarchie dont le roi est le sommet. Gauvain ne peut livrer combat inutile et risquer la moindre blessure avant de s'être lavé du soupçon de trahison. Portant les couleurs de la Pucelle aux petites manches qui a cru en lui, il défie pourtant Miélant de Lis et le vainc en combat loyal.

Ainsi Gauvain est bien le dépositaire des valeurs chevaleresques et courtoises comme l'indique l'échiquier dont il se protège de la foule qui veut l'occire pour venger la mort du roi d'Escavalon : les règles du jeu social, le sens de la hiérarchie et l'invitation hospitalière du nouveau roi le protègent des forces populaires instinctives.

Lorsque reprend cinq ans plus tard le périple de Perceval, il a appris à se soumettre aux lois de la chevalerie et du roi, mais « de Dieu ne lui souvient mais ». De la religion, il n'avait qu'une vague idée, au point de prendre les premiers chevaliers rencontrés pour des diables, puis des anges, et le plus beau d'entre eux pour Dieu et même « plus beau que Dieu ». Voici qu'il rencontre des pèlerins qui lui parlent du Vendredi Saint et de Jésus-Christ. S'entretenant avec un ermite, il comprend qu'il a vécu dans le mal et le péché par méconnaissance et naïveté. « Perceval prit ici conscience de la

La Passion : F. Luchini en Christ *(Perceval le Gallois)*.

Passion et de la Mort que Dieu souffrit ce vendredi, et il communia à Pâques fort pieusement ». Rohmer prolonge cette conclusion de Chrétien de Troyes par le spectacle de la Passion du Christ, où les stations du Chemin de Croix sont figurées par des tableaux vivants. Fabrice Luchini, le comédien qui joue le rôle de Perceval, tient ici celui du Christ.

Ce prolongement est des plus naturels, puisque par le mystère de l'Eucharistie, le chrétien se confond avec le Christ qui meurt sur la Croix pour racheter ses péchés. De l'amour humain idéalisé par les règles courtoises, Perceval passe au stade de l'amour divin qui le sanctifie. Inscrit dans l'ordre de la chevalerie, il entre dans celui du divin venant renforcer, englober et clôturer la hiérarchie sociale.

Perceval est à ce jour le projet le plus ambitieux d'Eric Rohmer. Diverses raisons en ont fait un relatif échec commercial. Les unes sont d'ordre esthétique, les autres d'ordre idéologique. Plus que malentendu, il y a eu à l'évidence incompréhension de la démarche de l'auteur, pourtant fort logique et d'une rare audace dans l'histoire du cinéma. La radicalité même avec laquelle il poursuit sa réflexion en assure l'importance et la réussite, que le temps confirmera.

Avec *Perceval,* Rohmer revient aux origines de toute la fiction occidentale : le XIIe siècle est l'époque où la littérature en langue vulgaire passe de l'oral à l'écrit et où elle ne vise plus à mémoriser ou enseigner, mais à représenter aussi l'imaginaire. Les œuvres de Chrétien de Troyes sont destinées à être lues et non plus récitées. Quant au théâtre occidental, il s'origine dans la liturgie chrétienne, avec les premiers drames liturgiques, encore joués dans un cloître, un préau ou sur le porche d'une église, au XIe siècle, puis les drames « semi-liturgiques », comme le *Jeu d'Adam* (fin du XIIe siècle), joués sur les parvis.

Au début des années 70, un débat très vif anima la critique et la théorie cinématographiques autour de « l'impression de réalité au cinéma », phénomène dû à l'application des règles de la perspective à la technique cinématographique. Ce débat, fortement politisé (axé sur le caractère idéologique et bourgeois de la perspective monoculaire), issu des recherches de Francastel et Panofsky, semblait fort éloigné des préoccupations de l'auteur des Contes moraux, alors souvent taxé de réactionnaire. C'est pourtant lui qui, dix ans plus tard, en toute sérénité, repose le problème, non dans une réflexion théorique, mais à travers un film. Pour appuyer sa démonstration, manifester clairement et concrètement les liens qui unissent une société, dans sa vie quotidienne et spirituelle, à son mode de représentation, il fallait quitter celui que nous connaissons, remonter au-delà de l'invention de la perspective, qui liée aux développements économiques internationaux et idéologique du Quattrocento, instaure un univers tri-dimensionnel centré sur l'individu.

Cette entrée de plain-pied dans un système de représentation radicalement différent du nôtre nous prive de la perspective sur laquelle nous fondons encore notre appréhension de l'univers, et du réalisme moderne qui baigne notre conception de l'art.

Il ne s'agit pas seulement d'évoquer l'art pictural du Moyen Age : le cinéma n'est pas la peinture. Et Rohmer cherche des équivalences dans d'autres domaines : la circularité des intérieurs est empruntée aux nefs romanes et à la sculpture comme à l'architecture pré-gothique. La représentation des châteaux, des arbres, de la lumière est moins saint-sulpicienne (comme on l'a dit à tort) que pré-raphaélite, Rohmer ayant alors préféré s'inspirer de peintres postérieurs à l'invention de la photographie [9]. En revanche, les rapports de grandeur entre les personnages et les bâtiments, par exemple, sont directement issus des fresques romanes.

Le système de représentation du XII siècle ne se soutient que de la foi dans un monde divin et sacré, séparé de la nature et de l'homme, mais lui dictant sa conception de la hiérarchie sociale, des valeurs et des proportions. Si les personnages sont sur un même plan, distinct du plan divin, le roi, représentant du Christ, est toujours plus grand que ses vassaux, et le Christ que ses apôtres. En même temps, le XII siècle marque la formation de la chrétienté occidentale, avec le passage de l'idée du Christ tout puissant (proche de la figure du Dieu de l'Ancien Testament) à celle du Christ Fils de l'homme (du Nouveau Testament), qui marquera l'univers gothique naissant.

C'est bien ce à quoi l'on assiste dans *Perceval* : l'évolution d'un quasi-paganisme, où Dieu n'est pour le héros qu'une idée à révérer et craindre selon des préceptes figés, à un christianisme plus humain, où l'instinct et l'innocence ne sont plus de mise et où l'idée de Dieu vient valoriser, culpabiliser ou racheter les conduites humaines. Cette évolution est liée aux transformations

---

9. Rohmer s'en explique avec l'historien Jacques Le Goff dans un débat avec la revue *Ça Cinéma*, n° 17.

sociales : essor des villes médiévales, développement de l'activité marchande, passage de la féodalité pure au monarchisme centralisateur, rôle des communautés religieuses « pauvres »[10], tous éléments présents dans le film comme dans le roman.

Le but du cinéaste n'est évidemment pas seulement d'avoir fait œuvre d'historien – ce qui n'est pourtant pas négligeable. En revenant sur les origines de la représentation occidentale, c'est sur le cinéma qu'il nous invite à réfléchir aussi. C'est pourquoi on trouve dans *Perceval,* à l'état naïf et élémentaire, tous les modes de représentation : récit littéraire, avec le style indirect des dialogues, musique et chant avec le chœur qui commente l'action, théâtre dans le jeu des personnages comme dans le spectacle de la Passion finale, ainsi que le dessin animé (le combat des oiseaux qui produit les trois gouttes de sang sur la neige), et surtout le cinéma, présent par le recours à certains trucages (apparition et disparition de la Demoiselle Hideuse) ou la référence à certains genres (merveil-

La Demoiselle Hideuse - Coco Ducados dans *Perceval le Gallois.*

10. Cf. le chapitre « La formation de la Chrétienté », in *La Civilisation de l'Occident médiéval,* Arthaud, 1964, Flammarion, coll. Champs, 1982.

Pascal Greggory et Pascale Ogier dans *Catherine de Heilbronn*.

leux, fantastique, aventure, action, amour, comique, etc.) ou figures cinématographiques : le Perceval campé par Luchini ne laisse pas d'évoquer celle de Buster Keaton par la rigidité de sa silhouette, le sérieux imperturbable de son visage et le burlesque de son attitude.

Avec ce film, Eric Rohmer évoque les origines de la pensée et de la représentation occidentales. Il montre qu'une civilisation constitue un tout organique où chaque conduite renvoie à un système de valeurs. En même temps, Perceval, tournant en rond sur ce plateau de cinéma, (jeu figé et immuable de Luchini), rappelle les personnages des autres films de Rohmer, eux aussi emprisonnés dans un réseau inextricable de déterminations. Mais *Perceval le Gallois* marque aussi un terme dans la démarche du cinéaste. On peut comprendre qu'arrivé à ce point de clôture — car c'est un univers clos sur lui-même et ses propres valeurs que celui des Contes — Rohmer ait pensé abandonner le cinéma pour un autre mode de représentation. Sans doute l'expérience de la mise en scène de *Catherine de Heilbronn,* d'après Kleist, en 1979, à Nanterre, lui permit-elle d'évoluer. Sans doute aussi son échec public, le ramenant au cinéma, donna-t-il naissance à la série des Comédies et proverbes, dont nous avons déjà dit l'essence théâtrale et le caractère plus ouvert sur le monde physique et matériel, mais aussi plus aléatoire, mystérieux, parfois teinté de fantastique.

Avec ou sans Dieu

On a parfois dit et écrit que les Comédies décrivaient un monde sans Dieu, à la différence des films précédents. C'est vrai si l'on considère que les personnages n'y font plus référence à des valeurs universelles mais à des principes particuliers. Ceci dit, la distance entre l'auteur et ses personnages donne l'impression, parfois, d'un regard critique sur ce monde aux valeurs toutes matérielles et individuelles. De là à conclure à l'œuvre d'un moraliste hautain au christianisme implacable, il n'y a qu'un pas, que beaucoup ont franchi avec précipitation. Nul doute que le cinéma d'Eric Rohmer n'amène à s'interroger sur les valeurs morales du siècle, sur celles du christianisme en particulier, et, partant, sur une métaphysique qui les fonderait implicitement.

Rohmer n'a en effet jamais caché, en particulier dans ses écrits critiques, sa croyance en un univers cohérent, réglé sur l'existence d'un créateur unique, ni ses convictions chrétiennes. N'allait-il pas jusqu'à intituler un article sur *Europe 51*, de Rossellini, « Génie du Christianisme » ? [11]. Il y écrivait que « pour l'art qui nous concerne, ici, en dehors d'une philosophie, d'une morale, d'une psychologie, d'une poétique directement ou indirectement nées du christianisme, il n'est pas pour lui de salut. » En 1970, il déclarait encore : « Non seulement il y a une beauté, un ordre du monde, mais il n'est de beauté, d'ordre que *du monde.* Car comment l'art, produit humain, égalerait-il la nature, œuvre divine ? Il n'est au mieux que la révélation, dans l'Univers, de la main du Créateur. C'est vrai, il n'est pas de position plus téléologique, plus théologique que la mienne » [12].

Il est certain qu'une culture et des références chrétiennes baignent l'œuvre cinématographique de Rohmer, comme celle de Rossellini ou d'Hitchcock. Dans les articles qu'il consacra, dans

---

11. *Cahiers du cinéma,* n° 25, juillet 1953.
12. *Cahiers du cinéma,* n° 219, avril 1970.

les *Cahiers du cinéma,* au maître du suspense ou dans le livre qu'il écrivit sur lui avec la complicité de Claude Chabrol [13], Rohmer met en relief des thèmes et des figures comme le soupçon, l'échange, le secret, le chiffre deux, le double, la chute, la fascination, le vertige, le cercle, l'aveu. Ces éléments renvoient à une conception platonicienne, comme l'indique la « figure-mère » de *Fenêtre sur cour,* celle du mythe de la caverne : le platonisme constant de l'œuvre hitchcockienne « repose sur la base explicite d'une philosophie des idées. L'idée, ici — ne serait-ce que l'idée pure de l'Espace, du Temps, ou du Désir — précède l'existence et la fonde. »

Ces figures abstraites renvoient, selon Rohmer, à une pensée plus précise encore : une symbolique d'origine chrétienne. En termes de morale chrétienne, elles peuvent se traduire par le mal, la culpabilité, le transfert de culpabilité, le péché, la solidarité dans le péché, la communion des Saints, la tentation de la déchéance, la confession, la Providence, la Grâce, la Rédemption, etc. Comme l'exprime Chabrol : « Il saute aux yeux que la leçon d'Hitchcock appartient au domaine de l'Ethique ; je veux dire que ses conceptions morales finissent par s'intégrer à une métaphysique » [14]. Du créateur de formes, nous passons au moraliste puis au métaphysicien et au théologien.

A propos des *Amants du Capricorne,* l'auteur parlait de « l'éternel débat entre la liberté et la morale. » Ce débat, qui anime toute l'œuvre de Rohmer, est au cœur de *Ma nuit chez Maud* avec le célèbre pari de Pascal et les allusions directes au jansénisme. Rohmer précisait d'ailleurs que la fable de *Fenêtre sur cour* était « janséniste, augustinienne, plutôt que puritaine » et que « l'ancien élève des Jésuites, à de nombreux moments, a tout d'un janséniste qui s'ignore. »

L'innocence de Perceval, à travers l'acte de connaissance, se transforme en culpabilité. On ne peut être innocent dans un monde marqué par le péché originel et il faut se connaître coupable pour bénéficier de la Grâce divine, de la Rédemption du Christ.

Si la présence de l'univers moral chrétien est naturelle dans un film traitant de la formation de l'Occident chrétien, on peut s'interroger sur son rôle dans les cycles contemporains. Rohmer

---

13. *Hitchcock,* Ed. Universitaires, 1957, Ramsay-Poche-Cinéma, 1986.
14. *Cahiers du Cinéma,* n° 39, octobre 1954 ; rééd. 1980.

lui consacre *Ma nuit chez Maud,* son film le plus « sérieux » et le plus austère.

Le narrateur se déclare « catholique pratiquant ». Tout l'objet du film sera de confronter ses convictions morales à sa conduite dans le monde. C'est apparemment le plus volontaire des personnages des Contes moraux : sa décision de faire de Françoise sa femme sera inébranlable. Comme tous les personnages de Rohmer, il fait un pari. Ce qui ne l'empêche pas de rejeter le pari pascalien. Il n'aime pas « l'idée de donner en échange, d'acheter son billet comme à la loterie. » Son ami Vidal, professeur de philosophie et marxiste, affirme que « Pascal est sa mauvaise conscience » de « faux chrétien », qu'il est « le jésuitisme incarné », et Maud, d'une « des plus grandes familles de libres penseurs du centre de la France », l'accuse d'être « un chrétien honteux, doublé d'un Don Juan honteux. »

Cette référence explicite à la querelle des jésuites et des jansénistes est évidemment fondamentale. Les jansénistes considéraient que, depuis la faute originelle d'Adam, le salut de l'homme ne pouvait provenir que de la grâce « efficace » accordée gratuitement par Dieu. La chute a tellement corrompu la nature

Le marxiste (A. Vitez), la libre-penseuse (F. Fabian) et le catholique (J.-L. Trintignant) : *Ma nuit chez Maud.*

humaine que l'individu est incapable d'obtenir son salut par son seul mérite comme de résister au pouvoir de la grâce divine. Les jésuites, au contraire partisans d'un christianisme plus souple, plus accordé aux nécessités du siècle, croyaient à une part divine dans l'homme, à une situation intermédiaire entre le désir brut et la sainteté, à la possibilité pour l'individu de gagner, par la vertu, sa part de Paradis. La grâce « suffisante » accordée par Dieu laisse à l'homme son libre arbitre et sa volonté pour en faire bon ou mauvais usage.

En un certain sens, l'œuvre de Rohmer paraît profondément marquée par le jansénisme. On peut y voir une critique du relâchement des mœurs, une description de la nature corrompue de l'homme, une négation des valeurs humaines liées à la nature et à l'instinct, une condamnation de la collusion entre l'idéalisme aristocratique et la religion, de l'esprit chevaleresque avec la charité chrétienne, l'amour humain avec l'amour divin (via la courtoisie). Bien des aphorismes de Pascal ou de La Rochefoucauld, son contemporain à l'esprit si proche du jansénisme, pourraient s'appliquer à l'univers rohmérien : « la force et la faiblesse de l'esprit sont mal nommées ; elles ne sont, en effet, que la bonne ou la mauvaise disposition des organes du corps » ; « l'homme est naturellement crédule, incrédule, timide, téméraire » ; « le moi est haïssable (...) je le hais parce qu'il est injuste qu'il se fasse le centre de tout » ; « curiosité n'est que vanité. Le plus souvent on ne veut savoir que pour en parler » ; « l'homme croit souvent se conduire lorsqu'il est conduit » ; « nous ne nous contentons pas de la vie que nous avons et nous et notre propre être : nous voulons vivre dans l'idée des autres une vie imaginaire, et nous nous efforçons pour cela de paraître »... Enfin, cette dernière maxime de La Rochefoucauld pourrait définir tous les personnages de Rohmer : « L'homme croit souvent se conduire lorsqu'il est conduit, et pendant que par son esprit il tend à un but, son cœur l'entraîne insensiblement à un autre. »

Mais à un Rohmer janséniste, on pourrait opposer un Rohmer jésuite. C'est après tout Maud et Vidal qui exigent du narrateur de *Ma nuit chez Maud* une conduite héroïque, conforme à un christianisme pur et dur. Lui-même ne cesse de proclamer qu'il ne vise pas à la sainteté, de mentir sur tout et de s'arranger avec l'esprit du siècle et ses propres désirs. Pourtant il épousera sa blonde catholique, réalisant son projet, même au prix de quelque restriction mentale (leur passé). Si l'image finale du couple et de

Regards sur un « catholique pratiquant »

(F. Fabian et A. Vitez dans *Ma nuit chez Maud*).

l'enfant n'a rien d'exaltant, il a ce qu'il voulait. Ce n'est pas le cas de l'exigeante Maud, qui ratera son second mariage, ni de Vidal, provocateur fataliste, réduit à papillonner d'étudiantes en rencontres de congrès. Ces malheureux héros sont-il libres, soumis aux desseins de la Providence ou aux lois de la matière ? L'univers est-il chaos ou cosmos, fruit du hasard ou de la nécessité ?

Le pari du cinéma

« Mais il faut parier ; cela n'est pas volontaire, vous êtes embarqué », nous dit Pascal dans la fameuse pensée 233. Quel est le pari d'Eric Rohmer ? L'individu est secret et masque sans cesse sa pensée profonde quand il ne cache pas son nom et son visage derrière pseudonymes et postiches. Pour lui le cinéma n'est pas là pour révéler l'homme qui le fait ou asséner sa philosophie mais pour découvrir le monde : en interroger les mécanismes profonds, donner à percevoir le sens derrière l'apparence. Ce sens, c'est la vérité intrinsèque de l'univers, non celle d'un individu, si génial fût-il.

Mais si l'homme peut ainsi s'effacer, le cinéaste le peut-il ? Dès qu'il filme le désordre apparent du monde, il imprime un point de vue. Sans intentions préalables, il ne pourrait prendre aucune décision. La caméra qu'il a entre ses mains n'est pas neutre : c'est un système de représentation qui a une origine, une histoire, liée aux structures sociales et philosophiques d'une époque, d'une civilisation.

« Aussi, écrivait Rohmer en 1955, loin de nous engager dans la voie déterministe, comme on pourrait légitimement le croire, cet art, le plus positif de tous, insensible à ce qui n'est pas fait brut, pure apparence nous présente au contraire l'idée d'un univers hiérarchisé, ordonné en vue d'une fin dernière »[15]. Le cinéaste ne peut que parier pour un monde ordonné, pour une beauté que la caméra peut capter, faute de quoi sa démarche serait absurde.

L'univers de Rohmer serait-il donc bien téléologique et, partant, théologique ? Des cinéastes qu'il admire, nous avons déjà cité Murnau, Hitchcock, Rossellini, auxquels on pourrait sans doute appliquer ces qualificatifs. Il faut y ajouter pourtant Renoir, dont l'ouverture esthétique et philosophique à un certain

---

15. « Le celluloïd et le marbre (III) : la métaphore, *Cahiers du cinéma*, n° 51, octobre 1955.

Janséniste ou hédoniste ? (J.-L. Trintignant et F. Fabian dans *Ma nuit chez Maud*).

matérialisme et la conception du hasard sont totalement étrangères à cette problématique. « La pensée de Renoir, écrivait Rohmer en 79, même s'il s'aventure à nous proposer une sagesse, est avant tout nihiliste. Il admet toutes les façons de penser, même les plus choquantes ; choquantes pour la morale bourgeoise, mais aussi pour les esprits « avancés » qui formaient son public d'avant-guerre » [16].

Si Renoir, selon l'expression de Rohmer, « *admet* toutes les façons de penser », l'auteur de *Ma nuit chez Maud* les *décrit*, qu'il les partage ou non. Rien ne permet de l'identifier à l'attitude de tel ou tel. On peut sans doute déceler quelque penchant ou sympathie, mais ceux-ci n'influent pas sur la neutralité du regard. Avec une ironie un peu perverse, Rohmer renvoie dos à dos le janséniste et le jésuite, le fidèle et l'infidèle, le marxiste (vrai ou faux) et le chrétien (vrai ou faux), nous offrant sans cesse l'envers

---

16. « Le Petit théâtre de Jean Renoir », *Cinéma 79*, n° 244, avril 1979 (repris in *Le Goût de la beauté*).

d'une pensée, d'une situation ou d'un personnage. Vidal est-il vraiment marxiste et le narrateur de *Ma nuit chez Maud* un faux dévot ? Ou l'inverse ? Importe seulement la justesse de la description d'êtres enfermés dans une idéologie et mus par elle. Et si le christianisme imprègne le monde de Rohmer, c'est qu'il est omniprésent dans notre univers quotidien, comme il est lié à l'histoire de notre civilisation et de ses modes de représentation.

La liberté des héros rohmériens est celle de tout personnage de fiction : seulement imaginaire par rapport à des déterminations sociales et esthétiques. C'est dans la libre imagination du spectateur, dans sa libre réflexion, que cette liberté peut trouver (ou non) sa réalisation. Le spectateur dispose des effets et des causes de chaque geste, chaque acte, chaque être. A lui de se servir de cette connaissance. C'est pourquoi un film de Rohmer ne peut s'achever que sur une question ouverte, une ambiguïté, une lecture double, négative ou positive, déterministe ou nihiliste, matérialiste ou spiritualiste. Alors, Rohmer janséniste. ou hédoniste ? Disons janséniste du plaisir.

Filmographie

Les informations d'ordre technique ou économique proviennent, outre les sources explicitement citées, des articles et entretiens figurant dans la bibliographie ci-après ou de recherches personnelles de l'auteur.

Journal d'un scélérat (1950)
Réalisation, scénario et commentaire : Eric Rohmer.
Film en 16 mm noir et blanc.
Durée : 30 minutes environ.
Interprétation : Paul Gégauff.

Officiellement, ce film, réalisé en muet dans des conditions totalement non-professionnelles, est aujourd'hui perdu. Librement inspiré de *Folies de femmes* de Stroheim, il fut tourné à Paris, dans divers lieux de la capitale. Le héros en était évidemment nettement « gégauvien », interprété par Paul Gégauff lui-même.

Le titre de ce film, *Journal d'un scélérat*, s'inspire de toute évidence du célèbre *Journal d'un séducteur* de Kierkegaard, que le cinéaste a longtemps envisagé de porter à l'écran.

Présentation
ou Charlotte et son steak (1951-1960)
Production : Guy de Ray (France).
Réalisation, scénario et dialogues : Eric Rohmer.
Musique : Maurice Le Roux.
Montage : Agnès Guillemot.
Film en 35 mm noir et blanc.
Durée : 12 minutes.
Interprétation : Jean-Luc Godard (Walter), Andrée Bertrand (?)

(Clara, voix de Anna Karina), Anne Coudret (?) (Charlotte, voix de Stéphane Audran).

« Nous étions deux, à l'époque, pour le financer », explique Rohmer dans *Les Lettres Françaises* en 1965, à l'occasion d'une rétrospective de son œuvre à la Cinémathèque française. « Le premier paya la pellicule, le second, moi, la neige, c'est-à-dire le voyage en Suisse parce qu'il fallait absolument que ça se passe sur la neige. Le scénario prévoyait initialement Paris, mais nous avions peur que l'hiver ne se termine sans le moindre flocon. Quoi qu'il en soit, il ne neigea pas non plus en Suisse. Finalement, nous avons tourné dans le Jura. Nous l'avons achevé à Paris dans un studio de photographe. Là se trouvaient des morceaux de contreplaqué qui avaient servi à monter une exposition. Aussi, une nuit durant, avons-nous, Godard et moi, cloué ces planches pour construire une cuisine. Pourquoi ? parce que nous n'en avions pas trouvé une seule qui nous convienne à Paris. Si j'avais réussi à me faire prêter par ma gérante d'hôtel des casseroles, il nous manquait toute sorte d'ustensiles et en particulier un frigidaire. Par bonheur, le quartier regorgeait de marchands d'articles ménagers... Je vois encore Godard le transportant, tombant à la renverse. Le pauvre, il était exténué... La seule chose qui nous ait aidés est qu'il faisait froid et que l'histoire était celle d'un garçon frigorifié dans une cuisine. »

Le négatif fut, semble-t-il égaré par le laboratoire, avant même d'être sonorisé. Ce n'est que dix ans après, au moment où Godard, qui interprétait le rôle masculin, avait conquis la célébrité, que Rohmer, intensifiant ses recherches, le retrouva et put le post-synchroniser, avec la complicité d'Anna Karina et Stéphane Audran.

Le sujet et la situation de ce film sont à l'évidence pleinement rohmériens. Invité par Charlotte dans son chalet, le jeune Walter doit rester sur le paillasson pour ne pas salir le carrelage de la cuisine, pendant que celle-ci fait cuire un steak. Il doit déployer toute une stratégie du discours et de la séduction pour l'amener sur le paillasson où il pourra enfin l'embrasser. Comme dans *Le Genou de Claire,* tout est affaire de distance à franchir, ou à faire franchir.

Les Petites filles modèles (1952)

Production : Guy de Ray, Joseph Keke (France).
Réalisation : Eric Rohmer et Pierre Guilbaud.

Scénario et dialogues : Eric Rohmer, d'après le roman de la Comtesse de Ségur.
Film 35 mm noir et blanc, inachevé.
Durée : 60 minutes (?)
Interprétation : Josette Sinclair (Mme de Fleurville), Josée Doucet (Mme Rosbiurg), Olga de Poliakoff (Mme Fichini), trois enfants de 4, 6 et 8 ans.

De ce film inachevé, nous ne savons pas grand-chose. Constatons seulement l'intérêt de l'auteur pour l'univers enfantin mais quelque peu sadique et pervers de la Comtesse de Ségur. *Les Petites filles modèles* devait être un long métrage pour enfants produit par quelques amis. Il n'en subsisterait même pas de négatif.

Bérénice (1954)

Réalisation, scénario et dialogues : Eric Rohmer, d'après le conte d'Edgar Poe, traduit par Charles Baudelaire.
Images : Jacques Rivette.
Montage : Eric Rohmer.
Film en 16 mm noir et blanc.
Durée : 15 minutes.
Interprétation : Eric Rohmer (Aegeus), Teresa Gratia (Bérénice).

Il est intéressant que Rohmer interprète lui-même Aegeus, personnage visionnaire et maladif en proie à une imagination débordante, face à sa jeune cousine, incarnation de la beauté féminine.
Obsédé par les dents, Aegeus ira jusqu'à les arracher sur le cadavre de Bérénice, frappée d'un mal étrange et en fait toujours en vie. Projection hallucinatoire, fétichisme, hantise de la castration, voilà bien des thèmes poesques qui se retrouvent dans l'œuvre du cinéaste. Ajoutons que celui-ci a recours à des images cauchemardesques filmées au grand angulaire et déformant les visages (le sien en particulier), fort éloignées de la fameuse transparence. Décors et lumières évoquent irrésistiblement l'univers de Murnau.

La Sonate à Kreutzer (1956)

Production : Jean-Luc Godard (France).
Réalisation, scénario et dialogues : Eric Rohmer, d'après le récit de L. Tolstoï.
Montage : Eric Rohmer.

Film en 16 mm noir et blanc.
Durée : 50 minutes.
Interprétation : Jean-Claude Brialy, Eric Rohmer, Françoise Martinelli.

Dans le récit de Tolstoï, qui date de 1889, Pozdnychev, à trente ans, a épousé une jeune fille qui l'a conquis par sa grâce et sa beauté. Après quelque temps de vie conjugale, il se rend compte que leur attachement reposait sur la pure sensualité. La naissance de deux enfants ne resserre nullement des relations désormais de simple indifférence polie. Bientôt, la femme du narrateur trouve auprès du violoniste Troukhatchevski, avec lequel elle joue régulièrement *La Sonate à Kreutzer* de Beethoven, la passion qui lui faisait défaut. Pozdnychev en conçoit peu à peu une vive jalousie. Obligé de s'éloigner pour affaires, il ne peut supporter cette situation, écourte son voyage et trouve, en rentrant chez lui, sa femme et le violoniste attablés. Dans une crise de jalousie, il poignarde son épouse. En prison, il méditera sur son aventure. Dans une postface, Tolstoï précise ces réflexions. Le mariage fondé sur l'appel des sens est une erreur, car rien de solide, de durable, d'élevé ne peut naître d'un lien purement charnel.
Un sujet éminemment rohmérien pour un film aujourd'hui « invisible ».

Charlotte et Véronique
ou Tous les garçons s'appellent Patrick (1957)

Production : Les Films de la Pléiade (Pierre Braunberger) (France).
Réalisation : Jean-Luc Godard.
Scénario : Eric Rohmer.
Images : Michel Latouche.
Montage : Cécile Decugis.
Film en 35 mm noir et blanc.
Durée : 21 minutes.
Distribution : Gaumont (en complément de « Un témoin dans la ville », de E. Molinaro).
Interprétation : Jean-Claude Brialy (Patrick), Anne Colette (Charlotte), Nicole Berger (Véronique).

Dans la même journée, Patrick rencontre successivement Charlotte et Véronique, leur fait la cour et leur donne rendez-vous. Mais Charlotte et Véronique sont deux amies. Chez elles, dans une chambre de la rue Soufflot, elles se décrivent mutuellement leur soupirant avant de l'apercevoir embrassant une autre fille.

Si Rohmer a lancé l'idée de ces petits sujets centrés sur les personnages de Charlotte et Véronique, on peut supposer qu'il n'attachait pas une grande importance à ce scénario, qu'il abandonna à son ami Godard, s'étant souvent déclaré jaloux de ses sujets et de ses idées. La réalisation du futur auteur d'*A bout de souffe* est aux antipodes de celle de Rohmer : personnages moins fouillés, géométrie de l'espace moins discernable.

Véronique et son cancre (1958)

Production : AJYM Films (Claude Chabrol) (France).
Réalisation, scénario et dialogues : Eric Rohmer.
Images : Charles Bitsch.
Cadre : Alain Levent.
Montage : Eric Rohmer.
Son : Jean-Claude Marchetti.
Film 35 mm noir et blanc.
Durée : 20 minutes.
Interprétation : Nicole Berger (Véronique), Stella Dassas (la mère).

Véronique donne des leçons de mathématiques à un jeune cancre. La logique scientifique reste résolument étrangère à l'enfant qui répond aux formules toutes faites par de déroutants arguments de bon sens. En dehors de ce débat purement intellectuel, la caméra enregistre des notations physiques et triviales du meilleur effet comique, comme les chaussures que l'on enlève subrepticement sous la table. Ici déjà les images démentent les discours.

Le Signe du Lion (1959)

Production : AJYM Films (Claude Chabrol) (France).
Réalisation et scénario : Eric Rohmer.
Dialogues : Eric Rohmer et Paul Gégauff.
Images : Nicolas Hayer.
Opérateur : Pierre Lhomme.
Musique : Louis Sauger (« Musique pour un »).
Montage : Anne-Marie Cotret, assistée de Marie-Josèphe Yoyotte.
Son : Jean Labussière.
Assistants-réalisateurs : Jean-Charles Lagneau, Philippe Collin.
Producteur délégué : Roland Nonin.
Directeur de production : Jean Cotet.
Distribution en 1962 : La Pagode.
Sortie à Paris : mai 1962.
Film en 35 mm, noir et blanc.

Durée : 100 minutes (une version de 90 minutes avec intervention sur la musique a circulé, contre le gré de l'auteur).
Interprétation : Jess Hahn (Pierre Wesselrin), Van Doude (Jean-François Santeuil), Michèle Girardon (Dominique Laurent), Jean Le Poulain (le clochard), Paul Bisciglia (Willy), Jill Olivier (Cathy), Gilbert Edard (Michel Caron), Christian Alers (Philippe), Paul Crauchet (Fred), Sophie Perrault (Chris), Stéphane Audran (la patronne de l'hôtel), Malka Ribowska (la mère des deux enfants), Macha Gagarine (i.e. Macha Méril, la blonde du 14 juillet), Françoise Prévost (Hélène), Jean-Luc Godard (le mélomane), Jean Domarchi, Enrico Fulchignoni, Fereydoun Hoveyda, José Varela, Uta Taeger, Daniel Grohem, Véra Valmont, Yann Groll, Jean-Marie Arnoux, Gabriel Blonde.

A 35 ans, d'origine étrangère, Pierre Wesselrin, compositeur de musique, préfère la vie de bohême germano-pratine, les soirées de beuveries, les cafés et les bars, à la création.

Un après-midi de juin, à son réveil, il apprend la mort de sa tante à héritage : une immense fortune à partager avec son cousin Christian. Pour fêter l'événement il « tape » une fois de plus son ami Jean-François, reporter à *Paris-Match*.

Au cours de cette soirée alcoolisée qui se termine comme il se doit à Montmartre, il lit son horoscope : il connaîtra une période difficile jusqu'au mois d'août, puis, une chance inespérée. Les astres, se dit-il, sont en retard.

Jean-François, de retour du Sahara, apprend que Pierre a disparu de ses domiciles successifs, sa tante l'ayant déshérité au profit de Christian. Mais il doit abandonner toute recherche pour un reportage en Afrique du Sud cette fois.

Pierre vit désormais d'expédients et change sans cesse d'hôtel. Il se rend en banlieue pour y chercher du travail, sans résultat. N'ayant plus de quoi se payer le métro, il doit faire le chemin du retour à pied. Sa situation se dégrade. La patronne de l'hôtel garde ses bagages et le met à la rue. Ses vêtements se frippent, une boîte de sardines tache son pantalon, une chaussure le lâche... Il erre sur les quais à la recherche de pain et d'abri.

Son cousin Christian se tue dans un accident de voiture. Il est son héritier, mais ne peut le savoir, aucune correspondance ne lui parvenant désormais. De retour à Paris, Jean-François retrouve son dernier hôtel et, disposant de son courrier, prend connaissance de la nouvelle. Mais ses recherches pour retrouver le nouveau milliardaire restent vaines.

Eric Rohmer (3ᵉ à partir de la gauche) tourne *Le Signe du Lion*.

Pierre, lui, est arrivé au bout de la déchéance. S'étant lié avec un clochard, il l'accompagne dans ses tournées. Ils chantent et jouent du violon aux terrasses des cafés et restaurants, pour gagner de quoi boire et manger. A Saint-Germain, il craint d'être vu de ses anciens amis. Un soir, Jean-François reconnaît sa musique et se précipite vers lui. Ivre, Pierre s'enfuit mais tombe. Jean-François le relève, lui apprend sa bonne fortune : l'horoscope du Signe du Lion n'a pas menti. Pierre éclate de rire et accompagne Jean-François, abandonnant son collègue de misère.

Le Signe du Lion est une production caractéristique de la Nouvelle vague. Produit par Claude Chabrol, il est réalisé en sept semaines pour une trentaine de millions de centimes, en intérieurs et extérieurs naturels. Les acteurs sont peu nombreux. L'équipe des *Cahiers* fournit une partie de la figuration, dans la séquence de la soirée chez Pierre en particulier. On y reconnaît un savoureux Jean-Luc Godard réécoutant sans cesse le même mouvement musical. Le milieu d'oisifs et noctambules germano-pratins est celui de nombreux films de la Nouvelle vague et Wesselrin un personnage « gégauvien » typique (on songe au héros du roman de Paul Gégauff, *Le Toit des autres*). Caractéristique aussi de cette école, le désir de montrer Paris autrement que dans les films

français traditionnels des années cinquante.
Tous ces éléments expliquent sans doute en partie l'échec commercial, malgré une presse favorable mais souvent à côté de la plaque. Terminé quand débute le reflux de la vague, *Le Signe du Lion* attendra en outre deux ans une sortie fort discrète. Il n'a rien pour séduire au premier abord : intrigue d'une extrême minceur, héros peu engageant aux traits lourds, veule et sans volonté, rythme lent où les événements apparemment insignifiants sont traités à l'égal des moments dramatiques, musique remarquable, mais lancinante et répétitive, loin du goût du jour. Dans une note illustrant la photo de Jill Olivier dans les bras de Jess Hahn (*Cahiers du cinéma,* n° 9, Jean Douchet définissait prémonitoirement l'univers rohmérien : « Que cette photo ne laisse point supposer une quelconque volonté de libertinage qui animerait soudainement notre rédacteur en chef (...) *Le Signe du Lion* sera un film sur la fascination de la chute, sur l'itinéraire et le trajet, sur la présence obsédante de la pierre et de l'architecture, selon les rapports secrets qui unissent le Marbre et le Celluloïd. » Et il résumait ainsi le film : « Que peut-on devenir à Paris, au mois d'août, sans ami, sans argent, sans métier ? »

Au-dessus des contingences, Wesselrin ? (Jess Hahn) (Coll. Cahiers du cinéma).

Nous avons déjà parlé du caractère spatial et des jeux du hasard et de la providence dans ce film. *Le Signe du Lion* met aussi en évidence le rôle fondamental de l'argent dans l'univers du cinéaste. L'argent fait partie des mille et un détails constituant la trame du film. Rares sont les cinéastes qui nous introduisent aussi fréquemment dans les boutiques et autres commerces. Ici, la dégradation physique de Pierre est avant tout marquée par la disparition progressive de ses pièces de monnaie et atteint son point culminant lorsqu'il ne peut se payer le ticket de métro nécessaire à son retour de la lointaine et sordide banlieue. Le voici réduit à l'état de piéton, au plus près du sol, écrasé sous le soleil estival. Ce trajet marque une étape décisive dans son itinéraire physique et spirituel.

Plus généralement, si les personnages de Rohmer sont déterminés par leur situation sociale et économique, ils se définissent aussi par leur rapport subjectif à l'argent même si ce dernier n'est parfois évoqué que de manière très indirecte. Wesselrin inaugure une série de héros qui vivent d'expédients, s'imaginent au-dessus des contingences matérielles, mais sont finalement obligés de reconnaître la réalité du circuit économique.

Six contes moraux, I :
La Boulangère de Monceau (1962)

Production : Studios Africa (G. Derocles), Les Films du Losange (Barbet Schroeder) (France).
Réalisation, scénario et dialogues : Eric Rohmer.
Image : Jean-Michel Meurice, Bruno Barbey.
Montage : Eric Rohmer.
Assistant-réalisateur : Jean-Louis Comolli.
Film en 16 mm, inversible, noir et blanc.
Durée : 26 minutes.
Interprétation : Barbet Schroeder (le narrateur, voix de Bertrand Tavernier), Fred Junk (Schmidt), Michèle Girardon (Sylvie), Claudine Soubrier (la Boulangère), Michel Mardore (un client de la boulangerie).

L'action se passe au mois de juin, au carrefour Villiers. Le narrateur, étudiant en droit, passe ses journées à réviser en prévision de l'examen. Habitant rue de Rome, il prend chaque jour ses repas dans un foyer du boulevard de Courcelles et, sur le trajet, croise la blonde Sylvie, qui travaille dans une galerie de peinture rue de Monceau. Son camarade Schmidt le pousse à tenter sa chance. Un jour, par hasard, il la bouscule, pas tout à fait innocemment. Elle accepte de prendre un café un jour prochain, mais disparaît soudainement.

Le narrateur se passe désormais de dîner pour multiplier ses chances de la retrouver. Considérant qu'elle habite le quartier et ne peut avoir cessé de faire son marché, il étend ses investigations à la rue Lévis. Là, il peut jouir de la fraîcheur et s'alimenter de fruits. Au hasard de ses pérégrinations, il découvre une boulangerie, au coin de la rue Lebouteux. Il y achète régulièrement des sablés. Remarquant l'intérêt que lui porte la jeune vendeuse, il noue avec elle des relations de connivence. Désireux d'affirmer sa maîtrise des événements, il pousse le flirt un peu plus loin et obtient un rendez-vous. Mais au moment de la rejoindre, il rencontre Sylvie, une jambe dans le plâtre. Une vilaine foulure l'a retenue dans sa chambre qui donne sur la boulangerie. De là elle a pu observer le manège du jeune homme. Il n'ira pas au rendez-vous de la boulangère et épousera Sylvie.

Six contes moraux, II :
La Carrière de Suzanne (1963)

Production : Les Films du Losange (Barbet Schroeder) (France).
Réalisation, scénario et dialogues : Eric Rohmer.
Images : Daniel Lacambre.
Musique : extrait des « Noces de Figaro », de Mozart.
Montage : Eric Rohmer.
Assistants-réalisateurs : Jean-Louis Comolli, Barbet Schroeder.
Film en 16 mm, noir et blanc.
Durée : 52 minutes.
Interprétation : Catherine See (Suzanne Hocquetot), Christian Charrière (Guillaume Peuch-Drumond), Philippe Beuzen (Bertrand, le narrateur), Diane Wilkinson (Sophie), Jean-Claude Biette (Jean-Louis), Patrick Bauchau (Franck), Pierre Cottrell (l'amateur d'art), Jean-Louis Comolli.

Etudiant à Paris d'origine provinciale, Bertrand (le narrateur) est de nature plutôt timide et réservée. Il a pour ami Guillaume, étudiant à Sciences Po. Il le désapprouve en tout quoiqu'il admire sa désinvolture et ses qualités grossières mais efficaces de séducteur.

Au café « Le Luco », boulevard Saint-Michel, ils rencontrent Suzanne, une jeune fille qui fait des études d'interprétariat tout en travaillant au Comité national contre la tuberculose. Guillaume

ne peut s'empêcher de tenter sa chance et l'invite à une soirée chez lui à Bourg-la-Reine. Ce soir-là pourtant, il s'occupe surtout de Sophie, une Irlandaise qui plaît à Bertrand. Ceci arrange ce dernier, trop intimidé pour l'aborder, d'autant qu'elle semble éprise du beau Franck. Lorsque tout le monde est parti, Bertrand, Guillaume et Suzanne restent seuls et s'amusent à invoquer les esprits. Bertrand, spécialiste des tables tournantes, appelle celui de Don Juan, la partition de Mozart trônant dans la pièce. Puis Guillaume, se déclarant trop fatigué pour les raccompagner, envoie Suzanne dormir dans la chambre de sa mère, avant de l'y rejoindre.
Bientôt, il se plaint des assiduités de Suzanne. Bertrand les accompagne parfois dans leurs sorties. Un après-midi, devant lui, il se comporte de façon particulièrement mufle avec Suzanne. La jeune fille, d'abord fâchée, retombe quand même sous le charme du Don Juan.
Méprisant l'attitude de Suzanne, Bertrand l'évite. Elle l'invite pourtant au Boom HEC. Elle lui avancera les frais. Sophie y sera. Mais la timidité du jeune homme ne lui permet pas de faire avancer ses relations avec celle-ci.
Apprenant que Suzanne a « casqué », Guillaume décide de la ruiner. Les deux garçons vivent quelque temps à ses crochets. Bientôt elle se trouve effectivement à bout de ressources, d'autant qu'elle a quitté son travail.
Après les vacances de Pâques passées dans sa famille à Saint-Brieuc, Bertrand cache quarante mille francs dans les pages d'un livre. Guillaume vient justement dans sa chambre lui emprunter de l'argent. Il refuse, mais doit descendre répondre au téléphone. A son retour, Guillaume est en train de feuilleter quelques livres. Après une soirée où Bertrand continue de gâcher ses chances avec Sophie en défendant vigoureusement son ami, Suzanne l'accompagne chez lui, car elle n'a plus les moyens de se payer un taxi. Elle y passera la nuit dans un fauteuil, Bertrand, ayant un examen le lendemain, préfère dormir dans son propre lit. Le matin, il ne peut la réveiller. Au retour de la fac, Suzanne a disparu, prétextant un rendez-vous. Il constate immédiatement la disparition de trois des quatre billet de dix mille francs... Sophie voit plutôt le coupable en Guillaume, tandis que Bertrand préfère croire que c'est l'œuvre de Suzanne, le geste de laisser un billet lui ressemblant plus. Le mystère reste entier.
Plus tard, Bertrand est amené à une sérieuse révision de ses idées :

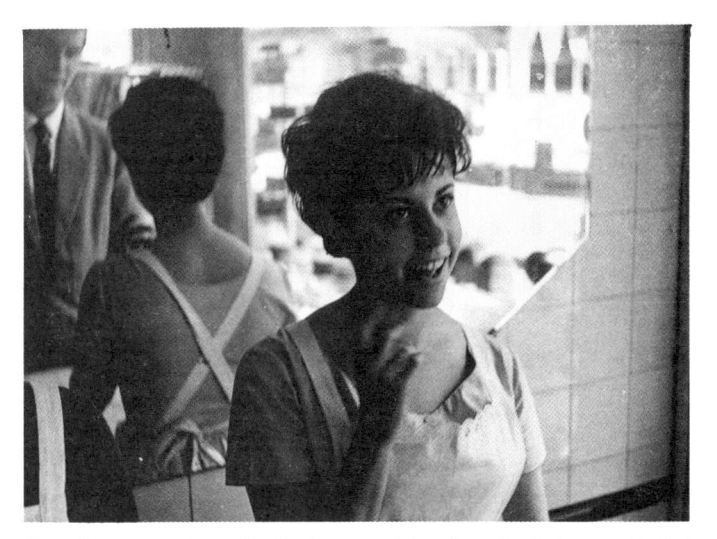

Première tentatrice : la boulangère (Claudine Soubrier et Barbet Schroeder) (Coll. Cahiers du cinéma).

Suzanne va épouser le beau Franck, Sophie lui échappe de plus en plus et il est en train d'être recalé à ses examens.

Ces deux premiers Contes moraux, réalisés dans des conditions identiques et fort modestes, sont avant tout caractéristiques de l'ensemble de la série. D'abord diffusés dans des circuits non commerciaux (ciné-clubs, cinémathèque), ils connurent une brève exploitation en 1974 (dans un programme comportant en outre *Charlotte et son steak, Véronique et son cancre* et *Place de l'Etoile*).

On a beaucoup insisté sur le caractère programmatique des Contes, répétition d'un même schéma dramatique. On en a relevé à juste titre les variations, par extension, rétrécissement, développement, épuration. Mais on a moins indiqué à quel point un tel cadre, aussi souple soit-il, permet de travailler des personnages plus que des événements. Sur une ligne narrative donnée, le personnage offre un renouvellement quasi infini.

C'est moins le déroulement de l'intrigue qui intéresse dans les Contes que les caractères. Rohmer déclarait en 1967 : « Les personnages du cinéma sont encore souvent simplistes et, s'ils sont complexes, c'est au second degré. Il y a effectivement des personnages d'une rare complexité dans le cinéma classique américain, mais c'est une complexité qui n'est pas posée au départ. Or, je pense que, maintenant, le cinéma peut aller vers cette complexité et ce qui me choque, justement, c'est que la plupart des films contemporains surenchérissent sur un certain schématisme des caractères et que le personnage devient finalement un simple porte-parole » (*V.O., n° 9*).

On lui a pourtant fait grief de ses héros, fades, peu sympathiques, vides, futiles : du lourd, opaque, veule Wesselrin du *Signe,* aux minets et minettes des *Nuits de la pleine lune.* A quoi l'auteur répondait : « La plupart des héros de films sont des crétins. Les crétins sont-ils seuls sympathiques ? Les gens intelligents sont-ils toujours antipathiques ? » Ajoutant : « Ce ne sont pas des personnages exemplaires, même d'un point de vue esthétique (...), mais des personnages qui se posent comme exemplaires. Ce monde m'intéresse, mais un autre aurait pu m'intéresser autant. C'est justement pour montrer des mondes tout à fait différents que j'ai fait les Contes moraux » (*V.O.,* id.).

La boulangère, le narrateur, Sylvie, Bertrand, Guillaume et Suzanne sont dotés de psychologie, de réactions, de physiques, gestes, expressions, langages, à la fois différenciés et d'une extrême justesse par rapport à leur milieu et leur époque. Mais dans le même temps, ils n'ont rien de remarquable au premier abord. La prétendue fadeur des héros rohmériens ressemble à la neutralité de certains personnages hitchcockiens : des enveloppes vides dotées d'une existence physique (et esthétique) suffisante pour que le spectateur s'y investisse, leur donne vie en y adhérant, même si c'est pour s'en détacher par la suite. Les réactions de rejet ou d'approbation renseignent généralement plus sur le spectateur que sur le personnage. C'est une caractéristique des films de Rohmer de ne pas produire toujours les mêmes effets sur le même public. D'aucuns adhèrent aux héros de *La Carrière,* de *La Collectionneuse* et refusent ceux de *Ma nuit chez Maud.* D'autres s'appuient sur eux pour rejeter le Frédéric de *L'Amour l'après-midi.*

Exemplaire est évidemment le narrateur de *La Boulangère de Monceau.* De physique avenant, sans les excès du séducteur né, de moralité se voulant irréprochable, il se complique en cours de film. Sa naïveté presque sympathique tourne à une perversité, certes anodine, mais réelle. Ce qui le condamne, c'est précisément son intelligence. Ce que l'on pardonnerait à un personnage moins

Premier Don Juan : Guillaume (Christian Charrière et Catherine Sée) (Coll. Cahiers du cinéma).

réfléchi, on l'accepte mal ici, alors qu'une attitude instinctive dicte en fait sa conduite. Plus il devient opaque à ses yeux comme aux nôtres, plus notre adhésion se trouble.

Dans *La Carrière de Suzanne,* le narrateur est l'observateur inactif, quelque peu béat et complaisant, de son ami Guillaume, qui exerce sur lui une fascination pour le moins suspecte. Niant s'intéresser à Suzanne qui occupe pourtant son esprit, il porte son dévolu sur une Sophie inaccessible avec qui d'ailleurs il gâchera toutes ses chances. S'il n'a rien pour susciter la sympathie du spectateur, il catalyse l'aversion de ce dernier à l'égard de Guillaume, dont la muflerie, la grossièreté et la fatuité sont redoublées par l'incompréhensible indulgence de Bertrand. Pourtant, peu à peu, les réactions de Suzanne justifient le comportement de Guillaume. « Les filles aiment qu'on les force », explique-t-elle, reprenant une phrase de celui-ci. Et si elle s'est ruinée à les entretenir, c'est, dit-elle, que cela lui plaisait. Pour elle aussi, Guillaume a été un passe-temps, même si elle en a été un peu amoureuse. Enfin son triomphe final atténue largement une noirceur que Bertrand se plaît à dépeindre.

Parallèlement, ce dernier ternit à nos yeux. Largement complice d'actes qu'il réprouve, il manque totalement de générosité tant avec Guillaume qu'avec les femmes. A celui-ci, il refuse d'avancer pour quelques jours dix mille francs. Il se réserve le lit lorsque Suzanne passe la nuit dans sa chambre. Qu'il soit recalé aux examens et perde Sophie, quoi de plus logique ? Guillaume au moins, dans toute sa rudesse affectée, est plus généreux de sa personne. Le parallèle avec la scène identique de *Ma nuit chez Maud* est assez parlant : « Au fond, ce qui vous importe, c'est votre respectabilité... Mais que vous puissiez me faire plaisir en restant avec moi parce que je me sens un peu seule, et établir un contact un peu moins conventionnel, ça ne vous viendrait jamais à l'esprit. Ce que je trouve assez stupide et peu chrétien. » Ces phrases de Maud pourraient aussi s'adresser à Bertrand.

Nadja à Paris (1964)
Production : Les Films du Losange (Barbet Schroeder) (France).
Réalisation et scénario : Eric Rohmer.
Texte : Nadja Tesich.
Images : Nestor Almendros.
Montage : Jacqueline Raynal.
Assistant-réalisateur : Pierre-Richard Bré.
Films 16 mm noir et blanc.
Durée : 13 minutes.
Interprétation : Nadja Tesich.

« On m'avait proposé un film sur la Cité Universitaire, les étudiants étrangers à Paris. Le sujet n'était pas très net. Moi, j'ai préféré rencontrer une étudiante et faire un film d'après ce qu'elle me dirait, ne rien lui imposer, jouer le jeu (...) Le générique indique que le texte est de Nadja Tesich. J'avais auparavant bavardé avec elle, puis je l'ai interviewée. Et de cette bande magnétique, j'ai tiré le scénario. » (*Les Nouvelles Littéraires,* 1965).

Le film suit l'étudiante dans les lieux de Paris qu'elle a coutume de fréquenter, commentés par elle-même. On a ainsi une vision objective de la capitale doublée d'une vision subjective, étrangère qu.. restitue à ces lieux leur dimension originelle. La description des Buttes-Chaumont ne manque pas, évidemment, de faire songer à *La Femme de l'aviateur.* C'est aussi la première participation de Nestor Almendros à une œuve de Rohmer.

Télévision scolaire (1963-1970)
Série « En profil dans le texte ».
Production : Radio-Télévision-Scolaire (RTS).

1963 : *Paysages urbains.*

1964 : *Les Cabinets de physique (La Vie de société au XVIIIe siècle)* – *Les Métamorphoses du paysage (L'Ere industrielle).* Images : Pierre Lhomme (23 mn) – *Les Salons de Diderot*

Nadja à Paris (avec Nadja Tesich).

Les Métamorphoses du paysage (Coll. Cahiers du cinéma)

– *Perceval ou le Conte du Graal.* Documents filmés. Voix d'Antoine Vitez (23 mn).

1965 : *Don Quichotte de Cervantes.* Documents filmés – *Les Histoires extraordinaires d'Edgar Poe.* Extraits de films dont « *Bérénice* » de E.R., attribué à Dirk Peters. Voix de Jean Négroni (24 mn) – *Les Caractères de La Bruyère. Entretien sur Pascal.* Avec le R.P. Dubarle et Brice Parain (22 mn).

1966 : *Victor Hugo, les Contemplations.* Images : Eric Rohmer.

1967 : *L'Homme et la machine* (34 mn). *L'Homme et les images.* Avec René Clair, Jean Rouch, Jean-Luc Godard (35 mn).

1968 : *Entretien avec Mallarmé* (22 mn). – *L'Homme et les frontières.* En deux parties (29 mn et 38 mn). – *L'Homme et les gouvernements.* En deux parties (29 mn et 30 mn). – *Nancy au XVIIIe siècle.* – *Postface à « L'Atalante ».* Entretien avec François Truffaut (17 mn 30). – *Louis Lumière.* Entretien avec Jean Renoir et Henri Langlois (56 mn).

1969 : *Victor Hugo architecte.* – *La Sorcière de Michelet.* Voix d'Antoine Vitez (26 mn). – *Le Béton dans la ville* (29 mn 30).

1970 : *Le français langue vivante ?*

Ces émissions se caractérisent, par rapport à d'autres du même type, par un souci absolu de clarté et une absence totale d'effets secondaires, habituellement destinés à faire passer l'aridité du sujet. Nulle musique superflue, chaque image apporte son poids nouveau d'informations. Rohmer ne répugne pas à l'exposé didactique, au débat contradictoire *(Entretien sur Pascal)*, au commentaire abondant, savant mais précis. *Les Cabinets de physique,* par exemple, est d'abord composé d'un exposé des expériences, avec leurs buts et leurs circonstances, puis d'une reconstitution de ces expériences, avec les instruments, costumes et décors du XVIIIe.

Les Métamorphoses du paysage annoncent à la fois *Le Celluloïd et le marbre* et la série *Villes nouvelles* dans la volonté de faire comprendre le sens et le rôle de l'architecture contemporaine et d'en révéler la beauté, même froide et austère.

C'est en réalisant *Perceval ou le Conte du Graal* que Rohmer a eu le désir et l'idée de *Perceval le Gallois.* « J'avais envie, explique-t-il à *Cinéma 79* (n° 242), de faire jouer ce texte par des comédiens, tant il me paraissait vivant. Je l'aurais d'ailleurs fait à l'époque si l'émission n'avait pas été cataloguée « banc-titre » (...) Le texte était dit par une voix – celle d'Antoine Vitez – et mon grand souci était de faire ce que faisaient beaucoup de mes collègues, c'est-à-dire prendre un texte et l'illustrer, trouver des coïncidences entre un mot du texte et des images. J'essayais quant à moi de faire en sorte que l'image apporte une information et que le texte aide à saisir cette information (...) J'ai décidé qu'en même temps qu'on lirait le texte, on le verrait s'inscrire sur l'écran, puisque c'est de la poésie et que la poésie est faite aussi pour être lue. Le texte était lu et vu d'abord en ancien français puis en traduction (...) Et lorsqu'il y avait des images, un commentaire que j'avais écrit expliquait par exemple ce que représentait le Graal, les accompagnait. Les images étaient tirées de miniatures du XIIIe, postérieures de cinquante ou cent ans au texte, puisqu'il n'y a plus pratiquement de miniatures religieuses du XIIe. C'est peut-être un défaut pour les érudits, mais ce n'est pas très grave du point de vue pédagogique, d'autant que je l'indiquais. »

Carl Dreyer (1965)

Production : ORTF, Série « Cinéastes de notre temps ».
Producteurs : Janine Bazin, André S. Labarthe.
Durée : 60 minutes.

Paris vu par...
Place de l'Etoile (1965)

Production : Les Films du Losange (Barbet Schroeder) (France).
Distribution : Sodireg (1965), puis Nef diffusion.
Durée : 90 minutes.
Sortie à Paris : 13 octobre 1965.
Six sketches : « Rue Saint-Denis », de Jean-Daniel Pollet ; « Gare du Nord », de Jean Rouch ; « Saint-Germain-des-Près », de Jean Douchet ; « Place de l'Etoile », d'Eric Rohmer ; « Montparnasse-Levallois », de Jean-Luc Godard ; « La Muette », de Claude Chabrol.
Pour « Place de l'Etoile » :
Réalisation, scénario et dialogues : Eric Rohmer.
Images : Alain Levent et Nestor Almendros.
Montage : Jacqueline Raynal.
Durée : 15 minutes.
Film en 16 mm Ektachrome inversible gonflé en Eastmancolor 35 mm.
Interprétation : Jean-Michel Rouzière (Jean-Marc), Marcel Gallon (le passant), Jean Douchet et Philippe Sollers (clients), Maya Josse (une dame dans le métro), Sarah Georges-Picot, Georges Bez.

Chaque matin à neuf heure vingt-cinq, Jean-Marc, sort de la bouche du métro de l'avenue de Wagram pour se rendre à son travail : un magasin de vêtements avenue Victor Hugo, presque diamétralement opposée. La place de l'Etoile est le point d'intersection de douze grandes avenues. Les feux sont réglés sur le rythme des voitures et non sur l'allure des piétons. A chaque douzième du cercle, soit tous les cinquante mètres environ, ceux-ci se heurtent à un feu rouge. L'individualisme parisien trouve là de quoi s'exercer dans des traversées illégales entre les automobiles. Les travaux du métro express régional accentuent la difficulté.
Jean-Marc, ex-coureur de 400 mètres et fervent lecteur de *L'Equipe,* est souvent gêné par ces chantiers qui rendent son parcours périlleux et salissant. Il jette aux ouvriers des regards courroucés et hautains. Ce matin-là commence bien mal. Dans le métro, une femme pose malencontreusement un talon aiguille sur son pied. La douleur est vive, la chaussure en porte la marque, mais la politesse est de rigueur. Sur son trajet, un ivrogne le bouscule. Une altercation s'ensuit, l'inconnu tombe en arrière et reste inanimé. Effrayé, Jean-Marc s'enfuit à toutes jambes

jusqu'au magasin. Il remplace son parapluie, laissé entre les mains de sa victime. Les jours suivants, il guette dans la presse des nouvelles de l'accident, sans résultat. Prudent, il change son itinéraire quotidien. Descendant désormais au métro Victor Hugo, il évite soigneusement la place de l'Etoile.
Quelques mois plus tard dans le métro, il retrouve sa victime, toujours aussi agressive. L'homme le regarde sidéré et se retourne. Jean-Marc est soulagé.
C'est au jeune Barbet Schroeder (il a alors vingt-cinq ans) et aux Films du Losange que l'on doit l'initiative des six sketches de *Paris, vu par...*, réalisés en 16 mm pour 40 millions de l'époque. Il s'agissait, six ans après les débuts de la Nouvelle vague, de manifester la vitalité du mouvement et la justesse de ses conceptions économiques dans l'éclosion d'un vrai cinéma d'auteur. Nombre de critiques considéraient alors le phénomène comme dépassé ou même non avenu.
« Je pense, explique Barbet Schroeder à *Télérama,* que le cinéma moderne est normalement en couleur et en son direct. Le 16 mm, de par la légèreté de son appareillage synchrone, permet une plus grande mobilité de la prise de vues et de la prise de son simultanée – d'où une économie sensible – d'où également une totale liberté d'inspiration pour les metteurs en scène auteurs. »
Barbet Schroeder cite aussi des propos de Rohmer : « La place de l'Etoile est de conception médiévale plutôt que romaine : il y a un donjon (l'Arc de Triomphe), un chemin de ronde et un fossé. Les rues de Pressbourg et de Tilsitt tracent un grand cercle autour d'elle, évoquent les artères qui ont pris place sur des fortifications comblées. Elles sont comme un détour qui plaît à l'imagination. Cette notion de détour est très importante dans l'architecture urbaine. L'homme aime à se réserver la possibilité d'aller à un endroit de deux manières différentes. Il faut que sa rêverie puisse cheminer. »

Dans les *Cahiers du cinéma* (N° 171), le réalisateur précise sa démarche : « Le sujet du film est déduit de la structure géographique de la place de l'Etoile. Qu'est-ce qu'il y a sur cette place ? Des automobilistes et des piétons. J'ai choisi le piéton. Il est dans sa nature de marcher : il fallait donc lui faire accomplir un certain trajet. J'ai supposé que mon personnage sortait par la bouche de métro de l'avenue de Wagram et que son lieu de travail se trouvait de l'autre côté de la place. Que peut-on faire faire à quelqu'un ? Marcher, bien sûr. Mais on peut aussi le faire courir. Cette course, il fallait la justifier. Quand on court, surtout dans la rue, c'est qu'on est pressé. Mais aucun parisien n'est pressé au point de courir quatre-cents mètres à la suite. Mon personnage devait avoir peur de quelque chose. C'est ce qui m'a donné l'idée de la bagarre avec l'individu sur le pied duquel il marche. Maintenant, pourquoi marche-t-il sur le pied de cet individu ? Il n'y a pas besoin de donner d'explication : c'est une chose qui arrive à tout le monde (...) L'esthétique de ce qu'on appelle « les grands ensembles » me paraît conçue en dépit, non pas de l'harmonie extérieure, mais de la rêverie la plus nécessaire à l'homme (...) Quand vous habitez quelque part, vous éprouvez le besoin d'être à la fois protégé du monde et ouvert à lui. Et l'urbanisme classique obtenait cette ouverture et cette protection (que l'on pense à Paris ou à Venise). Maintenant, on n'a plus l'air de vouloir s'occuper de ça. Et, peu à peu, on détruit Paris. C'est pourquoi je crois que mon film traite le sujet et que, lorsque l'on parle de Paris, le problème le plus important est de comprendre sa beauté, et de la faire comprendre. Mon film est un film engagé. »

Une étudiante aujourd'hui (1966)

Production : Les Films du Losange (Barbet Schroeder) (France).
Réalisation et scénario : Eric Rohmer, d'après un sujet de Denise Basdevant.
Images : Nestor Almendros.
Montage : Jacqueline Raynal.
Directeur de production : Pierre Cottrell.
Film 16 mm noir et blanc.
Durée : 13 minutes.

Le Celluloïd et le marbre (1966)

Production : ORTF. Série « Cinéastes de notre temps ».
Durée : 90 minutes.
Interventions de : Takis, Sonderborg, César, Victor Vasarély, Claude Simon, Roger Planchon, Pierre Klossowski, Iannis Xenakis, Nicholas Schoeffer, Georges Candilis, Claude Parent, Paul Virilio.

Six contes moraux, IV :
La Collectionneuse (1966)

Production : les Films du Losange (Barbet Schroeder), Rome-Paris-Films (Georges de Beauregard), Producteur associé : Alfred de Graaff (France).

Réalisation, scénario et dialogues : Eric Rohmer, avec la collaboration, pour l'interprétation et les dialogues, de Patrick Bauchau, Haydée Politoff et Daniel Pommereulle.
Musique : créée par les Blossom Toes et Giorgio Gomelsky, enregistrée par les Blossom Toes, et musique tibétaine : « La voix de l'Eternel, Tibet III », Ed. Bärenreiter.
Images : Nestor Almendros.
Montage : Jacqueline Raynal, assistée de Anne Dubot.
Matériel technique : François Bogard.
Générique : Lax.
Assistants-réalisateurs : Patrice de Baillencourt, Laszlo Benko.
Film en Eastmancolor, 35 mm.
Durée : 90 minutes.
Sortie à Paris : 2 mars 1967.
Distribution en 1967 : Images Distribution.
Interprétation : Patrick Bauchau (Adrien, le narrateur), Haydée Politoff (Haydée), Daniel Pommereulle (Daniel), Alain Jouffroy (l'écrivain critique d'art), Mijanou Bardot (Mijanou), Annik Morice (Annick), Syemour Hertzberg (i.e. Gene Archer : Sam, le collectionneur), Brian Belschaw (l'amant), Donald Cammel (un garçon à Saint-Tropez), Alfred de Graaff (le touriste perdu), Denis Berry (Charlie), Pierre-Richard Bré, Patrice de Bailliencourt (les minets en voiture).

Trois prologues nous présentent les personnages.
Haydée se promène en bikini le long de la mer, sur une plage déserte près de Saint-Tropez.
Daniel (il s'agit du peintre Daniel Pommereulle) discute avec un critique (il s'agit d'Alain Jouffroy). Le critique a entre les mains une œuvre du peintre, une boîte de peinture jaune sur laquelle sont fixées des lames de rasoir. En parlant, il se coupe légèrement. L'artiste explique que l'objet n'est pas destiné à blesser des gens comme lui. Son interlocuteur parle de l'élégance comme commencement de la révolution et d'un certain jaune (qui est aussi la couleur de la cravate de Daniel).
C'est dans un parc que nous découvrons Adrien, en discussion avec deux jeunes femmes. L'une, Annick, brune, parle de la beauté et l'impossibilité qu'elle ressent à lier relation, fût-ce la plus élémentaire, avec quelqu'un qu'elle trouve laid. Puis Adrien se promène dans un parc avec la blonde Mijanou. Elle part pour cinq semaines à Londres et tente d'emmener Adrien qui refuse : il ira à Saint-Tropez, dans la villa que lui prête Rodolphe. Il doit y

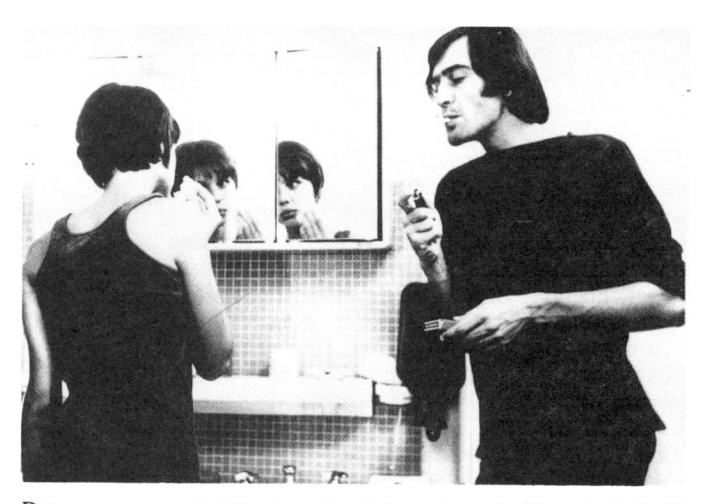

Des personnages inédits dans le cinéma français (Haydée Politoff, Patrick Bauchau).

rencontrer un collectionneur d'antiquités chinoises qui va peut-être commanditer sa galerie de peinture.

Mijanou partie, Adrien se promène à l'intérieur de la maison proche du parc, regarde une statuette nue de l'époque 1925, puis est attiré par des bruits de lit et des soupirs : en se retournant, il découvre un couple en train de faire l'amour. Son regard gêné croise celui de la fille.

Les prologues terminés, Adrien (le narrateur) arrive dans la villa de Saint-Tropez. Il apprend de son ami Daniel qu'ils hébergeront aussi une fille invitée par Rodolphe, Haydée. Adrien a décidé de se fixer une règle monacale : se lever tôt, ne rien faire, ne plus penser, atteindre au rien absolu. La présence d'Haydée, en qui il reconnaît rapidement la fille qu'il avait vue quelques jours plus tôt, le dérange. Deux nuits de suite, il est réveillé par les bruits provenant de la chambre de la jeune fille, qui collectionne les garçons, en accueillant chaque soir un nouveau. Rapidement Adrien et Daniel chassent, un matin, l'un de ces intrus. Haydée reste, décidant de passer désormais ses nuits à l'extérieur.

Les deux garçons ont beau classer la jeune fille dans la catégorie inférieure, elle les trouble. Adrien tente d'abord sans succès de la jeter dans les bras de Daniel, mais lorsqu'un matin il l'aperçoit dans le lit de celui-ci, il en est manifestement dépité et intrigué : se

moquent-ils de lui ? Dans une scène qu'il veut méprisante et humiliante, Daniel rompt avec Haydée, puis part en croisière, non sans avoir fait un nouvel éclat contre Sam, le collectionneur d'antiquités chinoises.
Sam invite Adrien et Haydée chez lui. Celle-ci se prête au jeu d'Adrien qui lui a demandé de faciliter ses affaires. Elle reste seule chez le collectionneur pour la nuit puis invite Adrien à dîner chez Sam. Lorsque ce dernier essaie de caresser la jeune fille, elle se dégage maladroitement et casse un vase japonais Satsuma du XIXe siècle que Sam vient d'acheter à Adrien. Furieux, le collectionneur la gifle et les jeunes gens quittent les lieux.
Sur la route, à la faveur d'un embouteillage, Haydée rencontre des amis qui proposent de l'emmener. Pour dégager la route, Adrien démarre, puis accélère et abandonne la jeune fille. Arrivé dans la villa, en proie à la solitude, il décroche le téléphone et s'enquiert des horaires des avions pour Londres.
Dans *Un Homme à la caméra* (5 continents/Hatier), Nestor Almendros explique : « Le style de l'image attira l'attention car il s'écartait, pour la couleur, de ce qui existait dans le cinéma professionnel. Le manque de moyens m'a servi. Nous ne disposions que de cinq lampes photo-flood ; qu'on le voulût ou non, le naturel était de rigueur. Rohmer, Barbet Schroeder, Alfred de Graaff et moi, bombardés électriciens, mettions en place nos précieux projecteurs, quand nous ne filmions pas en lumière naturelle. Il ne s'agissait pas d'une concession économique : nous étions d'accord pour travailler ainsi. Dans un souci d'économie, nous vivions en commun dans la maison de Saint-Tropez que nous filmions à l'aventure. »
« Depuis un certain temps, Rohmer voulait réaliser son troisième Conte moral, mais les producteurs n'étaient pas légion. Un groupe d'amis, avec à la tête Barbet Schroeder, décida de monter le film en coopérative. Je m'y associai. La nécessité de faire des économies nous contraignit à d'enrichissantes acrobaties. Pratiquement nous ne tournions qu'une seule prise par plan. Pour être sûr de la réussite, Rohmer faisait répéter minutieusement les acteurs. (...) Nous sommes parvenus à ne pas gaspiller en « chutes » et en prises supplémentaires qu'un tiers du montant total de la pellicule impressionnée (...) Les laboratoires ont même cru un temps qu'il s'agissait d'un court métrage. (...) Après de nombreuses discussions, nous avons choisi le 35 mm : aucune des variations atmosphériques si sensibles dans le film n'aurait été perçue en 16 mm (...) ».

L'innocence et le naturel ? (Haydée Politoff).

Après le montage de la copie de travail, tirée en noir et blanc pour des raisons financières, un producteur ayant pignon sur rue, s'intéressa au film, permettant par là-même la post-synchronisation et le tirage de copies couleur. »

La Collectionneuse s'incrit ainsi dans le droit fil de la Nouvelle vague : une aventure tant économique qu'esthétique, avec un souci constant de saisir la vérité de l'instant, du décor, de la lumière, de l'atmosphère et des êtres. Ce film marque le véritable début de la carrière de Rohmer (ainsi que celles de Barbet Schroeder comme producteur et Nestor Almendros comme opérateur). Sorti dans une seule salle, le Studio Gît-le-Cœur, qu'il inaugurait, il y resta 9 mois, et obtint l'Ours d'argent au Festival de Berlin.

Peut-être ce succès fut-il dû pour une part à un malentendu : l'audace, pour l'époque, de son sujet et du personnage interprété par Haydée Politoff, la collectionneuse d'hommes. Sans oublier les dandies amoraux campés par Daniel Pommereule et Patrick Bauchau (le « beau » Franck de *La Carrière*). L'embarras de la rédaction de *Télérama* est à cet égard significatif. Claude-Jean Philippe, dans un article par ailleurs laudateur, précisait alors : « Notre devoir est de vous prévenir. Les personnages ne pourront manquer de vous gêner, sinon de vous scandaliser. Ce sont des oisifs, ouvertement paresseux et jouisseurs. Leur langage même vous choquera. Les personnages de *La Collectionneuse* ne lisent certainement pas *Télérama*. Et les lecteurs de *Télérama* ne s'intéressent certainement pas à de tels personnages. »

Ce parfum de scandale paraît aujourd'hui bien désuet. Si Rohmer avait réalisé *La Collectionneuse* après *Ma nuit chez Maud* (retardé parce que le cinéaste tenait à Trintignant, non disponible et hésitant), sans doute l'accueil eût-il été différent. En vérité, la surprise tient avant tout au fait de montrer des personnages inédits dans le cinéma français, qui frappent par leur authenticité, leur contemporanéité, leur naturel, même s'ils constituent un milieu marginal privilégié, sans cesse en représentation.

« Ce qui m'intéresse, c'est de montrer les êtres et que l'homme est un être moral. Mes personnages ne sont pas de purs êtres esthétiques », explique Rohmer (*Cahiers du cinéma*, n° 172). « Il se trouve que j'ai connu ces personnages dans la vie et que je me suis lié d'amitié avec eux, avant même d'avoir l'idée de les filmer ». (*Télérama*. n° 895).

Si ces personnages existent avec tant de force, c'est qu'ils sont issus de la réalité : le texte a beau être totalement écrit avant le tournage, les dialogues sont rectifiés en fonction des individus, de leur langage, de leurs expressions. « Leurs paroles, leur style, leurs citations, leurs admirations littéraires qui apparaissent parfois, leur caractère, tout cela vient d'eux et non de moi. J'ai puisé dans leur richesse de même que l'arbre qui est devant la maison n'est pas moi, bien qu'il m'inspire », explique le réalisateur (*V.O.*, N° 9).

Cette histoire de perversité et ces personnages de poseurs ne pouvaient exister que dans la plus parfaite innocence, le plus grand naturel. Le film n'était concevable qu'interprété par des comédiens amateurs : « J'aime le geste des comédiens. J'adore les gens qui font des gestes. Dans *La Collectionneuse*, les gens se grattent, mais élégamment puisque ce sont des gens élégants, et c'est très beau. Un acteur ne se serait jamais gratté, il n'aurait jamais osé » *(V.O.).*

A ce naturel des personnages, s'ajoute une attention aiguë au temps, moment de l'année comme du jour, dont Rohmer ne se départira jamais. « C'est un film, dit-il, fait sur les heures de transitions, les heures du matin et les heures du crépuscule » *(V.O.)*

Enfin, *La Collectionneuse* est le premier film couleur d'Eric Rohmer. Cet univers de beauté n'était concevable sans elle. « Je

La pose, l'élégance et la cruauté (Daniel Pommereulle et Haydée Politoff).

n'aime pas filmer les choses laides explique-t-il à *Télérama*. Je ne vois pas quel intérêt on peut prendre à présenter une chose qu'on n'admire pas ou qui n'est pas intégrée harmonieusement dans un ensemble. » La couleur participe de cette harmonie, caractérisant les personnages : le bleu de la mer et du ciel pour Haydée, le vert de la nature pour Adrien, le jaune brutal et tranchant pour Daniel.

Fermière à Montfaucon (1968)

Production : Les Films du Losange (Barbet Schroeder) (France).
Réalisation : Eric Rohmer.
Film 16 mm noir et blanc.
Durée : 13 minutes.

Six contes moraux, III
Ma nuit chez Maud (1969)

Production : Barbet Schroeder, Pierre Cottrell (Les Films du Losange) (France).
Co-Production : FFP, Simar Films, Les Films du Carrosse, Les Productions de la Gueville, Renn Production, Les Films de la Pléiade, Les Films des deux Mondes.
Réalisation, scénario et dialogues : Eric Rohmer.
Images : Nestor Almendros.
Cadre : Emmanuel Machuel, assisté de Philippe Rousselot.
Musique : « Sonate pour violon et piano K 358 » de Mozart.
Montage : Cécile Decugis, assistée de Christine Lecouvette.
Décor : Nicole Rachline.
Son : Jean-Pierre Ruh, assisté de Alain Sempe.
Mixage : Jacques Maumont.
Chef-électricien : Jean-Claude Gasché.
Producteur délégué : Pierre Cottrell.
Directeur de production : Barbet Schroeder.
Régisseur : Alfred de Graaff.
Film en 35 mm, noir et blanc, format $1 \times 1,33$.
Durée : 110 minutes.
Sortie : 17 mai 1969 (Festival de Cannes) ; 6 juin 1969 (Paris).
Distribution en 1969 : CFDC, UGC, Sirius, Consortium Pathé.
Interprétation : Jean-Louis Trintignant, (le narrateur), Françoise Fabian (Maud), Marie-Christine Barrault (Françoise), Antoine Vitez (Vidal), Léonide Kogan (le violoniste du concert), Anne Dubot (l'amie blonde), père Guy Léger (le prédicateur), Marie Becker (Marie, la fille de Maud), Marie-Claude Rozier (une

étudiante) et des ingénieurs de l'usine Michelin de Clermont-Ferrand.

Le narrateur est un ingénieur de trente-quatre ans. Son nom n'est jamais prononcé dans le film. Il est désormais convenu de l'appeler Jean-Louis. Après de nombreuses années passées à Vancouver puis à Valparaiso, il travaille depuis deux mois chez Michelin, à Clermont-Ferrand.

Il habite dans la banlieue, à Ceyrat, et se rend le dimanche à Clermont, pour la messe. Il y remarque une jeune femme blonde dont il décide brusquement mais définitivement de faire sa femme. Mais la rencontre n'est pas facile, même si Françoise, c'est son nom, a remarqué l'attention que lui porte Jean-Louis. En effet, elle se déplace en vélo-solex et lui en automobile.

En dehors de son travail, Jean-Louis s'intéresse beaucoup aux mathématiques et plus particulièrement au calcul des probabilités. Un soir, par hasard, il rencontre un ancien camarade de lycée, Vidal, marxiste et professeur de philosophie à la faculté de Clermont. Ils discutent du hasard, des probabilités, des rencontres et du pari de Pascal.

Puisque Jean-Louis n'a rien à faire le soir de Noël, Vidal lui propose de l'accompagner à la messe de Minuit. Il veut lui présenter son amie Maud. Divorcée depuis peu, celle-ci a passé la journée à régler des questions d'argent avec son ex-mari et reporte le rendez-vous au lendemain. Vidal apprécie beaucoup Maud mais ne peut l'épouser : « Nous ne nous entendons pas pour le quotidien. »

Maud appartient à une vieille famille de libres-penseurs et s'amuse de rencontrer en Jean-Louis un catholique pratiquant. La conversation porte sur la religion, l'athéisme et de nouveau le pari de Pascal. Jean-Louis conteste le jansénisme et le rigorisme de Pascal. Vidal accuse le narrateur de mauvaise conscience et de jésuitisme.

Dehors, la neige se met à tomber. Maud insiste pour que Jean-Louis ne prenne pas le risque de rentrer à Ceyrat et reste pour la nuit. Vidal l'y pousse et trouve un prétexte pour les laisser. Maud s'est couchée dans le lit qui occupe la pièce principale. Jean-Louis hésite à rester. Maud lui reproche de ne voir que sa respectabilité, de manquer de charité chrétienne, d'être enfin un chrétien honteux doublé d'un Don Juan honteux. Il évoque ses anciennes liaisons et affirme ne pas vouloir être un saint. Malgré ses dénégations, Maud est sûre qu'il y a une femme dans sa vie. Elle

Françoise (M.-C. Barrault) piégée par le narrateur (J.-L. Trintignant).

parle de ses exigences en matière d'hommes, de son mariage raté, d'un garçon qu'elle a beaucoup aimé, mort dans un accident de voiture. Elle évoque aussi la liaison de son mari avec une jeune fille catholique, liaison qu'elle a réussi à briser.
Au moment de se coucher, Jean-Louis comprend qu'il a été piégé : il n'y a pas d'autre pièce où dormir, ce que Vidal savait très bien. Il décide de passer la nuit sur un fauteuil. Au petit matin, il a rejoint le lit de Maud. Elle l'enlace. Il se dégage. Elle se précipite vers la salle de bains. Il la rejoint et l'embrasse. Elle le repousse : « J'aime bien les gens qui savent ce qu'ils veulent. »
Dehors, il aperçoit Françoise, qui avait disparu depuis quelques jours ; il rattrape le vélo-solex en courant et engage la conversation.
Pour se faire pardonner sa muflerie, il poursuit des relations badines avec Maud, qu'il sait désormais sans risques, d'autant que celle-ci doit bientôt quitter Clermont.
Un soir neigeux, il raccompagne Françoise au foyer où elle vit (elle est étudiante et travaille dans un laboratoire pour gagner sa vie). La voiture est immobilisée par le verglas. Jean-Louis dormira dans une chambre voisine de celle de Françoise, peu pressée de nouer une nouvelle relation affective. Avant leur mariage elle lui

Le Narrateur piégé par Maud (F. Fabian).

avouera avoir eu une liaison et lui de sortir de chez une femme le jour où il l'a abordée. Ils décident de ne plus parler de leur passé. Cinq ans plus tard, Jean-Louis, Françoise et leur petit garçon rencontrent Maud sur une plage. Les deux femmes se connaissent. Tandis que le narrateur avoue que c'est avec Maud qu'il avait passé la nuit précédant leur rencontre, il comprend que c'est avec l'ex-mari de Maud que Françoise avait eu une liaison.

Ma nuit chez Maud devait être le troisième Conte moral. Mais le scénario fut refusé à l'Avance sur recettes, et Rohmer ne l'imaginait que joué par Trintignant. Celui-ci tournait film sur film et surtout hésitait à interpréter un rôle d'ingénieur catholique si différent de son image de marque. Bien que réalisé après *La Collectionneuse, Ma nuit chez Maud* conserve la troisième place dans la numérotation des Contes. Par dépit peut-être, par souci de composition sans doute.

C'est le film qui assied complètement la réputation du cinéaste. Le sujet en est a priori peu engageant (catholicisme, longues conversations sur Pascal). La forme est à la fois classique et sobre, fort éloignée de l'univers « mode » de *La Collectionneuse* (noir et blanc, plans d'ensemble, scènes à deux ou trois personnages dans des décors restreints), alors que dominent la modernité, le lyrisme, voire le baroque de Glauber Rocha, Miklos Jancso, Carmelo Bene, ou Bertolucci. *Ma nuit chez Maud* dépassa pourtant largement le succès d'estime du film précédent.

Ceci ne va pas sans inconvénients mineurs : *Ma nuit chez Maud* catalogue pour longtemps Rohmer parmi les cinéastes « sérieux » dont on va voir les films comme on va à la messe. Il faudra attendre la série des Comédies et proverbes pour découvrir un humour qui ne faisait pourtant défaut ni à *La Collectionneuse* ni à ce film-ci.

Il est vrai que *Ma nuit chez Maud* occupe une place de choix dans les Contes, le sujet tenant particulièrement à cœur à son auteur qui le conçut vers 1945. Le film est produit avec le même souci d'économie que les précédents, mais nécessite des moyens plus importants. Parce que la précision de la mise en place du décor et des déplacements des personnages l'exige, et parce que la scène centrale se passe la nuit, dans un silence extérieur absolu, l'appartement de Maud est construit en studio, avec un plafond de toile. Il est pourtant utilisé et éclairé comme un décor naturel. Pour la première fois et définitivement, Rohmer adopte le son direct, plus conforme à son goût du réalisme et de l'instantané.

Le noir et blanc remplace la couleur, en accord avec l'austérité du sujet et des personnages, avec la saison (l'hiver, la neige) et avec les lieux (Clermont et ses environs).

Un dernier élément distingue *Ma nuit chez Maud* des trois Contes précédents : le recours à des acteurs professionnels et chevronnés. Rohmer envisagea en vain l'emploi d'amateurs. Il est plus aisé de trouver des étudiants ou des post-adolescents disponibles que des hommes et femmes de trente-cinq ans. En outre, le dialogue, très précis et d'autant plus abondant que le commentaire disparaît presque, supporte fort peu une quelconque adaptation aux acteurs. Le miracle, ou le pari, ici, c'est que le talent, la pratique de Vitez, Fabian et surtout Trintignant donnent à des phrases très écrites et calculées un naturel une spontanéité absolus. Chaque pause, chaque hésitation de Trintignant semblent dues à l'invention ou au caractère de l'acteur, mais correspondent à des virgules ou des points de suspension du texte original.

La seule entorse à ce principe, qui ne le contredit nullement, est le discours de Vidal en marxiste pascalien. Le scénario original s'inspirait de remarques de Lucien Goldmann, marxiste, auteur d'un essai sur Pascal et le jansénisme, *Le Dieu caché*. Lorsque Rohmer a rencontré Antoine Vitez, celui-ci s'est révélé passionné de Pascal. Il a alors récrit le passage en fonction des propos de l'acteur, lui-même communiste et metteur en scène de théâtre. Cet aspect anecdotique est révélateur de la démarche du cinéaste. Chrétien et conservateur, sans doute plus apte à transcrire ce qui se passe au cours de l'office dominical que dans une réunion de cellule, il emprunte ce qu'il ne saurait concevoir seul.

Vidal est à ce jour le seul marxiste déclaré de l'œuvre de Rohmer. Personnage éloigné de l'univers du cinéaste, mais guère plus que ceux de *La Collectionneuse,* on a discuté de sa qualité de communiste et de sa représentativité. Au lieu d'appuyer sa conviction sur la science matérialiste, il la fonde en effet sur le pari pascalien appliqué au socialisme. Mais Rohmer ne décrit jamais de personnages typiques. Vidal n'est pas *le* marxiste, mais *un* marxiste.

En outre, il n'est pas le personnage principal. Vu et raconté par le narrateur, il est son pendant dans l'équilibre de l'intrigue. L'un se dit chrétien, l'autre marxiste. Chacun est attaché à un système de valeurs, comme Maud l'est à une libre pensée de type laïque et maçonnique. De même que le spectateur peut accorder ou non un brevet de catholicisme à Jean-Louis, il peut apprécier à loisir la fidélité de chacun à ses idées ou son éducation.

Maud (Françoise Fabian) sait-elle ce qu'elle veut ?

Tel est du moins le désir du cinéaste : nous enfermer dans un piège et un labyrinthe, à l'image de ses personnages, enserrés dans des lieux clos (ville ou chambre), sans espoir de salut extérieur. Il n'y a pas de pièce contiguë chez Maud, et « où qu'on aille, dit-elle, on est toujours condamné à la province ». On perçoit pourtant des nuances importantes entre ces trois figures. Le marxiste, vrai ou faux, échoue dans son désir de posséder Maud et doit accepter les aventures comme elles viennent. En bon déterministe, il lui faut admettre que les lois de la nature et de la société sont plus fortes que les aspirations individuelles. Maud tient à sa liberté de pensée et de vie. Comment pourrait-elle ainsi réussir dans le mariage ? « J'aime les gens qui savent ce qu'ils veulent » lance-t-elle à Jean-Louis. Sait-elle justement ce qu'elle veut ? Lui, au moins, a ce qu'il a voulu.

Six contes moraux, V :
Le Genou de Claire (1970)

Production : Les Films du Losange (Barbet Schroeder, Pierre Cottrell).
Réalisation, scénario et dialogues : Eric Rohmer.
Images : Nestor Almendros, assisté de Jean-Claude Rivière et Philippe Rousselot.
Montage : Cécile Decugis, assistée de Martine Kalfon, Monique Prim.
Son : Jean-Pierre Ruh, assisté de Michel Laurent.
Continuité : Michel Fleury.
Electricité : Jean-Claude Gasche.
Machinerie : Louis Balthazard.
Photographies : Bernard Prim.
Régisseur : Alfred de Graaff.
Un film Eastmancolor, 35 mm.
Durée : 105 minutes.
Distribution en 1970 : Columbia.
Sortie à Paris : décembre 1970.
Interprétation : Jean-Claude Brialy (Jérôme), Aurora Cornu (Aurora, la romancière), Béatrice Romand (Laura), Laurence de Monagham (Claire), Michèle Montel (Mme Walter, Gérard Falconetti (Gilles), Fabrice Luchini (Vincent), Sandro Franchina (l'Italien du bal), Isabelle Pons (Lucinde en photo).

A la veille de son mariage, Jérôme, 35 ans, vient passer des vacances à Talloires, au bord du Lac d'Annecy. A peine arrivé, il retrouve une ancienne connaissance, Aurora, romancière d'origine roumaine. Elle a loué une chambre chez Mme W., une veuve qui vit avec sa fille Laura, 16 ans, Jérôme fait leur connaissance. Le lendemain, la romancière affirme à Jérôme que Laura est amoureuse de lui. Mais il déclare ne pas y prêter attention : il va épouser Lucinde, une Suédoise à qui il est lié depuis des années. Puisqu'ils n'ont pas pu se quitter malgré de multiples ruptures, ils ont décidé de vivre ensemble. Aurora trouve la situation intéressante, peut-être pour un roman qu'elle est en train d'écrire. Jérôme hésite à servir de cobaye.

D'abord dépitée en apprenant le proche mariage de Jérôme, Laura se réfugie au bord du lac où il la console. Les jours suivants, tandis qu'Aurora est absente, Jérôme accompagne Laura dans ses promenades et parle longuement avec elle. Celle-ci lui déclare préférer les hommes mûrs aux garçons de son âge, mais se dégage au premier baiser de Jérôme.

De cette aventure qu'il raconte à Aurora, Jérôme tire la conclusion que les amours de passage ne l'intéressent plus et que seule compte désormais pour lui Lucinde.

Le charme acidulé de l'adolescence (B. Romand, F. Luchini).

La fille du premier mari de Mme W., Claire, débarque pour les vacances. Elle est toute occupée de son ami Gilles et ne prête aucune attention à Jérôme. Celui-ci s'irrite de la désinvolture avec laquelle le jeune homme traite Claire et s'avoue bientôt troublé par le physique de la jeune fille, en particulier la finesse de ses attaches et surtout son genou. La romancière lui conseille d'exorciser ce trouble en posant la main sur le genou obsédant. Jérôme affirme douter de l'efficacité du remède et de la possibilité de l'acte, en raison de la froideur de la jeune fille à son égard.

De passage à Annecy, Jérôme aperçoit Gilles dans un parc en compagnie d'une autre femme qu'il est en train d'embrasser. Aurora absente, Claire demande à Jérôme de la conduire à Annecy, le même jour, en bateau. Un orage soudain les oblige à s'abriter sous un hangar. Devant l'air buté et soucieux de la jeune fille, il se décide à lui révéler ce qu'il a vu à Annecy. Les sanglots et le désarroi de Claire permettent à Jérôme de poser sa main sur le genou convoité sans être repoussé. La pluie cessant, il la raccompagne à Talloires.

A Aurora, Jérôme raconte son exploit, son acte de volonté pure et surtout sa bonne action : il a détaché Claire d'un garçon indigne d'elle.

Une fois Jérôme parti vers l'amour conjugal, la romancière observe Claire et Gilles réconciliés et s'embrassant.

C'est sur le succès des deux films précédents que Rohmer peut réaliser rapidement, presque dans la foulée, *Le Genou de Claire,* projet ancien dont une version littéraire fut publiée en 1951 dans les *Cahiers du cinéma* (n° 12), sous le titre *La Roseraie* (elle avait été écrite en collaboration avec Paul Gégauff).

L'univers de cette bourgeoisie est fait de beauté et de clarté. Ce sera donc un film en couleur, tourné en été dans un paysage splendide, celui du lac d'Annecy. Jérôme est attiré par le charme acidulé de deux adolescentes, et l'indifférence de l'une d'elles donne un goût aigre à son aventure. Ce sera donc précisément le temps des cerises. Enfin, c'est un jouisseur intellectualisant à l'envie ses sensations et ses désirs. La référence ne pourra donc être que la peinture la plus faite pour le plaisir de l'œil, l'impressionnisme : la barbe de Brialy évoque évidemment les canotiers de Renoir. Mais c'est la tendance la plus intellectualisée de l'impressionnisme, celle de Gauguin, qui domine.

« Il désirait une image à la Gauguin, raconte Nestor Almendros, dans *Un homme et une caméra.* Masses vertes, montagnes unies et

Claire (Laurence de Monagham), le genou, Jérôme (Jean-Claude Brialy) et le regard.

bleues contrastant avec le lac d'Annecy. Costumes adéquats, les acteurs s'harmonisaient avec le décor. Ils portaient aussi des tissus imprimés à fleurs qui rappelaient Gauguin. « Mais, ajoute-t-il, Rohmer a voulu éviter une surabondance de cartes potales. Nous nous sommes pratiquement limités à deux paysages pour que les personnages gardent leur primauté. Heures et lumières différentes : la variété du paysage était là. »
Le Genou de Claire fournit l'occasion d'examiner la genèse d'un Conte moral à partir d'un projet ancien. Dans *La Roseraie,* le narrateur est un homme d'affaires dérangé dans sa quiétude par deux adolescentes, Charlotte et Claire, qui jouent au tennis dans un parc voisin. Ayant opté pour le mariage « parce qu'il reste tout ce qu'il ignore de l'amour », il décide de s'accorder « un agréable badinage » avec celles-ci. Il est irrité par l'intérêt que Claire porte à un garçon de son âge, Jacques, et décide de les éloigner l'un de l'autre pour accomplir enfin une bonne action. Lors d'une leçon de piano, il pousse son offensive envers Claire : « Tout ce qui peut être caressé l'est sans faire de tort au reste. » Mais elle est trop attirée par Jacques. Au cours d'une soirée, en l'absence de celle-ci, il courtise une autre jeune fille. Au retour, notre héros amène Charlotte prendre un verre chez lui. Il en profite pour obtenir le droit d'embrasser « un coin de chair à demi recouvert par les cheveux », qu'il a remarqué depuis longtemps et qui le fascine.
Bientôt Claire est enceinte. Poussée par Charlotte, elle vient prendre conseil auprès du narrateur, qui pense un instant lui découvrir une photo qu'il a prise de Jacques avec sa nouvelle conquête. Mais quelques mots suffisent pour déclencher les larmes de la jeune fille. Notre héros en conçoit un amusement confinant au fou rire. Peu après, il apprend le suicide de Charlotte. Chagriné, il n'en éprouve pas de remords : « Je ne me sens plus la force d'être malheureux et, depuis mon mariage, c'en est fini de mes inquiétudes », conclue-t-il.
On voit à quel point le projet comportait en germe l'essentiel du *Genou de Claire*. Le fétichisme s'est déplacé du petit coin de chair sur le genou, de Charlotte (devenue Laura) vers Claire. Même la confidente existe, en la personne de la « vieille Madame de B... », une amie de longue date. Mais celle-ci n'a rien de la romancière du film. Elle tente plutôt de détourner le narrateur de son projet, excitant peut-être son goût du défi par un « je gage que vous ne réussirez pas. »
Plus significatif est l'abandon du suicide, remplacé par la scène finale qui renvoie à néant « la bonne action » de Jérôme. Cette

conclusion est d'autant plus forte qu'elle s'accorde mieux à la transformation du personnage. Dans la nouvelle, le narrateur, sûr de lui, décidé, mène à bien son projet dans la plus totale innocence, revendiquant même son droit : « Je ne demande pas d'user du droit que le désir confère, j'entends néanmoins qu'on le reconnaisse. » Quelle différence avec Jérôme, ses dénégations, sa façon de se laisser mener par Aurora, de se décharger de ses responsabilités, et surtout, de séparer le désir érotique de sa haute ambition morale ! Puisque le nom de Paul Gégauff n'apparaît plus au générique du *Genou de Claire*, est-ce la part « gégauvienne » qu'a gommée Rohmer au profit d'une perversité qui lui serait propre ?

Six contes moraux, VI
L'Amour l'après-midi (1972)

Production : Pierre Cottrell pour les Films du Losange en collaboration avec Columbia SA (France).
Réalisation, scénario et dialogues : Eric Rohmer.
Photographie : Nestor Almendros, assisté de Jean-Claude Rivière et Philippe Rousselot.
Musique : Arie Dzerliatka.
Son : Jean-Pierre Ruh, assisté de Michel Laurent.
Montage : Cécile Decugis, assistée de Martine Kalfon et Monique Prim.
Mixage : Jacques Carrère.
Electricité : Fernard Coquet
Machinerie : Albert Vasseur.
Assistants-réalisateurs : Claudine Guilmain, Lorraine Santoni, Claude Bertrand.
Photographies : Bernard Prim.
Production délégué : Barbet Schroeder.
Un film Eastmancolor 35 mm.
Durée : 98 minutes.
Distribution en 1972 : Warner-Columbia.
Sortie : 1er septembre 1972.
Interprétation : Bernard Verley (Frédéric, le narrateur), Zouzou (Chloé), Françoise Verley (Hélène), Daniel Ceccaldi (Gérard), Malvina Penne (Fabienne, secrétaire), Babette Ferrier (Martine, secrétaire), Tina Michelino (la voyageuse), Jean-Louis Livi (le camarade), Pierre Nunzi (le vendeur), Irène Skoblini (la vendeuse), Frédérique Hender (Mme M.), Claude-Jean Philippe (Mr M.),

Silvia Badesco (l'étudiante), Sylvaine Charlet (la logeuse), Danièle Malat (la cliente), Suze Randall (la nurse), Claude Bertrand (l'étudiant), Françoise Fabian, Aurora Cornu, Marie-Christine Barrault, Haydée Politoff, Laurence de Monagham, Béatrice Romand (les inconnues de la séquence de rêve).
Tout est parfaitement réglé dans la vie du narrateur, Frédéric. Il a une trentaine d'années, une femme, Hélène, et une petite fille, Ariane. Tous les matins, le même train le conduit de son appartement de la banlieue ouest à la gare Saint-Lazare près d'où se trouve son bureau. Avec son associé Gérard, il a fondé un petit cabinet d'affaires qui emploie deux secrétaires et semble prospère. Depuis qu'il est marié, il aime regarder les femmes et les trouve toutes jolies, ne sachant plus selon quels critères il en évaluait autrefois la beauté. D'ailleurs, il ne se souvient plus très bien de ce qui l'avait séduit dans celle d'Hélène.
Il aime travailler seul au bureau à l'heure du déjeuner et sortir en début d'après-midi, prendre un repas froid et flâner dans les rues et les magasins. Un jour, il décide d'acheter un pull et emporte la chemise en cachemire qu'une vendeuse habile, feignant l'indifférence, lui fait essayer. Un autre, il détaille les femmes qu'il croise, satisfait d'éprouver son charme dans leur regard. Parfois, il s'imagine possesseur d'un petit appareil magique capable d'annihiler toute volonté étrangère : il en vérifie les effets auprès de six passantes, parmi lesquelles on reconnaît les héroïnes des trois précédents Contes moraux. Seule la dernière lui résiste, à son grand désarroi.
C'est au milieu de ce confort moral que surgit Chloé, une jeune femme qui avait eu une liaison orageuse avec son meilleur ami, Bruno. A leur rupture, Bruno avait même tenté de se suicider. Chloé affiche une totale liberté dans ses mœurs comme dans son habillement. Pour l'heure, elle est barmaid dans une boîte de nuit et vit, faute de mieux, avec l'un des patrons. Frédéric l'accueille froidement, craignant qu'elle n'envahisse sa vie, et refuse de la prendre comme secrétaire ou comme nurse du second enfant qu'attend Hélène. Chloé ne lui en tient pas rigueur et offre même des vêtements pour les enfants. Peu à peu, il devient son confident. Lorsqu'elle cesse de se manifester pendant quelques jours, il en éprouve du dépit.
Elle réapparaît pour lui demander de l'accompagner chez une femme à qui elle loue une chambre, ayant rompu avec son patron, puis chez ce dernier, absent, pour y reprendre ses effets. Ayant trouvé du travail dans un restaurant, elle n'est plus libre l'après-

Frédéric : ni catholique, ni dandy, ni séducteur (Bernard Verley).

midi et convainc Frédéric de prétexter une conférence-dîner pour l'accompagner à un rendez-vous qui devrait lui procurer un travail plus intéressant. Mais le jour même elle annule le rendez-vous, obligeant Frédéric à mentir de nouveau pour justifier son retour inopiné.

Celui-ci est d'autant plus vexé que Chloé disparaît quelque temps. A son retour, elle lui apprend qu'elle a pris des vacances avec celui qu'elle devait lui présenter, avant de le plaquer.

Entre-temps, l'enfant de Frédéric est né : un garçon prénommé Alexandre. Notre narrateur se force à prendre son rôle de père au sérieux et n'éprouve aucun intérêt pour les autres femmes, pas même une gouvernante blonde au pair qui s'exhibe fréquemment dans le plus simple appareil. Chloé lui confie son désespoir et affirme qu'il est le seul élément la raccrochant à la vie. Par hasard, il lui procure une place de vendeuse dans un magasin de vêtements.

Un lundi, il l'aide à ranger le magasin et à essayer des robes. Elle lui confie son désir d'avoir un enfant dont il serait le père. Se voyant de plus en plus engagé, Frédéric se rend dans le nouveau studio de Chloé dans l'intention avouée de faire le point sur leurs

Hélène, l'épouse (Françoise Verley) (Coll. D. Rabourdin).

relations. Il la trouve sous la douche et, sur le point de céder au désir de la jeune femme, se ravise soudainement et prend la fuite. De retour au bureau, ne sachant que faire, il décide de rentrer chez lui au beau milieu de l'après-midi et en avertit Hélène. Là, il avoue son amour à sa femme qui, troublée, éclate en sanglots. Elle même a-t-elle une vie parallèle, comme l'avait un jour suggéré Chloé ? Elle l'avait, disait-elle, rencontrée un jour dans Paris en compagnie d'un autre homme... Pour une fois, en tout cas, Frédéric et Hélène feront l'amour l'après-midi.

L'Amour l'après-midi est incontestablement le moins séduisant des Contes moraux. La musique du générique, synthétique, comme composée à l'ordinateur, nous avertit : nous sommes dans un univers où l'individu n'est qu'un élément dans la multitude, où ses aspirations à l'amour et à la beauté se heurtent au fonctionnel et au technologique.

Le sixième Conte est aussi la réalisation la plus classique d'Eric Rohmer. Décors naturels et studios s'y partagent les sept semaines de tournage. « Tourné dans un style mobile et nerveux » précise Nestor Almendros (*Un homme à la caméra*), le film « utilise de nombreux décors : cafés, boutiques de mode, grands magasins, bureaux, appartements modernes, escaliers... Il s'agissait de décors délibérément quotidiens, parfois ingrats ; ainsi s'estompait l'aspect esthétique ramené à sa vrai place. Les cadrages et les éclairages restaient dans une ligne réaliste, discrète, sans rien souligner (...) Tirer parti de la laideur n'est pas chose aisée ; l'environnement était souvent banal, voire hideux ». Il conclut : « *L'Amour l'après-midi* ne m'a pas demandé de prouesses photographiques ».

Que l'accueil critique ait été partagé n'étonnera pas. A l'ingratitude du décor s'ajoutent la mollesse morale et physique du héros, ainsi que l'apparent conformisme de l'intrigue. Mari, femme et maîtresse se partagent la scène, avec, en point de fuite, le triomphe de la légitimité conjugale.

A l'évidence, cette conclusion en point d'orgue, non seulement de ce film mais de la série des Contes moraux, étonne, irrite, déçoit. Tout ce chemin, pour en arriver là ? Comment, pourtant, prendre au pied de la lettre un cheminement dont les autres Contes ont montré les détours et les surprises ? Rohmer estimait que la série s'éclairerait en atteignant son terme, levant certaines ambiguïtés. Le malentendu qui accueillit *L'Amour l'après-midi* le confirme : chacun des Contes ne peut-être envisagé isolément. Il ne prend sens que par rapport aux autres.

Chloé, la tentatrice (Zouzou).

La séquence où Frédéric s'imagine en séducteur irrésistible face aux héroïnes des précédents Contes, n'indique pas seulement la conclusion de la série. Par cette séquence subjective, exceptionnelle dans son œuvre, Rohmer propose une métaphore du cinéma, machine à réaliser les désirs les plus fous. Frédéric est ici désigné moins comme metteur en scène qu'en tant que spectateur, notre double et représentant dans les Contes moraux. Petit bourgeois perdu dans la masse, il n'a aucune des caractéristiques qui donnaient aux autres narrateurs leur pointe d'originalité : ni catholique pratiquant malgré une croix sous son pull, ni artiste-dandy, ni diplomate, ni séducteur.

Au lieu de nous projeter dans Jean-Louis, Adrien ou Jérôme et de jouir du spectacle de leur marivaudage ou libertinage, nous voici confrontés à notre propre image. En le regardant tenté par Chloé, c'est nous que nous voyons face à Maud, Haydée ou Claire. Cet anti-héros, anti-séducteur, incapable de tenir la moindre de ses décisions, nous ferait prendre la fuite, s'il ne s'en chargeait lui-même.

Il est significatif que *L'Amour l'après-midi* présente les premières nudités de l'œuvre de Rohmer. Pour la première fois, narrateur et spectateur sont confrontés au corps de leur désir. Le détour

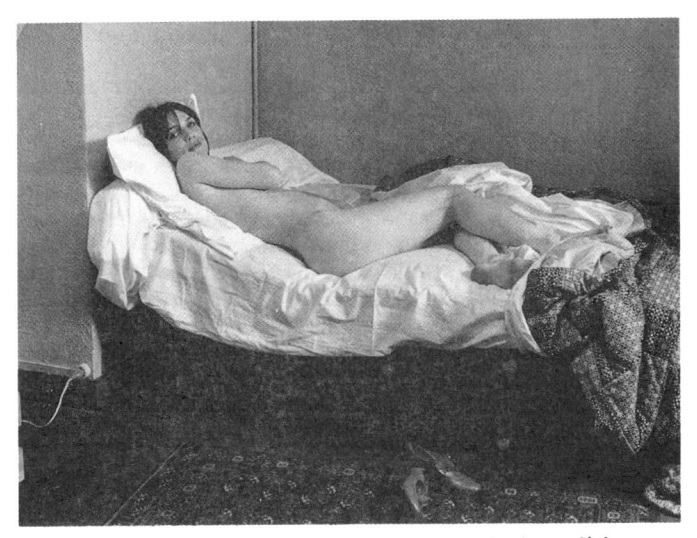

Narrateur et spectateur confrontés au corps de leur désir

intellectuel, l'alibi libertin, le prétexte moral s'effondrent. Faut-il s'étonner que la fuite de Frédéric soit la plus brutale et la plus longuement décrite, tant des Contes que des Comédies ?
Quelques détails devraient nous détourner d'une lecture trop terre-à-terre. Lorsque Frédéric est sur le point de succomber à Chloé, on le voit commencer à enlever son pull-over devant un miroir, puis se raviser. Si le cinéaste avait voulu présenter cette décision comme un retour à la vérité − ce rôle de père qu'il veut assumer et refuse en même temps − aurait-il continué à filmer son départ en reflet, en image virtuelle ? Dérogeant ensuite au principe de filmage à hauteur d'homme, aurait-il saisi sa fuite par une plongée sur la cage d'escalier qui le montre s'enfonçant dans les profondeurs et les ténèbres ? Si Rohmer ne juge pas ses personnages, il pointe néanmoins cruellement, par sa mise en scène, l'ambiguïté de leur comportement.

Ville nouvelle (1975)

Production : ORTF. Série de quatre émissions diffusées sur TF 1 du 1er août au 22 septembre 1975.
Durée : 53 minutes par émission.

De l'enfance d'une ville comme Cergy-Pontoise aux logements à la demande en passant par la diversité du paysage urbain, Rohmer explore les différents aspects de l'architecture contemporaine, économiques, techniques, esthétiques et pratiques.

« J'ai tout simplement voulu montrer, explique-t-il à un journaliste du *Matin,* comment des groupes d'architectes élaborent ce que seront ou non les constructions de demain. Montrer leur processus de création. Autour de quelles idées ils cherchent. Qu'importe s'ils parlent bien ou mal, ou trop longuement : c'est la conception qui est capitale. On parle toujours au sujet de l'architecture des pouvoirs de l'argent et du gouvernement, on prend les fameuses tours comme exemple, mais si un architecte, un jour, n'avait pas conçu une tour, elles n'existeraient pas. L'ignorance et la passivité des gens sont souvent dues à cet élémentaire manque d'information et pourtant, dès que l'on parle d'architecture, quelle passion (...) Le « grand public », ce n'est pas ma longueur d'onde, alors j'ai fait ces quatre émissions comme cela m'intéressait, c'est-à-dire axées sur la recherche et même la théorie de la recherche : le spéculatif (...) J'aimerais davantage mettre le cinéma au service de l'architecture Promener une caméra à l'intérieur d'une maquette comme cela s'est fait chez certains architectes : quel outil de travail ! Et puis l'architecture et le cinéma se ressemblent par l'immensité des moyens mis en œuvre pour créer quelque chose. »

La Marquise d'O... (1976)
(Die Marquise von O...)

Production : Janus Film (Klaus Hellwig), Les Films du Losange (Barbet Schroeder), Gaumont, Artemis, United Artists.
Réalisation, scénario et dialogues : Eric Rohmer, d'après la nouvelle de Heinrich von Kleist.
Images : Nestor Almendros, assisté de Jean-Claude Rivière, Dominique Le Rigoleur, Bernard Auroux.
Musique : Roger Delmotte (improvisation sur des airs prussiens de 1804).
Montage : Cécile Decugis, assistée d'Annie Leconte.
Son : Jean-Pierre Ruh, assisté de Louis Gimel.
Mixage : Alex Pront.
Décors : Roger von Möllendorff.
Ensembliers : Rolf Kaden, Halo Gutschwager.
Costumes : Moidele Bickel, assistée de Dagmar Niefind.
Accessoires : Bernhard Frey, Hervé Grandsart.

Lumière et machines : Jean-Claude Gasche, Georges Chrétien.
Effets spéciaux : Angelo Rizzi, André Treilli.
Scripte : Marion Müller.
Photographe : Roswitha Hecke.
Directrice de production : Margaret Menegoz, assistée de Jochen Girsch et Harald Vogel.
Un film Eastmancolor 35 mm.
Durée : 107 minutes.
Distribution en 1976 : Gaumont.
Sortie : 18 mai 76 (Cannes), 26 mai 76 (Paris).
Interprétation : Edith Clever (la Marquise), Bruno Ganz (le Comte), Peter Luhr (le père), Edda Seippel (la mère), Otto Sander (le frère), Ruth Drexel (la sage-femme), Eduard Linkers (le médecin), Bernhard Frey (Léopardo), Ezzo Huber (le portier), Erich Shashinger (le général russe), Richard Rogner (l'officier russe), Thomas Strauss (le courrier), Volker Frächtel (le prêtre), Mario Müller, Heidi Möller (femmes de chambre), Petra Meier, Manuela Mayer (enfants), Eric Rohmer (un officier). Ce film a obtenu le Prix spécial du Jury du Festival de Cannes 76, ex-aequo avec « Cria Cuervos », de Carlos Saura.

Des valeurs morales qui n'ont plus rien d'universel (B. Ganz, E. Clever, E. Seippel).

L'action commence dans une auberge où quelques bourgeois commentent en riant une étrange annonce insérée dans le journal local par la Marquise d'O... Un flash-back nous ramène en 1799, au moment où Souvarof entre en Italie. Le lieu de l'action semble être la Lombardie. La Marquise d'O... est une veuve dont le père commande une place de guerre. Cette place est emportée d'assaut par les Russes. Tandis que la soldatesque se prépare à faire subir les derniers outrages à la Marquise, un lieutenant-colonel russe, le comte F..., l'arrache de leurs mains, l'emporte dans une aile du château qui n'était pas encore la proie des flammes, et là, profitant d'un évanouissement, la viole. Mais la marquise, qui n'a pas conscience de cet acte, le regarde comme son sauveur. Elle regrette de ne pouvoir lui exprimer sa reconnaissance, car les Russes partent aussitôt de la ville, sans qu'elle ait pu le revoir, et bientôt même on apprend qu'il est mort dans un combat. Cependant la marquise ressent des malaises, et déclare à sa mère que, si une femme lui disait éprouver les sensations qu'elle-même ressent, elle la croirait enceinte. Sur ces entrefaites, le comte reparaît, et, après avoir affirmé qu'il est bien vivant, demande la main de la marquise et la prie de lui donner une réponse sur le champ. Comme la famille, justement étonnée de cette précipitation, lui dit qu'il faut au moins donner à la marquise le temps de le connaître, il déclare qu'il renonce à accomplir une mission dont on l'a chargé pour Naples, et qu'il restera jusqu'à ce qu'elle se soit décidée. Cet acte pouvant le faire casser, la marquise, sans répondre oui, s'engage à ne pas en épouser un autre avant son retour, et le comte part. Cependant les douleurs de la Marquise se renouvellent. Un médecin, puis une sage-femme déclarent qu'elle est effectivement enceinte. Mais comme la marquise soutient qu'elle n'a eu de rapport avec aucun homme, toute la famille, père, mère, frère, outrés d'une impudence qui aggrave sa faute, la chassent du logis. Elle se retire avec ses enfants dans ses terres. Là, elle prend la solution de vivre dans la retraite ; mais, ne voulant pas que l'enfant qu'elle porte demeure sans père, elle fait annoncer par les journaux qu'elle est devenue enceinte à son insu, qu'elle prie le père de l'enfant qui doit naître de se déclarer, et qu'elle est décidée à l'épouser pour des raisons de famille. Cependant le comte, à son retour, apprend du frère ce qui s'est passé. Il se rend dans les terres de la marquise et lui renouvelle sa demande, mais elle s'échappe sans vouloir l'écouter. Il retourne à la ville. Là, on lui montre l'annonce parue dans le journal. Le lendemain, le même journal publie la réponse : si la marquise veut se trouver, le 3, chez son père, celui qu'elle cherche viendra se jeter à ses pieds. La mère, ébranlée dans ses soupçons, va trouver sa fille, et, par ruse, se convainct qu'elle est parfaitement innocente et qu'elle a dit la vérité. Elle la ramène à la ville, où le père, qui s'était montré dur et l'avait menacée d'un pistolet, lui demande pardon en pleurant. Le jour venu, à l'heure dite, on voit se présenter l'officier russe. La marquise épouvantée le repousse, déclare que c'est le diable en personne et qu'elle ne peut l'épouser. Cependant le père décide sa fille à tenir sa promesse sous cette condition : son mari renoncera à ses droits d'époux. Le mariage est célébré ; mais, aussitôt après la cérémonie, les deux conjoints se séparent ; le comte loue un appartement en ville, la comtesse demeure chez son père. La conduite irréprochable de l'officier russe le rachète peu à peu aux yeux de la famille. On l'invite au baptême de l'enfant. Le rapprochement s'opère, et enfin, après une année de purgatoire, la comtesse, se jette dans ses bras, en lui disant qu'elle ne l'aurait pas pris pour un diable, si le jour de la bataille il ne lui était apparu comme un ange. Une longue suite de jeunes russes succèdent au premier... (Résumé extrait du *Press-book* du film).

Après la série des Contes moraux, Rohmer était catalogué comme entomologiste des mœurs du siècle. Est-ce seulement par goût d'échapper à son image de marque qu'il choisit de se tourner vers un film historique en costumes ? Si ce n'est pas la seule explication, on ne saurait la négliger.

Un double défi anime en effet *La Marquise d'O...* Le premier consiste à réaliser un film historique réputé coûteux, dans le cadre d'un système de production toujours modeste, malgré une co-production allemande et les participations, entre autres, de Gaumont et United Artists. Le tournage a eu lieu en Allemagne, au château d'Obernzen, alors abandonné dans l'attente de crédits pour sa restauration. Souci de décor authentique ? Certes, mais avec quelques entorses. La même pièce sert, en variant mobilier et couleur, à trois décors : le salon familial, la chambre de la Marquise, et même l'intérieur de la maison de campagne où elle se réfugie.

D'autre part, la nouvelle de Kleist se passe en Haute-Italie et non en Allemagne. Mais, précise le réalisateur (*Ecran 76,* n° 47) « c'est une Italie complètement fictive (...) ce qui était intéressant, ce n'était pas le lieu mais cette époque qui était une époque française.

A cause de la Révolution, et du mouvement des idées, mais aussi de la mode intellectuelle qui venait de France, la « mère des élégances » d'alors. Etant français, il m'a ainsi été très facile de concevoir le décor de ce film, de reconstituer cette époque sans me soucier du lieu réel, mais en m'inspirant de la culture française du moment. »

Autre défi, dont on a beaucoup parlé, le respect fidèle et absolu du texte de Kleist afin, non de le moderniser, mais de le rendre à son temps. On sait quels légers coups de pouce le cinéaste a apportés au texte initial : le viol de la Marquise est introduit par un fondu au noir correspondant aux points de suspension de la nouvelle, et son évanouissement devient sommeil, par une tisane de pavot administrée par une servante. Simple souci de vraisemblance cinématographique et contemporaine. Enfin le rêve du cygne est déplacé sur la dernière scène afin de donner un caractère dramatique et dynamique à un finale qui chez Kleist, n'était que de l'ordre du récit.

La Marquise d'O... apparaît bien à la fois comme septième Conte et annonce des Comédies et proverbes. Au premier groupe, il

L'itinéraire intérieur de la Marquise (Edith Clever).

Des êtres qui vivent leurs plus intimes réactions selon les codes d'un « naturel » précisément situé (Peter Lühr et Edda Seippel).

emprunte son caractère littéraire et romanesque. Le film se déroule en majeure partie en flash-back, fidèle en cela à la nouvelle. L'aventure de la Marquise est introduite par un prologue situé dans une auberge où quelques bourgeois se gaussent de l'annonce qu'elle a fait publier dans la gazette locale : « La soussignée fait savoir qu'à son insu elle s'est trouvée enceinte. Le père de l'enfant qu'elle va mettre au monde est prié de se présenter. Nous sommes pour des raisons de famille décidés à l'épouser. »

La Marquise d'O... peut se lire comme l'itinéraire intérieur d'une femme en conflit avec ses principes moraux. Son trajet consiste à ajuster son comportement à une éthique rigoureuse. On voit aussi s'amorcer les thèmes qui constitueront les Comédies et proverbes. L'héroïne se bat moins contre elle-même que contre son entourage. Son dilemme est plus d'ordre pratique que moral. Une fois le trajet accompli et admis dans sa conscience que l'ange salvateur est aussi le démon de la chair, elle doit en faire accepter les conséquences pratiques aux membres de sa famille. Les valeurs morales n'ont plus rien d'universel, elles ne sont que l'apanage d'une classe minoritaire. Le rire gras des bourgeois du prologue est à cet égard significatif.

Que la Marquise ait plus à affronter le monde extérieur que sa propre conscience ouvre une nouvelle dimension : celle de la théâtralité. Les acteurs de *La Marquise d'O...* viennent du théâtre, même si Bruno Ganz ou Edith Clever sont connus du public français pour leurs prestations cinématographiques. Issus de la Schaubühne de Berlin ou du Kammerspiele munichois, leur expérience était nécessaire pour camper ces êtres en représentation, vivant leurs plus intimes réactions selon les codes d'un « naturel » précisément situé dans l'espace et le temps.

Perceval le Gallois (1978)

Production : les Films du Losange (Barbet Schroeder), en coproduction avec FR 3, en coopération avec ARD, SSR, RAI, Gaumont, (France).
Réalisation, scénario, adaptation et dialogues : Eric Rohmer, d'après le texte de Chrétien de Troyes, traduit par E. Rohmer.
Images : Nestor Almendros, assisté de Jean-Claude Rivière et Florent Bazin.
Musique : Guy Robert, d'après des airs des XIIe et XIIIe siècles.
Décors : Jean-Pierre Kohut-Svelko, assisté de Pierre Duquesne et Hubert Devarine.

Costumes : Jacques Schmidt, assité de Patrick Aubligine et Emmanuel Peduzzi.
Montage : Cécile Decugis, assistée de Jil Rex.
Son : Jean-Pierre Ruh, assisté de Jacques Pibarot et Louis Gimel.
Mixage : Dominique Hennequin.
Bruitage : Jonathan Liebling.
Chef électricien : Jean-Claude Gasche.
Chef machiniste : Georges Chrétien.
Coiffeur : Daniel Mourgues.
Maître de chevaux : François Nadal.
Maître d'armes : Claude Carliez.
Assistant-réalisateur : Guy Chalaut.
Directrice de production : Margaret Menegoz.
Un film Estmancolor tourné en 35 mm aux studios d'Epinay.
Durée : 138 minutes.
Distribution : Gaumont.
Sortie : octobre 78 (Festival de Paris) ; 7 février 79 (Paris).
Interprétation : Fabrice Luchini (Perceval), André Dussolier (Gauvain), Pascale de Boysson (la Veuve Dame), Clémentine Amouroux (la Pucelle de la Tente), Jacques Le Carpentier (l'Orgueilleux de la Lande), Antoine Baud (le chevalier Vermeil), Jocelyne Boisseau (la Pucelle qui rit), Marc Eyraud (le Roi Arthur), Gérard Falconetti (le Sénéchal Ké), Raoul Billerey (Gornemant de Goort), Arielle Dombasle (Blanchefleur), Sylvain Levignac (Anguingueron), Guy Delorme (Clamadieu des Iles), Michel Etcheverry (le Roi pêcheur), Coco Ducados (la demoiselle Hideuse), Gilles Raab, Marie-Christine Barrault (la Reine Guenièvre), Jean Boissery (Guingambrésil), Claude Jaeger (Thiébaut de Tintaguel), Frédérique Cerbonnet (la fille aînée de Thiébaut), Anne-Laure Meury (la Pucelle aux petites manches), Frédéric Norbert (le Roi d'Escavalon), Christine Lietot (la sœur du Roi), Hubert Gignoux (l'Ermite), et le chœur : Solange Boulanger, Catherine Schroeder, Francisco Orozco, Deborah Nathan, Jean-Paul Racodon, Alain Serve, Daniel Tarare, Pascale Ogier, Nicolai Arutene, Marie Rivière, Pascale Gervais de Lafond.

I. Les cinq chevaliers
Ayant perdu son époux et deux fils dans les combats, la mère de Perceval l'a élevé dans l'ignorance de la chevalerie. Lorsqu'il rencontre un jour cinq chevaliers, il les prend pour Dieu entouré de ses anges. Il décide alors de se rendre à la cour du roi Arthur pour être fait chevalier.

Sa mère ne peut le retenir et lui donne quelques conseils : porter secours aux demoiselles, se contenter d'un baiser en échange, rechercher la compagnie des prud'hommes, aller prier à l'église.

II. La Pucelle qui dort

Sous une tente splendide, Perceval trouve une pucelle, la réveille et l'embrasse de force, suivant le conseil maternel, puis se précipite sur la nourriture. A son retour, l'ami de la demoiselle, l'Orgueilleux de la Lande, la trouve en larmes, se croit trompé et la condamne à le suivre sans changer de vêtements jusqu'à ce qu'il ait châtié le coupable.

III. Arthur, la Pucelle qui rit, le Chevalier Vermeil

Perceval fait une entrée fracassante et ridicule à la cour d'Arthur, provoquant l'hilarité d'une pucelle qui avait cessé de rire depuis six ans. Furieux, le Sénéchal Ké la gifle. Le roi ne veut pas armer Perceval chevalier sur le champ. Celui-ci provoque le Chevalier Vermeil, qui a ravi à Arthur une coupe d'or et insulté la reine Guenièvre. Il le tue, revêt son armure et envoie l'écuyer Yonnet rapporter la coupe au roi et dire à la pucelle qu'elle sera vengée.

IV. Gornemant de Goort

Dans un château voisin, un prud'homme, Gornemant de Goort, lui apprend le maniement des armes et l'arme chevalier. Il lui prodigue les conseils de la chevalerie : faire grâce à l'ennemi vaincu, secourir la veuve et l'orphelin, prier Dieu et ne pas trop parler.

V. Blanchefleur

La ville de Beaurepaire est assiégée et menacée de famine. La châtelaine Blanchefleur, demoiselle d'une grande beauté, lui fait l'honneur d'un repas frugal et vient le trouver en pleurs dans sa chambre pour lui demander de combattre l'assaillant, Clamadieu des Iles. Perceval l'invite à s'étendre auprès de lui et ils s'endorment dans les bras l'un de l'autre.

Le lendemain, il défait le Sénéchal Anguigueron et Clamadieu, leur fait grâce et les envoie à la cour.

VI. Le roi Pêcheur et le Graal

Se souvenant de sa mère, Perceval quitte Blanchefleur pour la chercher. Le soir, le château du roi Pêcheur surgit des brumes, tel une vision. Paralytique à la suite d'une blessure, le roi le régale d'un festin, pendant lequel Perceval voit passer un étrange cortège : un jeune homme porte une lance qui saigne, une demoiselle un Graal, plat d'or et de lumière. Se rappelant le conseil de discrétion du prud'homme, il ne pose aucune question.

VII. La demoiselle Hideuse
A son réveil, le château est vide. Lorsqu'il le quitte, il s'estompe comme il était apparu, remplacé par une créature hideuse qui lui reproche son silence : s'il avait parlé, le roi aurait été guéri. Désormais, Perceval est condamné à errer de longues années et à ne retrouver le manoir maternel qu'après la mort de sa mère.

VIII. L'Orgueilleux de la Lande
Il rencontre une pucelle vêtue de loques, le visage enlaidi par les larmes. C'est la Demoiselle de la Tente. L'Orgueilleux surgit, mais Perceval le défait et l'envoie à la cour, porter message à la Pucelle qui rit. Arthur, émerveillé par les prouesses du chevalier, part à sa recherche, suivi de sa cour.

IX. Les trois gouttes de sang
Un matin d'hiver, Perceval se perd dans la contemplation de trois gouttes de sang laissées sur la neige par un oiseau blessé. Ces taches lui rappellent le teint frais de Blanchefleur. Le roi et ses compagnons l'aperçoivent. Arthur dépêche Sagremor et le sénéchal Ké, que Perceval renverse d'un coup de lance. Gauvain seul pressent la noblesse de la pensée qui occupe l'inconnu et le sort doucement de sa rêverie. Ils tombent dans les bras l'un de l'autre. Perceval est reconnu et nommé. Il a vengé la pucelle qui rit en faisant tomber Ké. Sans un mot d'adieu, il repart. Surgit alors Guingambrésil qui accuse Gauvain de félonie et lui lance un défi : le combat est fixé à quarantaine, devant le roi d'Escavalon.

X. La Pucelle aux petites manches
Gauvain tient à se réserver pour ce combat qui sauvera son honneur. Devant un château où se déroule un tournoi, il est pris pour un marchand et victime des railleries de la fille aînée du châtelain. La cadette, la Pucelle aux petites manches, jalouse de sa sœur, demande à Gauvain de porter ses couleurs. Il accepte et sort vainqueur du tournoi.

XI. La révolte de la commune
A l'approche de la ville d'Escavalon, Gauvain croise le seigneur du lieu qui l'enjoint de demander l'hospitalité à sa sœur. La ville connaît une intense activité économique. La demoiselle est charmante et le chevalier échange avec elle de tendres baisers. Mais un chevalier reconnaît en lui le meurtrier du roi d'Escavalon, père de la demoiselle. La commune toute entière s'élance à l'assaut du château. Gauvain est sauvé par l'intervention du jeune roi, de retour de la chasse et fidèle à la règle de l'hospitalité.

XII. Le Vendredi Saint
Perceval a erré cinq ans et oublié Dieu. Il croise une troupe de pèlerins qui lui parlent de la mort du Christ et du Vendredi-Saint. Un ermite lui révèle sa faute : le chagrin occasionné à sa mère, dont elle est morte. Conscient de sa faute il a une vision qui lui révèle le mystère du Graal : le plat contenait une hostie que l'on portait à un vieillard, saint et ascète, dont c'était la seule nourriture. L'ermite l'enjoint de faire pénitence et d'aller à l'église prier Dieu. Dans la chapelle, se célèbre l'office du Vendredi-Saint. Une suite de tableaux vivants représente la Passion du Christ. Le comédien qui joue Perceval y tient le rôle du Fils de Dieu.
Puis Perceval s'éloigne à cheval sur la lande.
Perceval est à ce jour le budget le plus élevé de l'œuvre de Rohmer (7.800.000 F). Ce qui est pourtant peu pour un film historique en studio. L'explication en est simple. Les deux rôles principaux ont été confiés à un acteur au talent et au charme réels, mais qui n'était pas encore une vedette, André Dussolier, et à un quasi inconnu, Fabrice Luchini (Rohmer l'avait utilisé dans *Le Genou de Claire* et apprécié dans *Et Vincent mit l'âne dans un pré*, de Pierre Zucca). Le décor est un ensemble unique, construit dans un studio de forme elliptique. Il présente les avantages d'une certaine économie (tous les éléments sont inclus dans cet ensemble), et d'une correspondance esthétique avec l'art roman.
L'espace à deux dimensions des miniatures et des bas-reliefs est un espace courbe où les formes se plient aux contours du cadre, lettrines et manuscrits ou tympans d'églises. « Cette courbure du plan vertical, explique Rohmer (entretien figurant dans le *Press-book* du film), à laquelle rebute le réalisme foncier de la prise de vue cinématographique, je l'ai transposée sur le plan horizontal. C'est la troisième dimension que j'ai essayé de « courber », mais de façon dynamique et non plus statique. Sur le sol du studio (...), les différents trajets possibles sont incurvés. Dans cet espace non euclidien, la courbe devient le plus court chemin d'un point à un autre (...) Dans *Perceval*, n'est arbitrairement incurvé que ce qui se déplace et bouge : c'est-à-dire les trajets et certains gestes. Les formes et les attitudes restent naturelles. »
S'il est donc exact que le mode de représentation de Perceval est inspiré et imité de l'art des XIIe, XIIIe siècles, c'est toujours en respectant les règles de l'art majeur du XXe, le cinéma. Ainsi, nombre d'éléments relèvent d'une stylisation : les arbres, les maisons et châteaux, les intérieurs incurvés comme la nef d'une église romane, etc. Mais d'autres apportent la note de réalisme

Gauvain (André Dussolier), le chevalier accompli, pris pour un marchand.

quasi ontologique. Les chevaux sont de vrais chevaux. A la convention des paysages s'oppose la vérité des costumes : « La résistance et le poids des tissus jouent un grand rôle, précise Rohmer (...) Même si cela a énormément gêné les comédiens, je crois que, au cinéma, l'on peut se permettre de styliser d'un côté si, d'autre part, la vérité est serrée de près. En cela je suis disciple de Bazin qui faisait observer que, dans *La Passion de Jeanne d'Arc,* on voyait un morceau de terre dans un décor totalement abstrait. « C'est la terre, disait Bazin, qui fait que cela devient du cinéma. » Je crois que dans ce film dont les décors sont complètement artificiels, où aucun air ne circule entre les feuilles, où aucun frémissement n'agite la nature, il fallait introduire des objets dont l'existence matérielle et en particulier le poids deviennent parfaitement évidents. »

Ce souci de précision réaliste et historique peut être poussé jusqu'à la manie : « La façon dont les gens sont habillés dans *Perceval* est plus proche des années 1160 que 1180, date à laquelle le roman a été composé, car 1180 représente un tournant en ce qui concerne la mode vestimentaire. C'est à ce moment que les longues manches des femmes se rétrécissent, que le heaume, qui était pointu et conique, commence à devenir cylindrique. En ce qui concerne les armes, l'évolution est plus lente (...). L'épisode de La Pucelle aux petites manches n'a de sens qu'à une époque où les femmes portaient de longues manches. Là, j'ai dû faire des recherches pour exactement savoir ce que ça voulait dire, car je n'ai pas consulté de spécialistes, sauf pour les écus. En fait, ce qu'on appelait « manches » désignait plutôt « les manchettes » (du latin « manica » qui veut dire « main, gant et la partie qui recouvre la main ») et quand les dames donnaient leur « manche », ça ne veut pas dire qu'elles donnaient leur « manche » jusqu'à l'épaule – d'ailleurs les manches n'étaient pas cousues à l'épaule, c'étaient des manches raglans – mais ce qui pendait à la manche, la manchette qui élargissait la manche » (*Cinéma 79*, n° 242).

Le rôle du décorateur fut donc important. Jean-Pierre Kohu-Svelko fut présenté à Rohmer par Truffaut avec qui il avait travaillé. « Je me suis parfaitement entendu avec lui, précise le cinéaste. Ce n'est pas un érudit connaissant parfaitement le Moyen Age, mais il a compris tout de suite. Je crois même que ça l'a servi : il ne s'est pas embarrassé de détails, il a foncé. Maintenant si vous voulez savoir plus précisément la part qui lui revient et la mienne, la conception générale du lieu est de moi, y compris la forme des arbres, qui choque tant certains. »

Cette nouveauté dans le travail de Rohmer ne fut pas sans poser quelques problèmes à son fidèle Almendros, d'autant que des restrictions du budget ramenèrent le tournage des quatorze semaines prévues à sept. Fait exceptionnel, au début, plusieurs prises durent être refaites pour trouver enfin le bon éclairage. L'enregistrement du son, direct évidemment, devait être d'une qualité parfaite. Textes et chants furent répétés pendant un an et, à la veille du tournage, l'équipe technique put assister à une répétition générale, en continuité, comme au théâtre.

Contrairement aux prévisions du réalisateur, le public suivit mal son cheminement. Mais l'échec financier quant aux recettes-salle, fut compensé par la ventes aux télévisions étrangères. Co-produit par Gaumont, FR 3, des chaînes allemandes et italiennes, *Perceval* a en outre obtenu une Avance sur recettes du Centre national de la cinématographie.

Comme *La Marquise d'O...*, *Perceval* est un lien entre la série des Contes moraux et celle des Comédies et proverbes. Le film annonce celle-ci par son essence théâtrale et nombre de comédiens, parfois débutants, se retrouveront dans les Comédies :

La forme des arbres qui choque tant... (Fabrice Luchini).

Fabrice Luchini, André Dussolier, Arielle Dombasle, Pascale Ogier, Anne-Laure Meury... *Perceval* enfin, achève la série des Contes moraux dont il constitue aussi une sorte de modèle. *Perceval* est « un mythe qui m'a toujours été très cher et il a été parmi mes sources d'inspiration plus que le XVIIIe siècle (...) Perceval est un Conte moral dans la mesure où il dit : « Inutile que je vous conte mes combats, ce qui m'intéresse, c'est de montrer comment Blanchefleur séduira Perceval et comment Perceval arrivera à être un vrai chevalier. » Cette façon de raconter les choses est un Conte moral » (*La Nouvelle critique,* n° 123).

Perceval marque par ailleurs la transition géométrique entre les Contes, symbolisés par la circularité (et dans le cours desquels se situe la réalisation de *Place de l'Etoile*), et les Comédies, ensemble décentré ou à centres multiples : le plateau de *Perceval* est en ellipse, c'est-à-dire une figure géométrique à deux foyers ou centres.

Catherine de Heilbronn (1979)

Pièce de Heinrich von Kleist, écrite en 1807 et représentée pour la première fois à Vienne en 1810.

Montée à la Maison de la Culture de Nanterre du 9 novembre au 8 décembre 1979.
Mise en scène et traduction : Eric Rohmer.
Décors : Yannis Kokkos.
Costumes : Yannis Kokkos et Nicole Géraud.
Co-production : Festival d'automne, Les Films du Losange, Maison de la Culture de Nanterre.
Un enregistrement vidéo de cette pièce a été réalisé par Eric Rohmer et diffusé sur Antenne 2 le 6 août 1980 à 20 h 35.
Interprétation : Jean Boissery (Otto von der Fluehe, Georges de Walsdstaeten, le Rhingrave de Stein), Daniel Tarrare (Hans von Baerenklau et l'Empereur), Gérard Falconetti (Wenzel von Nachtheim, Eginhardt von der Wart), Jean-Marc Bory (Théobald Friedeborn), Pascal Greggory (Frederic Wetter, Comte de Strahl), Pascale Ogier (Catherine de Heilbronn), Philippe Varache (le Chevalier Flamberg, le charbonnier, Frédéric von Herrnstadt), Arielle Dombasle (Cunégonde de Thurneck), Françoise Quere (Isaac, Rosalie), Vanina Michel (la Comtesse Helena).

La Petite Catherine de Heilbronn ou L'Epreuve du feu (Kätchen von Heilbronne oder Die Feuerprobe) est un drame en cinq actes. Il commence en pleine action, par une scène de tribunal, la ténébreuse « Vehme » du Moyen Age. Comparaissent un armurier de Heilbronn, Théobald, et le Comte Wetter von Strahl. Celui-ci est accusé d'avoir ensorcelé la fille de l'armurier, Catherine. Le Comte tente de se disculper en procédant lui-même à l'interrogatoire de Catherine : il a fait tout son possible pour la détacher de lui et la rendre à son père. Cette attitude n'a fait que renforcer les sentiments de la jeune fille, qui lui appartient d'esprit mais non de corps.
Le Comte est d'ailleurs déjà absorbé par une autre aventure, avec Cunégonde, femme de la haute société, intriguante et cruelle. Celle-ci tente en effet d'empoisonner Catherine qui l'a surprise au bain, dépouillée de tous les artifices qui servent à cacher son âge et sa laideur.
On a prédit au Comte qu'il épouserait la fille de l'Empereur. Le procès, complexe, est bientôt transféré devant ce dernier, qui instaure une sorte de jugement de Dieu (l'épreuve du feu) entre le père outragé et le Comte ensorceleur. Soudainement, l'Empereur se souvient d'une aventure ancienne et découvre que la jeune fille qui est l'enjeu de ce procès n'est autre que sa propre fille, fruit de cette liaison sans lendemain. La prédiction se réalise, puisque Catherine épouse le Comte.

Pascal Greggory et Pascale Ogier

La mise en scène d'Eric Rohmer n'a pas connu un grand succès public, c'est le moins que l'on puisse dire, et la critique théâtrale lui fit un accueil fort négatif. On reprochait à Rohmer sa traduction en vers français (« presque aussi beau que Sully Prudhomme ») des passages en vers de la pièce originale, sa direction d'acteurs, en particulier de Pascale Ogier, trop fragile, ne portant pas assez de texte dans la voie d'une théâtralité romantique.

Le cinéaste utilise deux fois le cinéma dans cette mise en scène, visualisant par des images de Nestor Almendros des récits de rêves.

Dans le programme remis aux spectateurs, il expliquait ainsi sa démarche : « Traduire en vers me permettait de mieux conserver les tours de Kleist et ses images (...) Cela m'a permis aussi de présenter un texte qui sonne mieux dans la bouche des acteurs et qui est – j'en ai fait l'expérience – plus efficace, plus immédiatement compréhensible (...) La pièce, dans sa version originale est très longue (plus de trois heures de spectacle). Puisqu'il fallait couper, j'ai sacrifié la partie drame romantique, couleur locale, reconstitution d'un Moyen Age qui me paraissait d'autant plus faux que je sortais de l'authenticité de *Perceval*. J'ai

Pascal Greggory et Pascale Ogier

concentré l'intérêt sur les rapports entre les trois personnages principaux, Strahl, Catherine et Cunégonde (...) Mon vœu secret serait de réconcilier théâtre et cinéma. J'admire beaucoup, par exemple, Marguerite Duras qui fait du même sujet un roman, une pièce et un film. Théâtre et cinéma se sont trop longtemps tournés le dos. Ce fut bon, au début, pour le cinéma, qui s'est libéré de l'emphase, et pour le théâtre, qui a rejeté le réalisme, un peu comme l'avait fait la peinture après la naissance de la photographie. Mais de même que, depuis une dizaine d'années, peinture et photo s'appuient mutuellement, cinéma et théâtre peuvent maintenant conjuguer leurs efforts, et se renouveler chacun par l'apport de l'autre. »

Comédies et proverbes :
La Femme de l'aviateur (1981)
(ou : « On ne saurait penser à rien »)

Production : Margaret Menegoz pour Les Films du Losange (France).
Réalisation, scénario et dialogues : Eric Rohmer.
Images : Bernard Lutic, Romain Winding.
Montage : Cécile Decugis.

Son : Georges Prat, Gérard Lecas.
Mixage : Dominique Hennequin.
Régisseur : Hervé Gandsart.
Chanson « Paris m'a séduit », interprétée par Arielle Dombasle.
Film en Eastmancolor 16 mm gonflé en 35 mm.
Durée : 104 minutes.
Distribution : Gaumont.
Sortie à Paris : 4 mars 1981.
Interprétation : Philippe Marlaud (François), Marie Rivière (Anne), Anne-Laure Meury (Lucie), Mathieu Carrière (Christian), Philippe Caroit (le copain), Coralie Clément (la collègue), Lise Hérédia (l'amie), Haydée Caillot (la femme blonde), Mary Stephen et Neil Chan (les touristes), Rosette (la concierge), Fabrice Luchini (Mercillat).

François, étudiant en droit, travaille la nuit au tri postal de la Gare de l'Est. Un de ses collègues lui a trouvé quelqu'un pour réparer la tuyauterie de l'appartement d'Anne, son amie. Ce ne peut être que samedi, jour où celle-ci a prévu d'aller chez sa mère. Il faut la prévenir. François se rend chez elle. Il est 6 h 30 du matin. Pour ne pas la réveiller, il se prépare à lui écrire un mot. Son stylo ne marchant pas, il part en acheter un autre. Pendant ce temps arrive Christian, un aviateur, ancien amant d'Anne qu'elle dit ne plus voir. Celui-ci glisse un mot sous la porte, mais Anne réveillée par le bruit, le fait entrer. Il est venu en fait lui annoncer la fin de leur liaison : sa femme attend un enfant et vient s'installer à Paris. Anne accuse le coup, déclarant avoir passé ses vacances avec un homme très beau et qu'elle aime.

De retour, François, qui s'est assoupi un instant au café, aperçoit Anne et Christian sortant. Dans la journée, il tente de la joindre, alors qu'elle n'aime pas être appelée sur son lieu de travail. A midi, au restaurant, elle l'accueille fraîchement, surtout quand il lui demande des explications sur la présence de l'aviateur chez elle à une heure si matinale. Elle tient à son indépendance et refuse de répondre.

L'après-midi, François voit Christian à la terrasse d'un café de la Gare de l'Est, en compagnie d'une jeune femme blonde. Il suit le couple qui prend l'autobus, changeant plusieurs fois de place pour mieux le surveiller. Une jeune fille, Lucie, se méprend sur son manège et se croit suivie. Tous les quatre se retrouvent dans le parc des Buttes-Chaumont, où François confirme les soupçons de Lucie en la heurtant par mégarde. Tout en continuant sa filature,

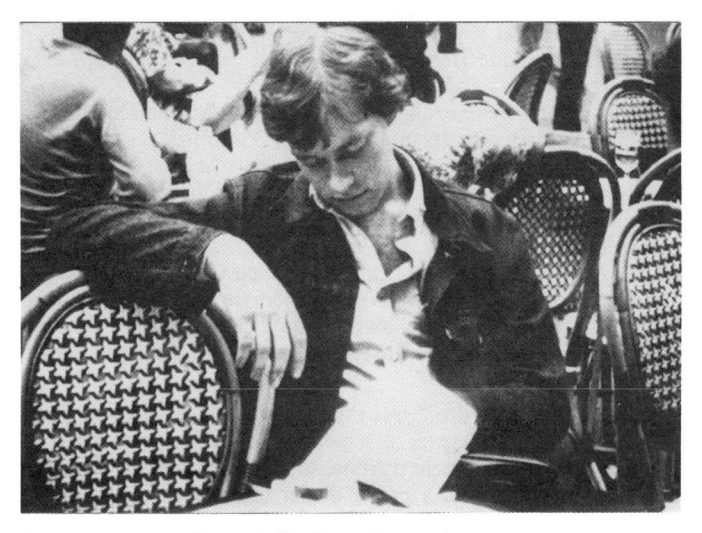

Le corps pataud : François (Philippe Marlaud).

il noue connaissance avec la lycéenne. Il se fait d'abord passer pour détective, puis avoue la vérité. Elle décide de l'aider dans cette palpitante aventure ; bientôt, le couple entre dans un immeuble portant la plaque d'un cabinet d'avocat. François et Lucie échafaudent des hypothèses. Lucie pense que la blonde est la femme de l'aviateur et qu'ils se préparent à divorcer. En partant, elle demande à François de lui faire savoir si sa théorie est juste ou non.

Le soir, Anne a accepté de sortir avec un ami mais veut se reposer auparavant. Survient François, qu'elle accueille sans ménagement. Celui-ci se plaint de ne pas la voir assez et envisage d'abandonner ses études pour prendre un travail de jour. Il voudrait vivre avec elle, se marier. Anne, tenant à sa liberté, ne veut plus vivre avec quelqu'un. Ne voir François qu'occasionnellement lui convient parfaitement. En lui racontant la visite de Christian, elle montre une photo sur laquelle figure la blonde des Buttes-Chaumont : ce n'est pas la femme de l'aviateur, mais sa sœur. François reste songeur, un peu rassuré tout de même.

Le soir, se préparant à mettre un mot chez Lucie conformément à sa promesse, il l'aperçoit embrassant un collègue du tri postal. Dépité, il esquisse le geste de jeter la carte puis la poste finalement.

Le corps vif, agile et équilibré : Lucie (Anne-Laure Meury).

Il s'enfonce dans la foule de la Gare de l'Est aux accents d'une chanson : « Paris m'a séduit... Point perdu dans la masse immense, je ne compte pas plus qu'un pavé de la rue... »

De la naissance de ce nouveau cycle, Rohmer s'est souvent expliqué. Arrivé à la fin des Contes moraux, volontairement limités à six, l'auteur a traversé une crise d'inspiration. Il n'avait plus l'envie d'écrire sur le monde actuel, ni de filmer, par exemple, Paris, comme au temps de la Nouvelle vague, dont il prolongea si longtemps les aspirations. Il lui semblait que dans ce domaine, on avait tout montré et tout vu.

Son idée du cinéma implique par ailleurs de trouver à l'extérieur de quoi l'alimenter pour ne pas se répéter à l'infini ou faire un cinéma procédant du cinéma lui-même. S'il admire leur talent et leur œuvre, rien ne lui est plus étranger que la façon dont dans les années 70-80, Antonioni, Godard ou Wenders mettent en scène des cinéastes.

De même que les Contes tiraient leur substance de la littérature, c'est dans le théâtre que Rohmer va désormais puiser. L'idée d'un nouvel ensemble lui vient pendant le tournage de *Perceval,* le principe de la série s'étant révélé un excellent stimulant de l'imagination. Quelques notes anciennes servent de support aux

Le corps torturé et hystérisé : Anne (Marie Rivière).

projets de *La Femme de l'aviateur* et de *Pauline à la plage*. D'autres histoires naîtront dans la foulée.

Le sujet de *La Femme de l'aviateur* avait été jeté sur papier dès 1946, non en vue du cinéma, mais dans l'optique d'une nouvelle. La partie concernant Anne était précisée, alors que la séquence avec Lucie, au parc des Buttes Chaumont (alors au Bois de Boulogne), restait à l'état d'ébauche.

D'emblée, *La Femme de l'aviateur* marque une régression apparente par rapport aux dernier Contes et aux deux films historiques. Le budget est volontairement restreint : à peine la moitié d'une dramatique télé, précise l'auteur, mais avec un temps de tournage double. « Je voulais, dit-il, inaugurer cette série comme j'avais inauguré les Contes moraux avec *La Boulangère de Monceau* » (*Cahiers du cinéma,* n° 323-324).

Le film est effectivement tourné en 16 mm, gonflé ensuite en 35. « En utilisant le 16 mm explique-t-il, je voulais éliminer certains défauts du 35 mm. La photographie du 35 mm est une photographie trop précise, qui manque de cette sorte de charme qu'il y avait dans la photographie du début de la couleur. Elle a aujourd'hui un contraste trop accusé, elle montre trop de détail. C'est de l'hyper-réalisme qui finit par tuer la réalité » (document *Unifrance Film,* mars 1981).

A ce souci d'une photographie brute, presque amateur se joint celui du pris sur le vif. Le parti pris de théâtralité implique paradoxalement une prise de vue moins statique. Des personnages en situation d'introspection bougent naturellement moins que des êtres qui extériorisent leurs désirs, jettent leurs arguments à la face des autres, s'y opposent et inscrivent leurs gestes dans l'espace, celui de la rue en particulier. Il fallait donc un matériel léger, susceptible de saisir leur action dans la durée, parfois à l'insu des passants ou des figurants non avertis (dans les scènes des Buttes Chaumont en particulier). Les caméras 16 mm restent plus discrètes que les 35 mm, qui en outre ne disposent pas de chargeurs de onze minutes.

Pour toutes ces raisons, l'équipe technique se trouve réduite au strict minimum. Rohmer se flatte qu'en francs constants les Comédies et proverbes coûtent moins que les Contes moraux. Cela n'exclut pas un professionnalisme sans faille. Filmer en 16 mm coûte d'ailleurs aussi cher qu'en 35 mm. Et les prises sont plus nombreuses, le jeu des comédiens étant ici essentiel.

Dans un texte remis à la presse au moment de la sortie de *La Femme de l'aviateur,* Eric Rohmer précisait les caractéristiques de sa nouvelle série :

« Alors que les personnages [des Contes] s'appliquaient à narrer leur histoire tout autant qu'à la vivre, ceux [des Comédies] s'occuperont plutôt à se mettre en scène eux-mêmes. Les uns se prenaient pour des héros de roman, les autres s'identifieront à des caractères de comédie, placés dans des situations aptes à les faire valoir.

Cette situation, contrairement à celle des Contes, ne dérivera plus d'un thème commun, et la série, au lieu de se limiter à six, comprendra un nombre de films probablement plus grand et encore indéterminé. L'unité thématique, si tant est qu'elle existe, ne sera pas donnée d'avance, mais découverte, au fil des œuvres, par le spectateur, l'auteur, et peut-être les personnages eux-mêmes.

On continuera à parler beaucoup dans ces Comédies, mais non pas tant pour s'analyser et peser ses mobiles que s'interroger sur la réalité ou la possibilité de tel événement. On essaiera moins d'établir une attitude morale que des règles pratiques. On n'y débattra plus guère des fins, mais des moyens... »

Dès les premiers plans, le ton nouveau est donné : une caméra tenue à l'épaule suit les déplacements de François, à la façon d'un reportage, qu'accuse encore le grain du 16 mm gonflé. Pas d'itinéraire déterminé, mais un trajet aléatoire, éclaté, avec ses rencontres, ses surprises et ses hasards. Le cinéaste observe ses personnages comme ils s'observent eux-mêmes. Attentifs aux moindres signes dans le comportement des autres, ils surveillent leur propre image et la composent de façon à la projeter sur autrui et infléchir alors son attitude.

Si le verbe reste un enjeu majeur, il se fait chair : plus que la parole, le corps devient le lieu privilégié des relations entre les consciences. A celui, pataud, de François s'oppose celui torturé et hystérisé, d'Anne. Entre deux, celui, agile, vif et équilibré de Lucie.

Comment va s'opérer la circulation entre ces corps ? Car c'est bien de circulation qu'il s'agit, depuis la tuyauterie défectueuse de l'appartement d'Anne, au tri postal où travaille François, sans oublier le bus 26 où il rencontre Lucie.

Par le regard d'abord, les personnages se partagent les différents rôles. François est le spectateur, sans prise sur ce qu'il observe, en proie au sommeil à toute occasion, livré à son imagination. Lucie, active, met en scène la réalité, tente de la conformer à son interprétation. Elle dispose dans le cadre d'un appareil polaroïd deux touristes japonais pour y faire entrer le couple qu'elle

On se trompe sans cesse (Rosette, Anne-Laure Meury et Philippe Marlaud).

surveille avec François. A mi-chemin, Anne se met en scène inconsciemment, laissant apparaître ses désirs et angoisses sans pouvoir maîtriser ni son image ni le mouvement des autres : Christian lui échappe, François s'impose.

Dans ce jeu, le regard se heurte à l'opacité de la matière : l'erreur vient autant de l'imagination du sujet que du secret de l'objet. Cette combinaison d'images virtuelles que chacun projette ou perçoit, plonge en plein mystère. François a-t-il vécu sa poursuite aux Buttes-Chaumont ou l'a-t-il rêvée en s'endormant au café de la Gare de l'Est ? La solution de l'énigme de la femme de l'aviateur (sa sœur ?) est-elle la bonne ? Celle-ci existe-t-elle ?

Le monde physique si solide dans les Contes est devenu ici fluctuant. On se trompe sans cesse dans *La Femme de l'aviateur* (François surtout) parce que l'on croit aux apparences, ou que l'on veut y croire. Il ne reste plus qu'à revenir à la case départ et reprendre le trajet, instruit (?) par l'expérience.

Mais on se trompe d'autant plus que l'on est englué dans la matière. Lourd et somnolent, François a pour seul recours l'imagination. La pesanteur du corps, de l'univers physique, est d'ailleurs prolongée par le sordide du monde social : François est le premier personnage rohmérien saisi dans son travail. Face à une société dont il ignore les règles même s'il aspire à les étudier (le droit), il est perdant.

Comédies et proverbes :
Le Beau mariage (1982)

Production : Margaret Menegoz, Les Films du Losange, les Films du Carrosse (France).
Réalisation, scénario et dialogues : Eric Rohmer.
Images : Bernard Lutic, Romain Winding, Nicolas Brunet.
Musiques : Roman Girre, Simon des Innocents.
Montage : Cécile Decugis, Lisa Hérédia.
Son : Georges Prat, Gérard Lecas.
Mixage : Dominique Hennequin.
Tableaux : Alberto Bali.
Soies peintes : Gérard Deligne.
Antiquités : Hélène Rossignol.
Régie : Marie Bouteloup, Hervé Gransart.
Film en Fujicolor 35 mm.
Durée : 97 minutes.
Distribution : A.A.A.

Sortie à Paris : 19 mai 1982.
Interprétation : Béatrice Romand (Sabine), André Dussolier (Edmond), Féodor Atkine (Simon), Huguette Faget (l'antiquaire), Arielle Dombasle (Clarisse), Thamila Mezbah (la mère), Hervé Duhamel (Frédéric), Pascal Greggory (Nicolas), Denise Bailly (la Comtesse), Vincent Gauthier (Claude), Anne Mercier (la secrétaire), Catherine Réthi (la cliente), Patrick Lambert (le voyageur).

> *« Quel esprit ne bat la campagne*
> *Qui ne fait châteaux en Espagne ».*
> Jean de la Fontaine.

De famille modeste, rapatriée de Pondichéry, Sabine vit à Ballon près du Mans et étudie l'Histoire de l'Art à l'Institut Michelet à Paris. Elle a pour amant Simon, un peintre marié. Une nuit, il reçoit un coup de téléphone de sa femme et de son fils. Alors elle le quitte brusquement, lui annonçant son intention de se marier. Avec qui ? Elle ne sait pas encore.

Au Mans, elle gagne sa vie en travaillant chez une antiquaire. Son amie Clarisse peint des abat-jour. Autant Sabine, impulsive, se fixe des principes, autant Clarisse préfère se laisser guider par ses sentiments.

Au cours du mariage de son frère, Clarisse présente à Sabine son cousin Edmond, avocat célibataire parisien. Il recherche des faïences de Jersey, pour en faire cadeau à sa mère. Sabine connaît une Comtesse qui en possède et que sa patronne convoite. Comme l'a remarqué son amie, elle n'est pas insensible au charme d'Edmond, bien qu'elle affirme qu'il n'est pas son genre.

Le dimanche, elle l'emmène chez la Comtesse. Grâce à son marchandage, il emporte les porcelaines et, en remerciement, l'invite au restaurant.

Les jours suivants, Sabine attend en vain un appel d'Edmond. Furieuse que les porcelaines lui soient passées sous le nez, l'antiquaire congédie sa vendeuse. Sabine lui crie son mépris du commerce, comme elle l'avait déjà confié à Edmond. Elle lui annonce même son prochain mariage avec l'heureux acheteur.

Dans la cathédrale du Mans, Sabine allume un cierge et se recueille. Surprise par Claude, un de ses anciens flirts devenu professeur, qui admirait un vitrail, elle le raccompagne chez lui. Dans son HLM de la périphérie, elle lui annonce son probable mariage et son intention de ne plus travailler, pour profiter plus aisément de sa liberté. L'appartement de Claude et de sa femme institutrice est médiocre, mal entretenu. Adroite de ses mains,

Sabine répare même une prise électrique défectueuse.
Lorsqu'elle parle de sa rupture avec Simon et de sa ferme intention de se marier, sa mère la trouve vieux-jeu : « Tu parles comme il y a cent ans ». « Il y a cent ans, rétorque Sabine, les femmes étaient respectées. » Elle est sûre de séduire Edmond, aucun homme ne lui résistant. Mais elle ne couchera pas avec lui, pour se faire désirer et respecter.
Edmond ne donnant pas signe de vie, elle affirme avoir tout son temps, mais le relance quand même et l'invite à sa soirée d'anniversaire. Il arrive très en retard, au moment où Sabine désespère de le voir venir, et lui offre une tasse en faïence. Elle dit son mépris pour le milieu médiocre où elle vit. Il doit repartir rapidement : il plaide le lendemain à Narbonne et doit être en forme.
Les jours suivants, Sabine, au téléphone, se heurte à la secrétaire d'Edmond, toujours absent ou occupé. Furieuse de ces dérobades, elle se rend au cabinet de l'avocat et parvient à s'imposer entre deux rendez-vous. Il lui a écrit, la lettre est en route. Sur son insistance, il lui en révèle le contenu. Il est gêné des assiduités de Sabine. Même s'il est sensible à son charme, il n'est pas amoureux d'elle. Soucieux de sa carrière, sortant d'une liaison orageuse, il ne tient pas à se lier de nouveau pour le moment. Se sachant enclin à céder aux sentiments et aux attirances pour les jeunes et jolies femmes, il préfère ne pas s'engager au-delà. Quand au mariage, il tient à en avoir l'initiative. Sabine se retire furieuse. De retour au Mans, elle confie à Clarisse qu'Edmond ne lui a jamais vraiment plu. Il n'avait rien de ce qui peut l'attirer chez un homme. Dans le train, un jeune homme lui manifeste du regard un intérêt, peut-être réciproque.

Le Beau mariage contraste avec *La Femme de l'aviateur,* par un retour au 35 mm. C'est la fin de l'été et le début de l'automne. Pour faire ressortir les tons mordorés des intérieurs, les rouges et roses des vêtements, contrastant avec les vieilles pierres du Mans ou le béton des HLM, Rohmer a choisi la pellicule Fuji, aux couleurs chaudes. Le film est centré sur un personnage que l'on accompagne de bout en bout, entrant peu à peu dans sa vision à la façon des Contes moraux. La décision soudaine de Sabine rappelle d'ailleurs les projets déterminés de leurs narrateurs. Son « de gré ou de force il sera mon mari » répond au « ce jour-là, lundi 21 décembre, l'idée m'est venue, brusque, précise, définitive, que Françoise serait ma femme » de Jean-Louis, au seuil de *Ma nuit chez Maud.*

Clarisse (Arielle Dombasle) présente Edmond (André Dussolier) à Sabine (Béatrice Romand).

Sabine ne peut voir le monde qui l'entoure que triste et terne. Elle déteste son milieu, sa médiocrité. Son idée de mariage est littéralement un caprice. Elle naît d'un dépit. Etudiante en Histoire de l'art, elle ne peut avoir que les nuits que lui concède un « grand » peintre, Simon : sa femme et son fils ont priorité. Quant au mariage, ce n'est pas sa réalité physique, matérielle ou sentimentale qui l'intéresse. Au contraire, avec un mari riche, pris par ses affaires, elle sera plus libre de faire ce qu'elle veut.
Sabine aspire à la beauté et à la liberté qu'apporte une condition sociale supérieure. A son ancien flirt, Claude, enseignant, elle dit sans ambages : « Tu ne me donnes pas la posiblité de m'élever. » Une lecture élémentaire du **Beau mariage,** en fait une fable sociale : on ne sort pas de sa condition. Une autre plus naïve encore : Sabine a fait le mauvais choix. Edmond ne l'aime pas. Question de hasard... La prochaine fois, elle tirera peut-être le bon numéro !
Mais pourquoi Sabine échoue-t-elle ? Question de vision d'abord. Dans l'appartement du HLM de Claude, elle jette un coup d'œil sur le paysage, mais n'y prête aucune attention. Le seul qu'elle apprécie est celui que l'on voit de la maison des parents médecins

Pourquoi Sabine n'épousera-t-elle pas Edmond ? (André Dussolier et Béatrice Romand).

de son amie Clarisse : « Une vue fantastique ». Elle ne voit pas la beauté qui l'entoure, mais seulement le point d'où elle la regarde. Question d'élévation encore. Emportée par son imagination, elle ne sait pas regarder le monde tel qu'il est ni, surtout, faire confiance à ses propres capacités. Son sens pratique, elle le dénie. Si elle répare une prise électrique, c'est devant Claude, son inférieur, image de ce qu'elle ne veut pas devenir. Douée pour marchander, elle obtient un bon prix pour les vases que convoite Edmond, mais proclame son mépris du commerce et de l'argent au cours du repas qui suit.

Sabine dispose aussi d'une énergie peu commune, elle ne lésine pas sur les moyens pour parvenir à ses fins. Comme Lucie dans le film précédent, elle s'empare de la mise en scène. Mais est-ce bien *sa* mise en scène ? C'est Clarisse qui lui présente Edmond, lui prodigue conseils et suggère sans cesse la marche à suivre. Sabine a beau prétendre s'en tenir à sa propre ligne de conduite, elle en déroge chaque fois pour céder aux suggestions de son mauvais génie. Se croyant maîtresse de la situation, elle est manipulée.

Clarisse a un seul principe : se laisser guider par l'amour. Règle qui vaut à l'intérieur de son milieu : fille de médecin, elle a épousé un futur médecin. « Ce qui compte, lui déclare Sabine, c'est mon propre changement de mentalité. » Navigant entre Paris et

Arielle Dombasle et Béatrice Romand.

Province, entre deux habitations, elle imagine pouvoir passer d'une mentalité à une autre, adopter sans risque une optique qui n'est ni la sienne, ni celle de son milieu social.

Mais on ne regarde pas le monde avec les yeux des autres. La première intuition de Sabine était peut-être la bonne : sa laisser désirer, se refuser. « Je crois que si je me jette dans ses bras, dit-elle à sa mère, ce n'est pas la bonne façon ». Elle en a la preuve. Edmond, en matière de mariage, tenait à garder l'initiative.

De retour au point de départ, dans le train qui la ramène à Paris, la voici livrée à ses seules intuitions. La vitalité de Sabine est intacte. Aura-t-elle cette fois le dernier mot ?

Comédies et proverbes :
Pauline à la plage (1982)

Production : Margaret Menegoz : pour Les Films du Losange et Les Films Ariane (France).
Réalisation, scénario et dialogues : Eric Rohmer.
Images : Nestor Almendros, assisté de Florent Bazin et Jean Coudsi.
Musique : Jean-Louis Valéro.
Montage : Cécile Decugis, assistée de Caroline Thivel.
Son : Georges Prat, assisté de Gérard Lecas.
Mixage : Dominique Hennequin.
Régie : Marie Bouteloup, Hervé Grandsart, assités de Michel Ferry.
Film couleurs 35 mm. Durée : 94 minutes.
Distribution : A.A.A. Sortie à Paris : 23 mars 1983.
Interprétation : Amanda Langlet (Pauline), Arielle Dombasle (Marion), Pascal Greggory (Pierre), Féodor Atkine (Henry), Simon de la Brosse (Sylvain), Rosette (Louisette).

> « *Qui trop parole, il se mesfait.* »
> Chrétien de Troyes.

Marion, en instance de divorce, arrive en cette fin d'été dans la villa familiale près de Granville, en compagnie de sa jeune cousine Pauline, heureuse de prolonger ses vacances sans parents sur le dos. Marion, dessinatrice de mode, vient de terminer sa collection. Sur la plage, elles rencontrent un ancien flirt de Marion, Pierre. Il propose de leur donner des leçons de planche à voile et présente un ami ethnologue, Henri. Celui-ci les invite le soir même. Il se veut libre d'aller où il veut, sans attaches, d'avoir les liaisons qu'il désire. D'où l'échec de son mariage, dont reste une fillette, qu'il a élevée pendant deux ans.

Ce n'est pas la liberté qui intéresse Marion, mais brûler d'un grand amour instantané et réciproque... Pierre, partisan d'un amour plus profond et durable, attend quelqu'un sur qui il pourra compter. Quant à Pauline, encore inexpérimentée, elle pense comme Pierre : il ne faut pas s'emballer trop vite, il faut apprendre à connaître les gens pour déceler, sous la surface, leurs qualités profondes.

En fin de soirée, ils vont danser au casino. Pierre fait à Marion une déclaration brûlante : amoureux d'elle avant son mariage, il l'attend depuis cinq ans. Elle le repousse, d'autant qu'elle est attirée par Henri, avec qui elle va d'ailleurs passer la nuit.

Le lendemain, après une leçon de planche à voile, elle s'éclipse pour confier à Henri ses inquiétudes : elle doute qu'il soit vraiment épris d'elle et craint que Pauline ne soit au courant (en fait, elle les a aperçus le matin même dans la chambre de Marion). Il l'invite à ne pas s'inquiéter, à profiter du présent et lui propose de s'installer chez lui.

Pierre s'inquiète de l'intérêt de Marion pour Henri. Selon lui, il se

Chacun manipule chacun (Amanda Langlet, Simon de la Brosse, Féodor Atkine).

moque éperdument d'elle. Elle lui conseille de s'occuper plutôt de sa cousine, qu'il juge trop jeune.

Sur la plage, celle-ci rencontre un garçon de son âge, Sylvain. Henri les emmène chez lui afin de leur faire écouter le disque qu'il vient d'acheter. Devant poster une lettre urgente, il les laisse en train de danser. Sur la digue, il croise Louisette, une marchande ambulante. Ils se promettent d'aller se baigner ensemble un jour prochain.

Lorsque Marion arrive chez Henri, elle voit Pauline et Sylvain s'embrassant sur un lit.

Le lendemain, elle emmène sa cousine visiter le Mont Saint-Michel. Henri se baigne avec Louisette, puis l'emmène chez lui en compagnie de Sylvain. Il monte avec la marchande, tandis que l'adolescent regarde la télévision. Passant près de la villa, Pierre aperçoit Louisette nue dans la chambre d'Henri. Lorsque Marion entre, Sylvain monte prévenir Henri. Ce dernier précipite le jeune garçon et Louisette dans la salle de bains, évitant ainsi les reproches. Heureusement, Pauline est restée chez Marion. Pierre raconte ce qu'il a vu, dans l'espoir de détacher Marion d'Henri. Celle-ci le détrompe : c'est Sylvain et non Henri qui était dans la chambre. Alors que Pierre lui donne une leçon de planche à voile, Pauline s'inquiète de l'absence de Sylvain. Agacé, il lui révèle les événements de la veille.

Peu de temps après, Louisette apprend accidentellement la vérité à Pierre. Pauline boude Sylvain, celui-ci en veut à Henri et lui reproche de délaisser une « nana super » comme Marion pour une « bouffonne ». Henri en a assez des grandes passions, il a aimé, été aimé, maintenant il se repose. Tandis que Marion fait un saut urgent à Paris pour son travail, Pierre raconte à Pauline ce que lui a révélé Louisette. Agacée que Sylvain ait accepté d'entrer dans le jeu d'Henri, elle se lance pourtant à sa recherche avec Pierre. Ils le trouvent au restaurant en compagnie d'Henri. Tous les quatre décident de s'expliquer chez celui-ci.

Il tente de sceller la réconciliation générale autour d'une coupe de champagne, mais au dernier moment Pierre fait un éclat. Il veut ramener Pauline chez Marion qui préfère dormir chez Henri. Au petit matin celui-ci caresse les jambes de l'adolescente. Elle se réveille et le repousse. Il lui confie une lettre pour Marion : il part en croisière pour quelque temps.

De retour, Marion accuse stoïquement le coup. Pauline propose d'abréger les vacances. Dans la voiture, Marion convainc Pauline qu'elle ne doit pas se désoler pour une chose qui ne s'est peut-être

Henri (Féodor Atkine) et Marion (Arielle Dombasle). Des êtres en situation de disponibilité.

Marion (Arielle Dombasle) et Pierre (Pascal Greggory).

pas passée. Ce pouvait être Henri avec la marchande. Pour elle, l'hypothèse serait trop horrible, elle préfère ne pas y croire. Pauline garde le silence.

Si le projet initial de *Pauline à la plage* remonte, lui aussi, aux années cinquante, il ne s'agissait alors selon Rohmer, que d'une esquisse assez vague : une histoire à six personnages, dont l'un (Marion) aurait pu être interprété par Brigitte Bardot.

Pour l'image, il retrouve Nestor Almendros, à qui il demande, pour capter cette fin d'été sur la côte Normande, une lumière crue et franche, avec beaucoup de blanc. La référence est donnée par le tableau figurant dans la chambre qu'occupera Pauline chez Henri, *La Blouse roumaine* de Matisse. Sur le blanc que l'on n'hésitera pas à surexposer, des couleurs le plus souvent franches : le bleu et le rouge.

Peut-être plus que tout autre Comédie et proverbe, *Pauline à la plage* est un film « bavard ». La longue scène de la première soirée chez Henri nous montre les protagonistes s'écoutant parler avec un plaisir évident. Tous sont en situation de disponibilité : divorcé, en instance de divorce, au sortir d'une rupture, et Pauline en attente de « s'amuser ». La conversation meuble leur vide affectif provisoire, et amorce, à l'instigation d'Henri, des aventures nouvelles. Rarement le principe moteur des Comédies aura été

Pauline (Amanda Langlet) et Sylvain (Simon de la Brosse).

énoncé aussi clairement d'emblée. Chacun met en scène son personnage. En paroles d'abord, par le corps ensuite. Henri parle de son absence d'attaches installé dans un fauteuil, dans sa villa, sa fille sur les genoux, Marion de la passion brûlante et réciproque à laquelle elle aspire, avec des airs de coquette superficielle. Pierre, légèrement à l'écart, près de l'escalier, évoque un amour durable et profond, avec des gestes de défense, prêt à pendre la fuite, comme lorsque Henri proposera d'aller danser. Pauline, en retrait derrière le maître de maison, feint de ne s'intéresser que distraitement à la conversation pour se rapprocher de Marion et donner raison à Pierre.

Le proverbe de cette Comédie, « Qui trop parole, il se mesfait », est peut-être à prendre au pied de la lettre.

Chacun sera désormais prisonnier du personnage qu'il s'est constitué et souffrira, à des degrés divers, d'un comportement qui le contredit. Henri fuira l'encombrante Marion en justifiant son choix par la lassitude : « Dans ma vie, j'ai aimé, maintenant, j'en ai marre, je me repose. Plus de grande passion. » Marion prendra feu pour Henri, sans allumer de brasier ardent chez lui. Pierre, malgré l'ancienneté de sa passion pour Marion et toujours fasciné par ses formes serpentines, se heurtera à son indifférence. Quant à Pauline, elle enragera de voir Sylvain se laisser entraîner dans le jeu et les compromis d'Henri. Elle qui veut tant connaître les gens se méprend sur tous, avant d'accepter les bienfaits de l'ignorance et du secret.

Mais le proverbe n'est qu'une des clés possibles et peut-être un leurre. Est-ce tant sur l'autre que chacun se « mesfait » ? Ou bien sur lui-même ? Là où il croit se mettre en scène et ainsi diriger l'adversaire, n'est-il pas autant pris à son propre piège qu'à celui qu'on lui tend ? La mise en scène passe successivement des mains d'Henri, qui provoque les amours de Pauline et Sylvain, à celles de Marion dont l'arrivée inopinée l'oblige à pousser Louisette et Sylvain dans la salle de bains. C'est ensuite Pierre qui prend l'initiative en révélant à Pauline un faux scénario avant de rétablir la vérité, pour qu'enfin celle-ci, par son silence, domine la situation. De spectatrice des amours des adultes, elle en devient l'ordonnatrice. C'est elle qui provoquera le départ final : « Et si on rentrait ? »

Le grand perdant est le pauvre Sylvain, ballotté d'une mise en scène à l'autre, abusé par tous les mensonges, prêt à gober les discours de Pauline qui, faisant l'apprentissage du mensonge et du pouvoir des mots, lui fait envisager un instant que Marion est la sœur d'Henri. Il n'apprend rien, continuant à croire aux filles « nature » et à la vérité. Il reste prisonnier de son origine sans doute modeste, ne saisit pas les règles du jeu d'un monde qui lui échappe. Ses derniers mots, « Je vais encore me faire sonner le cloches », révèlent bien qu'il n'appartient pas à la même scène sociale, n'en ayant ni les moyens ni l'aisance.

Comédies et proverbes :
Les Nuits de la pleine lune (1984)

Production : Margaret Menegoz, Les Films du Losange, Les Films Ariane (France).
Réalisation, scénario et dialogues : Eric Rohmer.
Images : Renato Berta, assisté de Jean-Paul Toraille, Gilles Arnaud.
Musique : Elli et Jacno.
Montage : Cécile Decugis, assitée de Lisa Heredia.
Son : Georges Prat, assisté de Gérard Lecas.
Mixage : Dominique Hennequin.
Décoration : Pascale Ogier, avec les créations originales de Jona Aderca, Christian Duc, Olivier Gagnère, Jean-Pierre Pothier, Jérôme Thermophyles.
Chanson « L'Etoile d'amour » chantée par Lucienne Boyer.
Pascale Ogier est habillée par Dorothée Bis. Virginie Thévenet par Marie Beltrami. Créations de Michel Cadestin, Michel Toraille.
Mobilier : Lucas Hillen.
Générique : Euro-Titres.
Maquillage : Geneviève Peyralade.
Régie : Jean-Marc Deschamps, Philippe Delest.
Film en 35 mm couleurs.
Durée : 102 minutes.
Distribution : A.A.A. Soprofilms.
Sortie à Paris : 29 août 1984.
Interprétation : Pascale Ogier (Louise), Tcheky Karyo (Rémi), Fabrice Luchini (Octave), Virginie Thévenet (Camille), Christian Vadim (Bastien), Laszlo Szabo (le peintre au café), Lisa Garneri (Tina), Mathieu Schiffman (le copain de Louise), Anne-Séverine Liotard (Marianne), Hervé Grandsart (le copain de Rémi), Noël Coffman (Stanislas).

> *« Qui a deux femmes perd son âme,*
> *Qui a deux maisons perd sa raison. »*
>
> Proverbe champenois.

Novembre :
Louise vit à Marne-la-Vallée avec Rémi, qui travaille à la mission d'aménagement de la Ville nouvelle. Elle aime sortir le soir, voir des amis, passer des nuits blanches, tandis que Rémi aspire à une vie plus conjugale. Elle travaille à Paris dans un atelier de décoration et crée des lampes. Octave, un ami journaliste amoureux d'elle, l'accompagne fréquemment dans ses sorties nocturnes. Elle lui fait visiter un studio qu'elle louait à une amie et vient de récupérer pour en faire un pied-à-terre. Elle a besoin d'être seule de temps en temps, d'éprouver la solitude. Quand le studio sera aménagé, elle n'y amènera personne. Octave s'inquiète de la réaction de Rémi que, de toute façon, il n'aime pas. Louise mérite mieux, lui par exemple. Elle n'est pas d'accord et ne reproche à Rémi que de trop l'aimer, de ne pas comprendre son besoin d'indépendance. Elle veut tenter quelque chose de nouveau.

Au cours d'une soirée à la mode, Louise rencontre une amie, Camille, qui travaille aussi dans la décoration et vient de s'installer près de Marne-la-Vallée. Celle-ci présente à Rémi Marianne qui travaille et habite chez elle. Comme Rémi, Marianne est une bonne joueuse de tennis. Un incident éclate lorsque Rémi veut emmener Louise. Il rentre seul.

Camille et Marianne raccompagnent Louise qui se plaint de l'attitude de Rémi. Elle aimerait qu'il sorte de son côté. Pourquoi pas avec Camille, qui a sa confiance ?

Rémi n'a pas dormi et fait une scène à Louise, qui en profite pour parler du studio et de ses intentions. Elle propose un marché : si elle rencontre quelqu'un qu'elle aime plus que lui, elle le lui dira et ils se sépareront sans histoire. En échange Rémi aura la certitude d'être aimé plus qu'aucun autre. Si lui rencontre une femme qu'il aime, elle s'effacera, même si elle en a du chagrin.

Décembre
Louise s'est installée dans son studio qu'elle a aménagé selon son goût moderne et « rétro 50 ». Elle téléphone à divers amis dont Octave, mais aucun n'est libre. Le lendemain, de retour à Marne-la-Vallée, elle offre à Rémi une théière style rétro.

Janvier
Dans un café, Octave explique à Louise son goût des lieux impersonnels où il aime écrire ses articles. Il hait la campagne, préfère la ville où on se sent au centre du monde. Descendant aux toilettes, elle aperçoit Rémi dans la cabine téléphonique. Elle se cache. Pendant son absence, Octave croit avoir entrevu une amie

de Louise portant une toque comme Camille. L'aurait-elle prise au mot ?

Lorsque le lendemain Camille vient la voir, elle s'enquiert de sa présence à Paris la veille. Mais Camille était à Milan où se trouve son nouveau « fiancé ». Au cours d'une soirée, Louise, attirée par un de ses danseurs, Bastien, lui donne rendez-vous pour le lendemain. Au moment de le rejoindre, survient Octave, qui lui fait une scène de jalousie. Elle le chasse. Au terme de la soirée, elle amène sa conquête dans son studio. Au milieu de la nuit, elle le quitte endormi. Dans un café, un peintre qui dessine pour des livres d'enfants lui explique que c'est une nuit de pleine lune : nuit où personne ne dort. Elle lui confie qu'elle a fait son choix : elle a besoin de Rémi. A Marne, au petite matin, Rémi n'est pas là. A son retour, il avoue avoir passé la nuit avec Marianne. C'est elle qu'avait aperçu Octave avec la toque de Camille. Il l'aime et elle l'aime exactement comme il l'aime. Louise, frappée de stupeur et de douleur, quitte l'appartement et donne rendez-vous à Octave.

Sur les conditions de préparation, de production et de tournage des *Nuits de la pleine lune,* nous disposons d'un précieux document, le travail d'Alain Bergala et Alain Philippon, « Eric

Louise (Pascale Ogier) et Bastien (Christian Vadim) : l'expérience de la liberté.

Rohmer, la grâce et la rigueur », dans un ensemble consacré aux « Méthodes de tournage » (*Cahiers du cinéma*, n° 364).

Avec la responsable des Films du Losange, Margaret Menegoz, Rohmer partage « la même horreur du gachis, le même sens de l'économie, la même volonté d'éliminer tout superflu ». Si le budget est à peu près la moitié de celui d'un film français moyen, rassemblé, grâce au succès de *Pauline à la plage,* sans recours à l'Avance sur recettes, l'opérateur Renato Berta tient ce film pour le plus luxueux qu'il ait fait.

Le seul véritable luxe que Rohmer se donne est le temps, grâce à une équipe réduite et une concentration des lieux de tournage. Ce temps est utilisé moins pour le tournage (sept semaines) que pour une minutieuse préparation technique et une longue familiarisation des acteurs avec leur texte : rencontres avec le réalisateur, travail de lecture à la table puis au magnétophone, répétitions-repérages sur les lieux de tournage, filmage partiel en super-huit.

C'est évidemment avec Pascale Ogier que cette préparation fut la plus longue (un an environ). Exceptionnellement, Rohmer l'a associée plus intimement à la réalisation par le biais du décor, en lui confiant totalement l'aménagement du studio de Louise, rue Poncelet, et en partageant avec elle la décoration de l'appartement de Marne-la-Vallée, cernant ainsi de plus près le goût des années 80.

Avec Tchéky Karyo, issu du Théâtre National de Stasbourg et nouveau venu dans la famille rohmérienne, les relations furent plus tendues. Si Rohmer admet de légères modifications de texte, il n'est pas prêt à accepter une réelle intervention dans la mise en scène. La médiation de Renato Berta a permis de résoudre quelques conflits inévitables.

Comme la Sabine du *Beau Mariage,* Louise est une jeune femme « entre deux » : entre deux maisons, entre Paris et banlieue, entre fidélité conjugale et indépendance de mœurs... Un être ayant « la bougeotte », à la recherche d'un équilibre à travers un déséquilibre permanent.

C'est la première fois que Rohmer insiste à ce point sur l'architecture moderne, celle des villes nouvelles. Il fait d'ailleurs de Rémi un architecte (ce qu'était, selon lui, le jeune homme rencontré par Sabine à la fin du *Beau mariage*). C'est sans doute pour cela qu'il retombera sur ses pieds, alors que Louise dégringolera de haut en apprenant sa passion pour Marianne.

Le film s'ouvre et se clot par un panoramique sur les résidences modernes de Marne-la-Vallée qu'habitent Louise et Rémi. A la tonalité gris-bleu du décor s'ajoute une froideur hivernale achevant de glacer la vision. Si Rohmer ne prétend pas juger cette architecture ou ce paysage morne et morose où évoluent quelques silhouettes impersonnelles, il ne cherche pas à nous frapper par leur beauté ni à les présenter sous leur meilleur jour. Cette ville nouvelle éveille en tous cas plus de perplexité et d'inquiétude que d'allégresse.

La même indétermination affecte aussi bien l'univers « mode » des *Nuits de pleine lune* que le personnage de Louise. Le mécanisme narratif des Contes moraux provoquait nécessairement un minimum d'adhésion du spectateur au narrateur induisant, même fallacieusement, celle de l'auteur à ses personnages. Depuis le début des Comédies, l'extériorité du spectateur et du cinéaste produit une distance qui semble aller en grandissant, en même temps que l'on aborde des couches sociales ou des milieux spécifiques plus diversifiés. L'ironie se fait de plus en plus sensible. Si les héros des Contes avaient presque tous pour eux l'attrait de l'intelligence, elle semble de moins en moins l'apanage de ceux des Comédies, construites, il est vrai, sur la méconnaissance ou l'erreur de jugement. Certes, Rohmer ne méprise pas ses

Louise (Pascale Ogier) et Octave (Fabrice Luchini) : une ironie de plus en plus sensible.

personnages, mais il marque de plus en plus ses distances et en accuse parfois ouvertement le ridicule. Il laisse échapper dans ses entretiens quelques indices troublants, parlant de la façon dont Béatrice Romand n'a pas craint de paraître antipathique dans *Le Beau mariage (Nouvelles littéraires)*, ou du ridicule de Marion, Henri et Pierre dans *Pauline* (*Cahiers du cinéma*, n° 346). Au *Nouvel Observateur*, il explique : « Je respecte l'opinion de mes personnages, même si je ne la partage pas (...), même si ce sont les personnages féminins dont je me sens le plus proche. Ce n'est pas toujours forcément vrai, surtout cette fois-ci avec Louise. »

Le succès des *Nuits de la pleine lune*, en particulier auprès d'un public jeune, comporte une part de malentendu : le goût et les aspirations contradictoires d'une époque ont provoqué l'adhésion au personnage de Louise, à son comportement et surtout son décor. Ceci prouve la justesse et l'acuité du regard du cinéaste sur la société contemporaine. S'il se défend d'être un peintre des mœurs du siècle, c'est aussi à juste titre. L'univers rohmérien tend de plus en plus à une dimension cosmique, dépassant les simples déterminations sociales. Le rôle constant des couleurs et des saisons, comme ici la fable du peintre et des nuits de la pleine lune, nous introduisent à une dimension nouvelle, de type fantastique. On y retrouve la naiveté de *Perceval*, comme l'astrologie du *Signe du Lion*. De moins en moins pervers, les héros rohmériens se rapprochent du monde de l'enfance et du rêve.

Comédies et proverbes :
Le Rayon Vert (1986)

Production : Les Films du Losange, Margaret Menegoz (avec la participation de Canal Plus).
Réalisation et scénario : Eric Rohmer.
Avec la collaboration pour le texte et l'interprétation de Marie Rivière (Delphine), et à Paris : Amira Chémakhi, Sylvie Richez, Lisa Hérédia, Basile Gervaise, Virginie Gervaise, René Hernandez, Dominique Rivière, Claude Jullien, Alaric Jullien, Laetitia Rivière, Isabelle Rivière, Béatrice Romand, Rosette (Françoise), Marcello Pezzutto, Irène Skobline ; à Cherbourg : Eric Hamm, Gérard Quéré, Julie Quéré, Brigitte Poulain, Gérard Leleu, Liliane Leleu, Vanessa Leleu, Huger Foote ; à La Plagne : Michel Labourre, Paulo ; à Biarritz : Maria Couto-Palos, Isa Bonnet, Yves Doyhamboure, Dr Friedrich Gunther Christlein, Paulette Christlein, Carita (Lena), Marc Vivas, Joël Comarlot et Vincent Gauthier (l'inconnu de la gare).

Avec le concours pour l'image : Sophie Maintigneux ; le son : Claudine Nougaret ; l'intendance : Françoise Etchegaray ; le montage : Maria-Luisa Garcia ; la musique : Jean-Louis Valero ; les mélanges : Dominique Hennequin. Rayon vert : Ph. Demart.
Avec l'aide amicale de : Pierre Chatard, Gérard Lomond.
Un film en couleur 16 mm gonflé en 35 mm.
Durée : 90 minutes.
Distribution : A.A.A. Classic.
Sortie : 31 août 1986 (au Festival de Venise et sur Canal Plus) et 3 septembre 1986 à Paris.

> *« Ah ! que le temps vienne*
> *Où les cœurs s'éprennent. »*
>   Rimbaud.

2 juillet : A deux semaines des vacances, Delphine, une secrétaire, de famille modeste, se retrouve seule. Jean-Pierre l'a quittée depuis plusieurs mois et l'amie avec qui elle avait projeté un voyage en Grèce lui fait défaut.
3 juillet : Elle confie à une collègue son désir de trouver avec qui partir. Celle-ci a déjà son ami Raoul. L'intérêt des vacances

Delphine n'est pas triste (M. Rivière et B. Romand).

solitaires, lui dit-elle, c'est la possibilité de rencontres, de l'aventure.
4 juillet : Un parent lui confie n'avoir vu la mer qu'à 60 ans et ne pas aimer la montagne.
5 juillet : Delphine déjeune avec sa famille, qui l'invite à l'accompagner camper en Irlande. Mais elle préfère le soleil. En sortant, elle trouve dans la rue une carte à jouer au dos de couleur verte, une dame de pique.
6 juillet : Au téléphone, elle parle avec Jean-Pierre. Elle voudrait utiliser son appartement d'Antibes, mais celui-ci descend justement sur la côte.
8 juillet : Dans le jardin d'une villa cossue de banlieue, Delphine prend le thé avec des amies, tandis qu'un chat noir circule autour d'elles. Discutant de rencontres, de voyages en groupe, ses amies s'inquiètent de la tristesse de Delphine. Mais si cette dernière ne fait pas de rencontres, elle n'est pas triste et d'ailleurs elle a quelqu'un dans sa vie, même si elle ne le voit pas en ce moment. Et puis, elle n'est pas « pareille ». Elle croit aux choses qui arrivent d'elles-mêmes, au thème astral, aux cartes que l'on trouve dans la rue. Un voyant lui a prédit que le vert serait sa couleur de l'année. Ses amies se demandent ce qu'elles peuvent faire devant une telle obstination. Delphine s'enfuit en pleurant. Françoise propose de l'emmener en vacances dans sa famille, à Cherbourg.
18 juillet : Sur une jetée du port de Cherbourg, Françoise et Delphine rencontrent un marin, Edouard. Partant le lendemain pour l'Irlande, il souhaite passer la soirée avec elles. Mais Delphine s'enfuit. N'a-t-il pas l'air d'un drageur ? Dans le jardin d'une petite maison, elle déjeune en compagnie de toute la famille. Elle refuse presque tout ce qu'on lui propose : viande, œufs, poissons et crustacés. Elle n'aime pas manger ce qui vit, qui a le sang rouge, ne se nourrissant que de salades – c'est léger et aérien – et de céréales. Les enfants rougeauds, mangent, eux, de grand cœur.
19 juillet : Une des enfants invite Delphine à faire de la balançoire. Mais elle a facilement mal au cœur. A-t-elle un copain ? Oui, Jean-Pierre. Mais d'autres aussi. Alors tu changes d'homme comme de chemise ? interroge la fillette.
20 juillet : La conversation porte sur le signe zodiacal de Delphine le Capricorne : la petite chèvre qui gravit la montagne mais y arrive seule.
21 juillet : Alors que Delphine se promène seule, pleure et tourne en rond dans la campagne, la famille de Françoise cueille des

En route vers Biarritz ! (M. Rivière).

fleurs. « Vous avez ravagé la nature », s'insurge-t-elle.
22 juillet : Françoise quitte sa famille pour regagner Paris. Delphine ne désirant pas rester l'accompagne.
23 juillet : Dans un parc parisien, Delphine repousse un dragueur, puis téléphone à Jean-Pierre qui lui propose d'utiliser son appartement de La Plagne.
25 juillet : Arrivée à La Plagne, après une brève promenade ; elle décide de repartir le jour même pour Paris.
26 juillet : Elle retrouve Françoise qui travaille dans un salon de coiffure : « Tu ne vas tout de même pas rester à Paris ? »
27 juillet : Delphine erre dans Paris. Prés de Beaubourg, elle rencontre une amie, mariée et mère de famille. Celle-ci lui prête un appartement à Biarritz.
1er août : A Biarritz, Delphine se baigne sur la Grand'Plage, envahie par les touristes. Le soir, elle se retrouve seule dans un appartement désert.
2 août : Près d'une digue, elle ramasse une carte à jouer : un valet de cœur. Elle écoute des inconnus qui parlent du roman de Jules Verne, *Le Rayon vert.* Lorsqu'on l'aperçoit à l'ultime coucher du soleil, on voit clair dans ses sentiments et ceux des autres.
3 août : Sur la plage, Delphine rencontre une Suédoise, Lena, qui

189

voyage seule, aime les rencontres et les beaux garçons, malgré un fiancé jaloux. Elles sortent ensemble le soir. Lena aimerait draguer un peu. Delphine attend l'homme idéal, romantique, la rencontre miraculeuse. Peu lui importe le portefeuille. Quand elle regarde les hommes, tout devient flou. Sa compagne est plus réaliste : il faut faire quelque chose, ne pas chercher, mais sentir ; jouer, mais sans dévoiler son jeu. Delphine n'est pas pareille, pas normale. Si elle est larguée, c'est sa propre faute. C'est qu'elle ne vaut rien.

Lorsque Joël et Pierrot les draguent, la Suédoise joue le jeu, mais Delphine s'enfuit.

4 août : Dans la gare de Biarritz, elle attend son train, en lisant *L'Idiot* de Dostoïevski. Apparaît un jeune homme d'une beauté un peu fade mais agréable, ébéniste de son état. Ils se regardent. Il se rend à Saint-Jean-de-Luz pour le week-end. Delphine, qui ne connaît pas cette station, lui demande de l'emmener. Ils se promènent à Saint-Jean-de-Luz. Elle déclare se méfier des hommes, savoir ce qu'ils veulent d'elle, préférer la solitude et l'attente plutôt que laisser la réalité gâcher ses espoirs. Il lui propose de passer quelques jours ensemble près de Bayonne. Avant de se décider, elle contemple le coucher de soleil près d'une petite chapelle. Au dernier moment, les larmes aux yeux, elle regarde les ultimes rayons, où l'on perçoit un mince reflet vert. Le visage de Delphine s'illumine.

Le Rayon vert est réalisé dans des conditions économiques confinant au cinéma d'amateur ou au film de famille. L'équipe technique est réduite à sa plus simple expression. Le générique indique d'ailleurs, pour l'image, le son, le montage, les mélanges (mixage) : « Avec le concours de... » Le réalisateur n'a pourtant pas assumé directement tous les postes, se contentant de se faire « assister » de quelques techniciens. Au contraire, il a laissé à ceux-ci plus de latitude qu'à son habitude. Les recadrages sont parfois un peu hasardeux, comme si la caméra avait été tenue par un père plus soucieux de saisir le geste ou l'expression de sa progéniture que de réussir une belle image. Celle-ci est d'ailleurs en 16 mm, avec un grain plus apparent encore que dans *La Femme de l'aviateur.*

Depuis longtemps Rohmer n'a pas caché qu'il trouvait grand intérêt à bien des téléfilms français tant décriés. Les acteurs, souvent peu connus, y révèlent un naturel et une originalité que l'on cherche en vain dans la moyenne de la production française.

Un film de vacances ? (M. Rivière).

La télévision semble avoir mieux retenu la leçon de la Nouvelle vague que le cinéma professionnel, où se manifeste de plus en plus un retour en force de la Tradition de la Qualité. *Le Rayon vert* a l'allure d'un téléfilm à petit budget, où tout est centré sur les acteurs, et mis en œuvre pour faire passer l'histoire, le dialogue et le jeu des corps, des visages et des voix.
Au caractère familial de l'équipe technique, répond celui de l'interprétation. La famille de Delphine est apparemment la vraie famille de l'actrice Marie Rivière et, à Cherbourg, les participants semblent bien prendre de vraies vacances en un lieu où ils se retrouvent régulièrement dans la vie. On sait, depuis longtemps, que Rohmer aime réunir quelques relations autour d'un thé (qu'il prépare, dit-on avec dextérité, comme il le fait sur ses tournages). Ces conversations à bâtons rompus alimentent son inspiration, font naître nouveaux sujets et personnages. On a ici fréquemment l'impression d'assister à une de ces réunions, que ce soit autour de la table familiale à Paris ou Cherbourg, autour du thé, justement, dans le jardin de banlieue, ou encore avec le groupe qui évoque *Le Rayon vert* de Jules Verne.
Rohmer n'a jamais caché son intérêt pour le cinéma-vérité, d'où sont issues bien des techniques de la Nouvelle vague, envisageant

un dépassement de cette école dans une synthèse subtile entre fiction et document. *Le Rayon vert* en est la tentative, parfaitement aboutie.

Bien des scènes des Contes comme des Comédies, donnaient l'impression d'une improvisation, là où il y avait en réalité totale adéquation entre le jeu des comédiens et un texte pourtant rigoureux et contraignant. Mais de plus en plus naissait aussi le sentiment d'une coïncidence nullement fortuite entre la personnalité des acteurs choisis et les caractères de leurs personnages.

On a dit ce film réalisé à l'aventure, sans scénario préalable. C'est à l'évidence faux si on entend par là un film dont l'intrigue s'élaborerait totalement au jour le jour, à la façon dont opère fréquemment Rivette. Mais il est vrai que *Le Rayon vert* est le plus expérimental des films de Rohmer, celui qui intègre le plus les aléas, le hasard, les imprévus et imprévisibles dans son principe narratif et esthétique. « Mais, précise Marie Rivière dans le *Pressbook* du film, le scénario est d'Eric Rohmer. Nous avions un canevas de choses bien précises à dire, de deux ou trois points essentiels à la tenue de notre discours. Mais en dehors de cela, et dans les limites de cette structure, nous pouvions broder, et surtout nous exprimer avec nos propres mots, nos personnalités, et ce, assez librement. » Face à ce désordre sciemment et minutieusement provoqué, le réalisateur a tenu à laisser à son équipe technique plus de liberté qu'à son habitude, laissant peu à peu sa sensibilité et celle de son opératrice se rejoindre.

Il y a toujours chez Rohmer, adéquation totale entre technique et sujet. *Le Rayon vert* est l'histoire d'une aventure, celle d'une jeune femme qui a perdu tous ses points de repère : son travail s'interrompt pour les vacances, son ami l'a quittée, la copine avec laquelle devaient se passer ses vacances la lâche soudainement. La voilà contrainte à affronter l'inconnu, le mystère, le hasard des rencontres, des lieux et des milieux nouveaux, les autres en général.

Dans *Le Rayon vert,* l'espace est plus éclaté que jamais, animé d'un double mouvement, centrifuge et centripète, de Paris vers Cherbourg, La Plagne, Biarritz et Saint-Jean-de-Luz, avec de fréquents retours à Paris. La personnalité de Delphine est elle-même éclatée. Comme la Louise des *Nuits de la pleine lune,* elle a la « bougeotte ». A peine arrivée en un lieu, elle s'y sent mal à l'aise et repart. Elle est partagée entre le désir de la rencontre et le besoin de se préserver de tout contact par la solitude. Elle fuit

J'ai pas fait la difficile ! (M. Rivière).

l'atmosphère familiale pour la retrouver, tout aussi chaleureuse et étouffante, chez son amie Françoise.
Le lieu où elle est le plus mal est celui auquel elle ne peut échapper, malgré ses déplacements et ses fuites : son propre corps. Pour en préserver l'intégrité, elle refuse toute nourriture évoquant le vivant. Tout ce qui implique une violence physique, ne serait-ce que cueillir des fleurs, la perturbe.
Si lui répugne ce qui alourdit le corps, elle apprécie la salade, liée à l'idée de légèreté. Delphine veut s'élever, échapper à la pesanteur du monde matériel. Non pas s'élever socialement : elle est trop consciente de sa faiblesse, de son inadéquation aux règles et coutumes des autres. A toutes les solutions proposées, à tous les conseils prodigués, elle répond : « Je ne suis pas pareille ». Il s'agit aussi d'échapper à la pression d'un consensus. En 1986, une jeune femme moderne ne vit pas seule et doit partir en vacances. Ses amies n'ont de cesse de lui proposer maisons ou appartements, lui faire miroiter aventures et rencontres : l'idée moderne de la liberté et du bonheur.
Cela nous vaut des images saisissantes ou cocasses. La Grand'Plage de Biarritz couverte d'une foule criarde où chacun

Delphine (M. Rivière) n'aime pas les dragueurs (Pierrot).

défend avec vigueur son coin de sable est une vision aussi cauchemardesque que l'incursion en banlieue du germano-pratin Wesselrin dans *Le Signe du Lion*. Les maillots de bains de Delphine contrastent parfois avec ceux des autres baigneurs, plus particulièrement avec celui de sa voisine de plage suédoise, qui ne cache plus grand chose.
Bref, Delphine est insupportable (et pourtant émouvante). On songe à la célèbre injonction d'*A bout de souffle :* « Si vous n'aimez pas la mer, si vous n'aimez pas la campagne, si vous n'aimez pas la montagne allez vous faire... »
Mais on devine que ce n'est pas la solution choisie par l'héroïne. Aussi mal à l'aise dans le monde que dans sa peau, il ne lui reste, pour s'élever, que l'imaginaire. Il se présente sous deux formes : la croyance en son destin, aux signes du ciel et, à la fin, la foi en l'homme idéal, au nom de laquelle Delphine refuse les aventures passagères. Puisque la cartomancienne lui a annoncé le vert comme sa couleur de l'année, qu'elle a trouvé une carte au dos vert, etc., elle doit rencontrer cet homme-là. Pourquoi pas celui qui se présente en fin de parcours, au bout du désespoir ? Encore faut-il une dernière approbation, un dernier signe de la Providence.

Ce signe, à peine perceptible, Rohmer l'a attendu longtemps en vain, prêt à se résoudre enfin, dit-on, au trucage, ce à quoi il répugne. Anecdote qui, si elle est vraie, résume bien l'ambiguïté finale du film. Tout cela ne se passe-t-il pas dans la tête de Delphine, donc aussi du spectateur, ou le réalisateur le prend-t-il en charge, lui donnant un minimum d'objectivité ? On devine que la réponse reste dans l'entre-deux. En fait, le rayon vert aurait finalement été filmé aux Canaries. Un vrai plan, mais issu d'un autre lieu. Bref, un faux trucage ou un effet vrai.

La façon dont Delphine accepte d'être le jouet des desseins de la Providence, souhaitant sans doute cette prédestination qui ferait d'elle un être d'exception vraiment « différent », rejoint une donnée sociologique des années 80, où l'astrologie, l'ésotérisme voire la théosophie connaissent un regain d'intérêt. Mais l'avancée de la thématique romhérienne sur le terrain d'un fantastique intérieur est aussi de plus en plus évidente. Comme les Contes moraux, les Comédies et proverbes ne révèlent que peu à peu leurs secrets. Ne constituent-ils pas, économiquement, idéologiquement, anecdotiquement, un pari sur l'avenir ?

Le Rayon Vert est sorti le 3 septembre 1986 à Paris, après avoir été présenté le 31 août à la Mostra de Venise et surtout sur Canal Plus. Il s'agissait là d'une expérience inédite et risquée, qui entre dans la stratégie économique du cinéaste et des Films du Losange. A une époque où la publicité nécessaire au lancement d'un film en grève dangereusement le budget, il s'agissait de remplacer celle-ci par un phénomène de curiosité et de bouche à oreille, Canal Plus, chaîne à péage, ayant une audience limitée (un million d'abonnés). Ceci est d'autant plus important lorsque l'on a affaire à une production de trois à cinq fois moindre que la moyenne nationale (selon que l'on envisage la fabrication brute ou qu'on lui adjoint tout ce qui l'entoure jusqu'aux frais de sortie). De telles expériences, sur des chaînes nationales publiques, avaient jusque-là échoué. Le pari, ici, fut gagné, puisque dès son premier jour d'exploitation, *Le Rayon vert* réalisait une moyenne de 514 entrées par salle, face à des concurrents de taille : *Jean de Florette,* de Claude Berri, et *Mélo,* d'Alain Resnais, avec respectivement 285 et 245 entrées par salle.

Une fois de plus, Rohmer démontre que la situation difficile du cinéma d'auteur (sans vedettes) n'est pas irrémédiable. La liberté du cinéaste est liée aussi à sa capacité d'invention dans le domaine économique. Il renoue là avec les fondements de la Nouvelle vague, qui entendait réaliser quatre ou cinq films pour le prix d'une production française moyenne de l'époque. Le succès d'un seul d'entre eux pouvait assurer l'équilibre de l'ensemble.

Certes, Rohmer a pu compter sur la notoriété attachée à son nom et sur l'appui de la presse, bientôt relayé par le Lion d'Or de Venise. L'accueil critique fut d'ailleurs quasi unanime, à de rares exceptions près. Ainsi, François Forestier, dans *L'Express,* regrette la grisaille du film et l'absence de regard du réalisateur sur sa *« sotte »* d'héroïne : *« C'est presque de la radio filmée. »* Dans le mensuel *Première*, Marc Esposito considère que *« Rohmer fait toujours la même chose mais en moins bien. »* Il ajoute : *« Les dialogues, si brillants, si touffus, si essentiels au plaisir rohmérien, sont devenus plats, hésitants, faussement mode, sans cesse au bord du comique involontaire. »*

Ces rares fausses notes convergent dans une mise en cause des effets de l'improvisation, pourtant essentielle à l'esprit du film et à la conception de l'héroïne. A l'inverse des personnages des Contes moraux et de beaucoup de ceux des Comédies et proverbes, Delphine, en raison à la fois de son origine modeste et de ses problèmes affectifs, n'a pas la maîtrise du langage, aussi capitale dans l'univers rohmérien que celle de l'argent. Il en va de même des milieux qu'elle fréquente, sa famille, celle de Françoise à Cherbourg ou les dragueurs de Biarritz. La Suédoise Lena parle mal notre langue, mais y supplée par son aisance physique. L'ébéniste de la gare est peu bavard, comprend à retardement les avances de Delphine et interprète parfois mal ses explications : ne sera-t-il pas « élu » aussi pour cette raison ? Au contraire, le personnage incarné par Béatrice Romand, volubile et autoritaire (proche en cela de son rôle dans *Le Beau mariage*), fait exception. Mais nous sommes dans un quartier plus aisé où se déroule la cérémonie du thé, socialement marquée. Son insistance agace d'ailleurs Delphine qui s'enfuit en pleurs. La malignité du lieu est soulignée par la présence d'un chat noir.

Une autre caractéristique de cet accueil critique est une sorte de consensus pour prendre au pied de la lettre l'itinéraire de l'héroïne : voyage initiatique vers la lumière, la révélation et la grâce (Saint-Jean-de-Luz). Un détail anecdotique a pourtant mis accidentellement en cause cette vision. Lors de la diffusion du film sur Canal Plus, le fameux rayon vert final ne fut pas perceptible. Au contraire du spectateur de cinéma, le téléspectateur, sauf à s'halluciner lui-même, ne pouvait voir dans la joie rayonnante de Delphine qu'un phénomène subjectif et illusoire. Interrogé

Vincent Gauthier et Marie Rivière devant le « rayon vert ».

précédemment sur cette éventualité et la double lecture qu'elle induirait, le réalisateur, après un instant de réflexion, nous avait répondu avec un sourire amusé : *« Après tout, ce n'est pas plus mal ! »*

Plutôt qu'une conclusion ouvertement spiritualiste et heureuse, nous préférons y voir l'ambiguïté qui caractérise tous les dénouements rohmériens. Même visible, ce rayon vert n'est, après tout, qu'un phénomène naturel dont Rohmer prend soin de nous expliquer l'origine physique. On comprend son obstination à l'obtenir par la voie naturelle plutôt que par trucage. Même alors, pour partager la joie et l'émotion de l'héroïne, le spectateur doit se persuader avec elle du caractère providentiel et de la signification quasi métaphysique de ce « hasard ». Le bonheur, comme le cinéma, est affaire d'illusion et de croyance. Mais quel « bonheur » ? Comme Delphine le fait tout au long du film, nous préférons attendre encore un peu.

Quatre aventures de Reinette et Mirabelle (1986)
Production : C.E.R. (Compagnie Eric Rohmer), Les Films du Losange.
Réalisation, scénario et dialogues : Eric Rohmer.
Images : Sophie Maintigneux.
Son : Pierre Camus (« L'Heure bleue »), Pascal Ribier.
Musique : Ronan Girre (« L'Heure bleue »), Jean-Louis Valero.
Intendance : Françoise Etchegaray.
Montage : Maria-Luisa Garcia.
Peintures : Joëlle Miquel (« L'Heure bleue »).
Film couleur, 16 mm gonflé en 35 mm, format : 1 × 1,33.
Durée totale : 1 h 35. Quatre sketches : « L'Heure bleue » (37 mn), « Le Garçon de café » (15 mn), « Le Mendiant, la cleptomane, l'arnaqueuse » (23 mn), « La Vente du tableau » (20 mn).
Distribution : Les Films du Losange.
Sortie à Paris : 4 février 1987.
Interprétation : Joëlle Miquel (Reinette), Jessica Forde (Mirabelle) pour tous les sketches. « L'Heure bleue » : la famille Housseau (les voisins). « Le Garçon de café » : Philippe Laudenbach (le garçon de café), François-Marie Banier, Jean-Claude Brisseau (les passants). « Le Mendiant, la cleptomane, l'arnaqueuse » : Yasmine Haury (la cleptomane), Marie Rivière (l'arnaqueuse), Béatrice Romand (l'inspectrice), Gérard Courant (l'inspecteur), David Rocksavage (le touriste), Jacques Auffray (le tapeur), Haydée Caillot (la dame charitable). « La Vente du tableau » : Fabrice Luchini (le marchand), Marie Bouteloup (une visiteuse), Françoise Valier (une autre visiteuse).

« L'Heure bleue »

Mirabelle, étudiante en ethnologie à Paris, passe ses vacances à la campagne. Une crevaison inopinée lui fait rencontrer la fille d'une épicière de village, Reinette. Celle-ci lui fait visiter sa chambre, installée dans une ancienne grange. C'est là que Reinette peint, sans avoir jamais appris, ne supportant pas les contraintes de l'enseignement. Elle travaille dans le silence, à l'écoute de ses seules émotions. Mirabelle, qui passe ses vacances entre le gazon et les alignements de fleurs de la propriété familiale, envie sa liberté. Reinette l'invite à rester.
Le soir, Mirabelle évoque le silence. « Le silence n'existe pas dans la nature », lui fait remarquer son amie, sauf à un moment

privilégié, au petit matin, lorsque les oiseaux de nuit ont cessé de chanter et que ceux du jour n'ont pas encore pris le relais. C'est « l'heure bleue ». Elles se lèveront demain pour y assister.
Mais le lendemain, un bruit de moteur vient couvrir l'instant attendu. Mirabelle ne comprend rien au désespoir de Reinette et ne peut la calmer qu'en restant une nuit de plus.
Dans la journée, les deux adolescentes visitent la ferme voisine : jars, chèvres, jument... Et les fermiers leur montrent le potager et s'amusent de leurs questions. La pluie interrompt leur promenade et Reinette confie à Mirabelle qu'elle envisage de suivre des cours à Paris pour améliorer sa technique picturale. Celle-ci lui propose de partager son appartement parisien dès la rentrée.
Au risque de manquer l'« heure bleue », Reinette veut danser jusqu'à minuit. Le lendemain, c'est la citadine qui se lève la première, mais son amie la rejoint et elles peuvent goûter ensemble le moment miraculeux.

« Le Garçon de café »

A Paris, Reinette partage désormais l'appartement de Mirabelle. Celle-ci lui donne rendez-vous dans un café de la rue de la Gaîté. Lorsque la provinciale demande son chemin à deux passants qui prétendent tous deux en venir, ils lui indiquent des directions opposées, tandis que Mirabelle découvre que la rue se trouve dans une troisième direction, sous leur nez.
A la terrasse, le garçon lui refuse de lui faire la monnaie et de croire qu'elle attend une amie : il connaît le manège et sait bien qu'elle partira sans payer. Mirabelle manque aussi de monnaie et entraîne son amie. Le lendemain, furieuse d'avoir donné raison au serveur, Reinette revient au café. Le garçon n'est plus le même, mais empoche avec satisfaction la somme due.

« Le Mendiant, la cleptomane, l'arnaqueuse »

Reinette a des principes : elle donne à tous les mendiants. Mirabelle lui fait remarquer qu'on ne peut secourir tout le monde. Peu après, dans un supermarché, cette dernière aperçoit une cleptomane, observée par deux inspecteurs, glissant des victuailles dans son sac. A la caisse, Mirabelle s'empare brusquement du sac à l'insu des surveillants privés ainsi de pièces à conviction. Dehors, Mirabelle, gênée par le flot des voitures, ne peut rendre le sac à sa légitime propriétaire. D'abord réjouie, Reinette s'indigne en apprenant la provenance de ces « cadeaux » : quelle raison a pu pousser Mirabelle à aider une « vicieuse » alors qu'il vaut mieux mettre les gens en face des conséquences de leurs actes pour les amener à l'autodiscipline ! Le lendemain, gare Montparnasse, Reinette donne à une jeune femme qui prétend avoir été volée les 6,70 francs qui lui sont nécessaires pour rentrer chez elle. Lorsqu'elle la découvre en train d'« arnaquer » une autre passante, elle lui réclame son argent. Devant ses pleurs, Reinette se contente de la pièce d'un franc dont elle a besoin pour téléphoner.

« La Vente du tableau »

Reinette n'a pu payer sa part de loyer et envisage de retourner en province. Il y a bien un marchand de tableau qui pourrait prendre une de ses toiles... Et elle ne cesse de parler du silence, empêchant Mirabelle de travailler. Devant le sourire ironique de celle-ci, elle jure de ne pas parler de tout le lendemain. Justement, le téléphone sonne : le rendez-vous avec le marchand est pour ce jour-là ! Têtue, Reinette refuse de revenir sur sa promesse, acceptant seulement que Mirabelle l'accompagne incognito.

Les aventures de Reinette et Mirabelle : Fabrice Luchini et Jessica Forde.

A la galerie, le marchand, bavard impénitent et fat, ne se rend pas compte qu'il fait seul les demandes et les réponses. Il mettra la toile en vente pour deux mille francs, la moitié revenant à l'artiste. Mais Reinette a besoin de la totalité, et comptant ! Et le tableau de perdre soudainement toute qualité. Mirabelle accuse alors le négociant de profiter de l'infirmité d'une sourde-muette pour l'escroquer et l'empêche de placer le moindre mot. Réduit d'autant plus au silence par l'arrivée de deux visiteuses, le bavard tend à Reinette les billets réclamés. Il inscrit ensuite sur la toile qui attire l'attention d'une cliente le prix de quatre mille francs.

Plus encore que *Le Rayon vert,* les *Quatre aventures de Reinette et Mirabelle* est un retour à l'esprit d'économie de la Nouvelle Vague et surtout aux origines du cinéma de Rohmer : le court métrage avec son aspect didactique (comment réparer une chambre à air dans « L'Heure bleue ») et le principe de la série (comme celle des *« Aventures de Charlotte et Véronique »* dans les années cinquante).

Conçu comme une série de courts métrages, dont d'autres épisodes pourront voir le jour ultérieurement, *Quatre aventures de Reinette et Mirabelle* ne s'est constitué en un ensemble qu'en cours de route : « Au montage seulement, je me suis aperçu qu'après tout, ces histoires faisaient un tout. »

Ces éléments ont pu conforter l'idée d'un Rohmer désormais acquis aux charmes de l'improvisation. Le cinéaste s'en défend formellement : « Il faut être net là-dessus : je me considère comme le seul auteur de ces histoires... Je ne demande pas à l'acteur de me donner des idées de scénario (...) Ce que je leur demande parfois, c'est de me raconter des choses qui leur sont arrivées... Mais ce que je leur demande surtout, c'est de me dire s'ils acceptent ou non le personnage que je leur propose. » C'est ainsi que *Quatre aventures de Reinette et Mirabelle* est né de la rencontre avec Joëlle Miquel et des histoires que la jeune fille lui a racontées (en particulier cette « heure bleue », dont il ignorait l'existence) : « Il s'est trouvé que sa façon de réagir à ces événements coïncidait avec l'une de mes préoccupations : j'avais envie de faire un film dans lequel il y aurait une fille avec des principes, qui soit un peu rigoriste, quelqu'un de très strict, et puis une autre qui ne s'embarrasse pas de tout ça et qui soit quelqu'un de plus frondeur. » Pas plus que dans *Le Rayon vert,* l'improvisation n'est ici un but, mais un moyen (« de temps en temps, j'ai besoin de faire une confrontation avec la réalité »), une ruse perverse même.

Totalement écrit par un homme de soixante-six ans, ce débat moral risquait de laisser percevoir trop nettement la distance séparant le cinéaste de ses personnages. En donnant une certaine liberté à ses héroïnes, Rohmer « naturalise » son propos, lui donne l'air de relever des personnages et de l'époque : « C'était mieux de laisser les comédiennes improviser avec toute leur naïveté. Et je pense que le côté absolument documentaire de la chose enlève tout ce qu'il peut y avoir soit de prétentieux, soit de ridicule dans toute cette histoire. » Dès lors, il importe peu que le second et le dernier sketches soient pratiquement totalement écrits et que le premier et surtout le troisième comportent une part d'improvisation quant au dialogue.

« L'Heure bleue » semble la continuation directe de la scène finale du *Rayon vert* dans sa version optimiste. C'est parce qu'elles sont pleinement disponibles, dans cet état de « vacance », proche du suspense hitchcockien comme de l'attente rossellinienne, que Reinette et Mirabelle peuvent vivre le « miracle », cet instant privilégié hors du temps et de l'espace. Après ces moments de grâce, la vie urbaine et surtout parisienne plonge les héroïnes dans un monde absurde, désorienté, « vicieux ». Du mythe solaire et estival issu du film précédent, le mouvement du film nous conduit à l'approche du printemps, l'essentiel des épisodes urbains se déroulant dans les couleurs automnales (sketch n° 2) ou la froidure hivernale (n° 3). De la même façon, le film se boucle à partir de la recherche du silence absolu (n° 1) pour aboutir au silence arbitraire (Reinette) ou imposé (le marchand). De la transcendance à l'immanence comme du haut (la chambre de Reinette dans le haut de la grange) vers le bas (la galerie en sous-sol).

Si *Le Rayon vert* pouvait apparaître comme la confirmation d'un ordre supérieur, divin, cosmique, astral ou simplement météorologique, donnée au comportement et à l'exigence (morale ?) de Delphine, c'est ici l'inverse qui se produit. Après son expérience de l'absolu, Reinette va devoir confronter ses exigences – ici encore : morales ? – à la relativité du quotidien, de l'époque, des nécessités matérielles (en particulier économiques). Dès « L'Heure bleue », l'envolée proprement aérienne de Mirabelle sur sa bicyclette est interrompue par une vulgaire crevaison. Etudiante en ethnologie, elle est fascinée en Reinette par une ethnie inconnue de sa classe sociale comme par une peuplade amazonienne. La spontanéité, la créativité, l'indépendance de la

« paysanne autodidacte » lui font envie, mais elle reste le produit de sa culture. C'est dans les livres qu'elle a appris que ce n'est peut-être pas en raison de leur supériorité numérique que les chèvres brunes mangent avant les blanches. D'ailleurs, peu lui importent les lois de la nature : elle jette, en vertu de sa conception « démocratique » de la justice, du fourrage aux chèvres écartées. Et si, parmi les animaux, la jument est le seul qu'elle approche sans hésitation, on devine que c'est par une familiarité acquise dans la pratique ultra-socialisée de l'équitation.

Sous cet angle, Mirabelle pourrait n'être que le repoussoir ou le faire-valoir de Reinette, représentante de la pureté de la vie rurale et naturelle. Il n'en est rien. Celle-ci a un mode de vie fort éloigné du paysan moyen : à la ferme, les Housseau se moquent autant de son ignorance que de celle de la citadine [1]. Reinette danse comme une habituée des boîtes de nuit et a voyagé au Mexique, en Tunisie, en Grèce et aux Antilles. Quant à sa peinture, malgré l'ignorance qu'elle affiche, elle évoque à l'évidence Magritte, Dali et les surréalistes, sans oublier Clovis Trouille (non cité). On n'échappe pas à la culture en feignant de vivre dans le silence de son cœur, au contraire...

Pas plus qu'un film improvisé n'est plus vrai ou plus spontané qu'un film écrit : avec une ironie cruelle, Rohmer fait remarquer à

Les aventures de Reinette et Mirabelle : Jessica Forde et Joëlle Miquel.

quel point les tableaux de Reinette (peints par l'actrice Joëlle Miquel elle-même) évoquent « des fantasmes d'homme mûr, et même très mûr », tandis que leurs titres (« L'Echappée belle », « Le Refus » et leurs sujets sont aussi éloignés de quelque naïveté culturelle ou sexuelle que sa chambre-atelier de l'habitat rural moyen.

Comme le programme la leçon de collage de rustine, *Quatre aventures de Reinette et Mirabelle* est un film didactique : Reinette suit un apprentissage, une initiation à la vie moderne et parisienne. Elle va y révéler une extraordinaire faculté d'adaptation ou, si l'on préfère, de dissolution de ses principes dans les aléas du quotidien. Dans « L'Heure bleue », elle compare ce moment d'absolu à une sorte de jugement dernier, l'instant du verdict dans un tribunal, entre la vie et la mort. Mais si elle affirme, à propos des chèvres déjà citées, qu'on ne peut rien y faire et que « c'est la loi du plus fort », elle tente, comme Mirabelle, de rectifer le cours des choses en fonction de ses sentiments et jette de l'herbe à la vieille chèvre incapable de se déplacer.

Dès « Le Garçon de café », Reinette est plongée dans un monde désorienté, comme l'indique la scène initiale des deux hommes sourds et aveugles à l'évidence. Il en va de même de l'étrange serveur qui règne sur sa terrasse par le discours en refusant la réalité. Reinette apprend que la bonne foi ne suffit pas pour échapper à l'injustice. Sans l'avoir voulu, elle endosse le rôle que le garçon lui a imposé. Bien plus, elle se révèle incapable de rétablir elle-même le bon sens et de faire la preuve de son innocence. Déjà ce ne sont plus les principes moraux qui sont en cause, comme le confirme l'histoire du dentiste qui ne voulait pas croire au rendez-vous : ce qui importe à Reinette, c'est moins qu'on lui rende justice que de faire reconnaître qu'elle a raison. « Le Mendiant... » commence sur un grand problème de justice sociale. Doit-on donner à tout mendiant ? Question que Mirabelle rectifie fort justement : peut-on ? La charité (chrétienne ?) que pratique Reinette n'est plus jugée à l'aune de la règle morale, mais à celle de la pratique. *« La dernière (histoire), explique Rohmer, est partie d'une réflexion de Reinette : « J'ai des principes, par exemple j'ai décidé un jour de ne pas parler » (alors que je m'attendais à de grands principes moraux)... »* Et l'on assiste alors à d'étranges inversions. Quand Mirabelle aide la cleptomane, le réflexe généreux d'un esprit frondeur est aussi une réaction de classe. Après tout, la voleuse n'a rien d'une prolétaire et le saumon, le champagne et le confit qu'elle a enfournés dans son sac ne sont certainement pas destinés à nourrir une nichée d'orphelins affamés. La réaction de la « charitable » Reinette n'est pas moins surprenante : derrière sa volonté de mettre les gens en face de leurs responsabilités et d'instaurer l'autodiscipline pour ne pas encourager le vice et la perversion, se profile un authentique discours autoritariste. Le comble de la perversité est évidemment atteint par le réalisateur lui-même, qui se garde bien de trancher et de donner le moyen de le faire autrement qu'en fonction des convictions préalables et des intérêts de chacun. Tel est précisément son propos lorsqu'il montre Reinette « arnaquée » tentant de récupérer son bien : comme pour le café de l'épisode précédent, la somme est dérisoire et la jeune moraliste obéit moins à une soif de justice qu'au désir d'échapper, ne serait-ce qu'à ses propres yeux, au ridicule. Ses principes fondent devant les larmes (simulées ?) de l'arnaqueuse, mais elle récupère tout de même la pièce dont elle a besoin.

« La Vente du tableau » apporte la confirmation de ce pragmatisme dont on peut se demander s'il est le résultat de l'apprentissage de la vie parisienne par une paysanne naïve ou s'il n'était pas déjà ancré dans une mentalité dont le rigorisme n'était que de surface. Pour obtenir l'argent du loyer, Reinette reste fidèle à la promesse de pure forme qu'elle s'est faite *à elle-même,* mais n'hésite pas à s'exprimer par des gestes éloquents et à laisser Mirabelle parler et arnaquer à sa place le marchand. De même que celle-ci utilise les propres mots de Reinette, dont elle s'était moquée la veille, le marchand a recours aux mêmes arguments pour vanter puis dévaloriser la toile. Les mots et les discours règnent en maîtres dans un monde où tout s'intervertit et s'équivaut. Seul prime l'intérêt individuel et la débrouillardise, réglés par une valeur unique, non d'usage, mais d'échange : l'argent. Si le négociant d'art s'est laissé attendrir ou simplement piéger, il aura le dernier mot en doublant le prix sur l'étiquette, puisque les choses ne valent plus que par ce que l'on en dit.

Sous des dehors allègres, *Quatre aventures de Reinette et Mirabelle* apporte une cruelle contradiction à l'apparent optimisme du *Rayon vert,* préparant la douche glacée de *L'Ami de mon amie.*

---

1. Rohmer et ses héroïnes ne sont pas plus dupes du savoir traditionnel paysan ; le fermier a beau affirmer qu'il ne pleuvra pas, elles vont chercher leur imperméable et, effectivement, il pleut !

Comédies et proverbes :

L'Ami de mon amie (1986)

Production : Margaret Menegoz, Les Films du Losange.
Réalisation, scénario et dialogues : Eric Rohmer.
Images : Bernard Lutic, assisté de Sabine Ancelin.
Cadre : Sophie Maintigneux.
Son : Georges Prat, assisté de Pascal Ribier.
Musiques : Jean-Louis Valero.
Mélanges : Dominique Hennequin.
Montage : Luisa Garcia.
Intendance : Françoise Etchegaray.
Distribution : AAA/Les Films du Losange.
Film en 35 mm couleurs. Format : 1 × 1,33.
Durée : 1 h 42.
Sortie à Paris : 26 août 1987.
Interprétation : Emmanuelle Chaulet (Blanche), Sophie Renoir (Léa), Anne-Laure Meury (Adrienne), Eric Viellard (Fabien), François-Eric Gendron (Alexandre).

*« Les amis de mes amis
sont mes amis. »*

Récemment installée dans la ville nouvelle de Cergy-Pontoise, Blanche travaille au service culturel de la Préfecture. Elle y fait la connaissance de Léa, étudiante en informatique, avec qui elle sympathise, malgré des goûts opposés. Blanche se plaît à Cergy mais n'a ni amie ni ami. Léa vit à la fois chez ses parents et son ami du moment, Fabien, passionné de sports nautiques. Blanche se propose de lui apprendre à nager, ce que n'a su faire Fabien, qui « manque d'autorité ». A la piscine, elles rencontrent Alexandre, ingénieur à l'E.D.F. Blanche, intéressée, interroge son amie. Alexandre, explique celle-ci, est un Don Juan infatué de sa personne, qui ne prend même pas la peine de choisir, attendant simplement que les femmes lui tombent dans les bras. Vraiment pas le genre de Blanche, d'autant qu'il est actuellement avec Adrienne, une étudiante en arts plastiques.

Lorsqu'elle rencontre de nouveau Alexandre, dans un café, en compagnie de Léa, Blanche peut à peine ouvrir la bouche et confie ensuite à son amie qu'elle est incapable de se faire valoir devant ceux qui l'intéressent. Elle pourrait jouer la comédie, mais veut « être aimée pour elle-même. »

C'est l'approche des vacances. Léa a décidé de partir plus tôt que prévu, donc sans Fabien. Mais elle confie à Blanche qu'elle part plus ou moins avec un autre garçon. A cette dernière étonnée, elle lance : « C'est toi qui es une coureuse, dans l'âme... Tu cherches l'extraordinaire, je cherche le solide. » Elle lui donne une place pour Roland-Garros, où se trouvera Fabien : si Léa le quitte, il sera libre, comme Blanche, et alors... Blanche s'insurge : « Les amis de mes amies... » Elle s'y rend parce qu'Alexandre y sera, mais c'est pour fuir aussitôt, suscitant l'étonnement d'Adrienne. Celle-ci, qui trouve Léa peu assortie à Fabien, fait la publicité de Blanche auprès du jeune homme et l'informe de l'intérêt qu'elle lui porte.

Durant l'absence de Léa, Blanche et Fabien se rencontrent à plusieurs reprises, rapprochés, entre autres, par leur goût commun pour la planche à voile. Fabien est jaloux de l'intérêt que la jeune fille porte au séducteur à qui tout réussit sans effort. Un jour, Blanche les aperçoit tous deux, les suit et s'arrange pour les rencontrer « par hasard ». Alexandre propose de l'accompagner à Paris mais, devant ses tergiversations, la laisse choir. Elle rentre chez elle en pleurs.

A l'occasion d'une promenade le long des boucles de l'Oise, Blanche et Fabien se trouvent seuls dans une clairière. Emue, Blanche fond en larmes. Aux questions de Fabien elle répond qu'elle pleure parce qu'elle est bien avec lui, mais se demande si elle pourrait être aussi bien avec « un autre... » Ils s'embrassent et passent la nuit ensemble. Au matin, Blanche décide de s'en tenir là : « Pour que ça reste merveilleux, il faut que ça ne dure pas. »

Lorsque Léa revient, c'est pour annoncer à Blanche qu'elle a renoué avec Fabien. Elle va désormais aider Blanche. Lors d'un rendez-vous destiné à piéger Alexandre, celle-ci apprend que Léa et Fabien viennent de nouveau de se séparer, d'un commun accord. Après une longue conversation durant laquelle elle observe en silence Léa et Alexandre, Blanche s'en va brusquement. Le Don Juan paraît surpris de l'intérêt que lui porte Blanche et reconnaît qu'il n'avait rien de réciproque. Il entreprend de séduire Léa qui l'autorise à lui faire la cour, non sans coquetterie. Adrienne emmène Blanche à un vernissage à Paris et lui fait part de ses aspirations : Alexandre était plus brillant qu'intelligent et trop préoccupé de sa carrière. Il lui faut un artiste, qui ait en même temps les apparences d'un bureaucrate. Fabien explique à Blanche qu'il ne changera plus d'avis : c'est elle qu'il aime. Celle-ci avoue qu'elle n'était fascinée, chez Alexandre, que par une image qui s'est soudainement déchirée. Dans un restaurant où elles espéraient ne pas se rencontrer, Léa parle à Blanche de ce qui lui est arrivé. Celle-ci croit qu'il s'agit de nouveau de Fabien et accable ce dernier. Le quiproquo levé, chacune est soulagée. L'image se fige sur les deux couples enfin « assortis ».

L'Ami de mon amie marque un retour au scénario écrit et au tournage rigoureux en 35 mm, laissant peu de place à l'improvisation [1]. Comme toujours, la méthode correspond précisément au sujet.

L'idée d'aventure et l'impression d'ouverture apportées par les deux films précédents sont ainsi niées et *L'Ami de mon amie* se présente comme la conclusion impitoyable d'une trilogie. D'emblée, deux plans de la ville de Cergy-Pontoise nous introduisent à la fois à l'esthétique du film et à sa thématique. Parfaitement cadrés, ils épousent l'architecture de la ville. Celle-ci nous est décrite comme un amphithéâtre construit le long des boucles de l'Oise et coupée de l'extérieur, que ce soit par les embarras de la circulation ou par ce qui en limite l'horizon, comme les tours de la Défense. C'est le règne de l'enfermement et de la circularité, mais aussi celui du factice : les structures architecturales ou les colonnades ont perdu leur fonctionnalité et ne relèvent que du décoratif et de la copie. C'est d'ailleurs cette impression d'inutilité et de répétition qui dominent dans *L'Ami de mon amie,* reprise des thèmes, des situations et des personnages des Comédies et proverbes. Les références sont nombreuses, mais à chaque fois la comparaison est au détriment de cette copie : plus fade, plus systématique, plus bavarde, moins séduisante et sans surprise. On se souvient que c'était aussi le cas de *L'Amour l'après-midi,* sixième conte moral qui opérait la synthèse des précédents. Ce film introduisait, par sa musique de générique, l'idée d'informatique. Dans *L'Ami de mon amie,* celle-ci est présente dès les premières scènes (et Léa étudie cette science). Et rarement film de Rohmer fut aussi programmé : tout ce qui est prévisible s'y produit. Les personnages ne viennent s'inscrire qu'*a posteriori* aussi bien dans le cadre de l'écran que dans celui de la ville. Ils sont à la fois les produits de l'environnement et le résultat du programme des Comédies. De toute évidence, dans ce film si « écrit », Rohmer a puisé beaucoup moins qu'à son habitude dans ce que pouvaient lui apporter ses acteurs.

---

1. Entre-temps, Rohmer a signé un clip-vidéo interprété et chanté par Rosette : *Bois ton café, il va être froid.*

Il serait un peu trop rapide d'attribuer cette impression d'aplatissement, de piétinement à l'épuisement de la veine créatrice d'un auteur qui tournerait en rond dans son microcosme. Lorsque Fabien remarque que dans Cergy on peut croiser jusqu'à six fois la même personne au point de ne plus savoir quelle attitude avoir, il définit le malaise engendré par cet univers où ce que l'on nomme la « grand'place » n'est pas automatiquement la place la plus vaste. Le mécanisme de l'échange de partenaires dans les couples n'est pas un simple procédé de vaudeville, mais le nœud du film.

Dans les films précédents, si les personnages étaient déterminés par leur environnement géographique ou leur situation sociale, ils conservaient la certitude, et le spectateur avec eux, d'une liberté que rien ne permettait de qualifier définitivement d'illusoire. Dans *L'Ami de mon amie,* rien ne subsiste de cet espoir de maîtriser leur destin, moins encore d'une quelconque rédemption. A l'architecture stricte de Cergy-Pontoire qui détermine leurs trajets physiques répond une « modernité » dans le mode de vie, les mœurs ou la morale qui définit aussi sûrement leur parcours mental. Chacun se trouve là non par choix, mais par nécessité professionnelle. Blanche a beau déclarer habiter un palais, ou

L'Ami de mon amie : Eric Viellard et Emmanuelle Chaulet.

Alexandre s'y sentir plus partie-prenante de la « mégapole » qu'au cœur du premier arrondissement, chacun ne rêve que d'activités différentes : vacances, escapades amoureuses, week-ends chez des parents, sport.
Les chemins peuvent se croiser sans cesse, on revient toujours à son point de départ et l'on retombe sur les mêmes personnes. Impossible, dans cette circularité, d'exercer une quelconque liberté, de briser sa solitude, d'effectuer un mouvement véritable vers l'autre. Ainsi en est-il de ces « parties » où l'on connaît plus ou moins tout le monde, donc personne : « Les amis de mes amis sont mes amis ».
Au proverbe se substitue une simple formule relevant des convenances sociales et du souci mécanique d'éviter coûte que coûte la souffrance. Dans un univers factice, sans référence à quelque principe supérieur, Blanche, comme Léa, Fabien ou Alexandre, se voit contrainte de calquer son itinéraire sur le trajet que lui impose son environnement : de faire contre mauvaise fortune bon cœur. Il ne s'agit que de poser des principes pragmatiques que l'on oublie quand cela « arrange ». Larmes et scrupules ne viennent que de la crainte d'attenter au confort de l'autre et, en retour, au sien propre. Il suffit d'un léger « arrangement » pour que deux couples non viables s'assortissent, non par idéal, mais par commodité : Blanche et Fabien aiment les

L'Ami de mon amie : Sophie Renoir et François-Eric Gendron.

sports, Alexandre et Léa la séduction. Ce qui est contradictoire est insupportable, il vaut mieux s'adapter dans une douce euphorie, comme celle qu'apporte le vin, qui remplace ici significativement le traditionnel thé rhomérien.
Les contradictions résolues, l'image peut se figer dans un tableau aussi fade qu'idyllique. Cette fois, la parole semble tout résoudre au lieu de mener au mensonge. *« Qui trop parole, il se mesfait »* : si le bavardage cause quelques maux passagers à Blanche comme à Léa, il les délivre aussi. Le quiproquo final se résoud en ne laissant subsister aucun mystère. Chacun, ici, s'explique sur tout et surtout sur soi-même. Jamais une héroïne des Comédies n'avait exprimé aussi clairement développé que Blanche le logiciel programmant la série : *« J'ai senti que ce que j'aimais, ce n'était pas une personne, c'était une image. Il y avait une image d'homme qui me poursuivait, comme un rêve d'enfant qui s'est prolongé un peu trop tard. »*
Mais à l'inverse des quiproquos de *La Femme de l'aviateur*, *Pauline à la plage* ou *Les Nuits de la pleine lune*, celui-ci est seulement fondé sur le verbe. La parole ne résoud qu'un problème de mots, et l'erreur de Blanche nous révèle surtout la fragilité de la confiance qu'elle place en celui qu'elle n'a choisi que par défaut. Sa prise de conscience n'atteint qu'à une vérité partielle qui lui évite une lucidité plus douloureuse sur elle-même, sur Léa ou sur Fabien. Sa prise de parole ne tend pas vers une vérité. N'est-elle pas, d'ailleurs, bloquée lorsqu'il s'agit de quelque chose et surtout de quelqu'un qui lui tient à cœur ? Et n'est-ce pas à Fabien qu'elle parle le plus aisément ? Une fois de plus, l'image ne trompe pas : tandis qu'un haut-parleur incite, sur la grande réconciliation finale, les promeneurs à utiliser les poubelles pour maintenir la propreté des lieux, les personnages se figent (!) vêtus de couleurs diamétralement opposées à l'harmonie supposée des couples nouvellement formés.
L'Ami de mon amie est à ce jour l'un des films les plus grinçants de Rohmer, concluant (provisoirement ?) le cycle des Comédies d'une note cruelle. Le point de vue de l'auteur sur ses personnages et le monde dans lequel ils vivent, son jugement moral et esthétique (tel plan bref sur les eaux sales du lac contredisant la beauté supposée des lieux), sa distance ironique se manifestent plus ouvertement que jamais. On peut préférer des œuvres plus ambiguës, mais on peut de plus en plus difficilement se contenter d'une lecture béate, au pied de la lettre et du discours apparent des films précédents.

Trio en mi bémol (1987)

Comédie en sept tableaux écrite et mise en scène par Eric Rohmer, représentée au Théâtre Renaud-Barrault à Paris en décembre 1987. Une version vidéo a été présentée sur FR 3 en 1988.
Production : Théâtre Renaud-Barrault, FR 3, La Sept.
Chargé de production : Jacques Guilbault, assisté de Bernadette Molinaro.
Productrice artistique : Françoise Etchegaray.
Décors : Yannis Kokkos, assisté de Muriel Trembleau.
Peintures : Anne Surgers.
Habilleuse : Annick Mainguet-Suares, Kenzo.
Musique : « Trio en mi bémol majeur » de Mozart (K 498), interprété par Michel Portal (clarinette), Bruno Pasquier (alto), Jean-Claude Pennetier (piano). Enregistrement : Harmonia Mundi.
Réalisation vidéo : Michel Vuillermet.
Images : Maurice Giraud.
Eclairages : Joseph Alario, Christian Nuz, Jean-Marc Vidal.
Cadre : Jacky Tichet Babau, Bernard Sanderre, Jean-Michel Villeneuve.
Son : Georges Campas, Robert Jourda, assisté de Jean-Pierre Langlois.
Montage : Jacques Escoubet.
Interprétation : Jessica Forde (Adèle), Pascal Greggory (Paul).

Juillet
Dans la salle de séjour d'un appartement très sobrement meublé, Paul, plongé dans un livre, semble manifester quelque impatience. La sonnette retentit : arrive Adèle, qu'il n'a pas vue depuis trois mois. Ils ont vécu ensemble et se sont quittés voici juste un an. Paul travaille toujours beaucoup, mais a du temps pour voir des amis. Et il vit seul, pour l'instant qui, dit-il, n'est plus un instant. Quant à Adèle, elle a quitté Romain et ne cherche personne pour l'instant. Certes, elle sort beaucoup avec Stanislas. Mais ils se contentent de « sortir » : Stanislas sait que pour quelque chose de pas sérieux, elle ne marcherait pas, et il n'est pas intéressé par quelque chose de sérieux. Editeur de musique rock, il lui fait connaître un milieu moins étriqué où il fait la pluie et le beau temps. Le milieu pourri du show-biz, selon Paul ;

d'ailleurs Stanislas est un snob, qui dépend de l'opinion de son milieu. Mais Paul constate que Stanislas impressionne beaucoup Adèle, qui le croit sincère, mais pense qu'il préfère des filles plus brillantes et plus sophistiquées.

Octobre
Revenue de vacances, Adèle doit annoncer à Paul, qui s'étonne de ne pouvoir la joindre, qu'elle a un nouvel ami. Paul devine qu'il s'agit de Stanislas et la félicite : il a des défauts, mais ce n'est pas le plus mauvais choix, au moins lui existe. Adèle aime très sincèrement son nouvel ami, mais tient à garder l'amitié de Paul, pour le jour où il devra la réconforter...

Décembre
Adèle vient annoncer que, Stanislas partant en voyage le mois suivant, ils vont pouvoir se voir. Inquiet du sérieux de leur liaison — elle vit désormais chez Stanislas, ayant prêté son appartement à une copine — Paul critique Stanislas : ils ont peut-être le même caractère, mais pas les mêmes goûts, sauf en matière de femmes. Un point les oppose radicalement : la musique. Or, la musique touche au cœur de l'être ; il ne peut y avoir d'attirance profonde entre deux êtres qui ne partagent pas la même musique. Adèle ne l'a-t-elle pas quitté pour un musicien de rock ? C'est physiquement que Romain l'avait attirée, précise-t-elle ! Mais, réplique Paul, la musique est physique, agit sur le corps, se l'approprie, le traverse... Adèle lui reproche de ne s'intéresser qu'à une seule musique, la classique, et d'être figé dans le passé. Il y a pourtant un morceau classique qu'elle a senti proche d'elle tout en se situant à une hauteur vertigineuse. Elle le fredonne. Fou de joie, Paul reconnaît le « Trio en mi bémol majeur » de Mozart, qui lui fit le même effet autrefois. Il a perdu le disque à plusieurs reprises, mais promet à Adèle de le lui offrir. Il le joue au piano. Avant de partir, Adèle souhaite que Paul l'emmène au concert et qu'il assiste, mercredi, à sa soirée d'anniversaire. Paul est peu enthousiaste à l'idée de rencontrer les amis de Stanislas et les anciens amants d'Adèle. Celle-ci lui conseille de venir afin d'élargir un peu son horizon.

Décembre
Le soir, Paul rentre chez lui : il a acheté le disque et l'écoute. Il appelle son ami Arthur : il n'ira pas mercredi chez Sta-

nislas, mais lui demande d'y porter le cadeau d'Adèle. Dans un paquet, il place le disque et une superbe écharpe rouge et verte, puis va le déposer chez Arthur.

Janvier
Adèle vient voir Paul et le félicite de son goût : rares sont ceux qui savent choisir un cadeau susceptible de faire plaisir : le rouge si rare qui va le mieux à son teint, le vert qu'elle préfère... Elle voudrait cette fois aller au théâtre : Shakespeare, *Le Songe...* ou *Le Conte d'hiver*. Paul y serait pourtant allé, avec une amie... Adèle, par exemple. Mais il manifeste un certain désappointement : Adèle n'a pas prononcé une phrase qu'il attendait et qui est pour lui d'une énorme importance. Adèle voudrait savoir quelle phrase. Mais elle n'a de valeur que spontanée et Paul se refuse à en livrer le secret. Adèle est furieuse : comment Paul peut-il compromettre leur amitié pour quelque chose qui repose sur le hasard !

Avril
Adèle et Paul se voient de plus en plus. Paul lui apporte la tendresse, ce qui n'a rien à voir avec l'amour qu'elle vit avec Stanislas. Et pourquoi pas un troisième homme pour la passion, s'amuse Paul, qui accorde pourtant la plus grande importance à la tendresse d'Adèle. Est-ce la « phrase » qu'il attendait ? Est-elle plus importante que cette tendresse ? D'une certaine façon. Devant la colère de la jeune femme, Paul lui explique : c'est un pari sur ton être profond... Y aurait-il une chance sur un million, l'enjeu est trop grand pour qu'il renonce.

Juillet
Adèle débarque chez Paul : elle s'est « vraiment » disputée avec Stanislas. Ils vivaient sur un malentendu. Elle tente de joindre sa copine pour réintégrer sa chambre restée libre. Pendant que Paul prépare le thé, Adèle met le disque du « Trio... ». Paul laisse éclater sa joie : il s'agit là de la phrase, mieux, du geste qu'il attendait. Adèle s'étonne : lui en voulait-il parce qu'elle ne lui avait pas offert le disque ? Mais c'est lui qui devait le lui offrir ! Ce qu'il a fait, se défend-il, la preuve ! Mais Adèle vient de le lui acheter ! Elle n'a trouvé que l'écharpe, le disque a dû partir avec l'emballage, jeté par Stanislas, plus maniaque d'ordre encore que Paul ! Comment aurait-elle pu penser que la « phrase » se rapportait à ce disque puisqu'il y attachait si peu d'importance qu'il avait

négligé de le lui offrir ? Pour elle, il avait une égale importance. Elle s'est décidée à l'offrir à Paul lorsqu'elle l'a entendu dans une librairie où, après la scène avec Stanislas, elle cherchait un signe : elle a eu immédiatement envie de l'écouter rien qu'avec lui. Paul bénit ce malentendu. Adèle s'insurge : il a bâti ses élucubrations sur l'idée qu'elle était une idiote totale ! Elle lui demande de remettre le disque et n'est pas pressée de téléphoner à la copine : si elle ne rentre pas chez elle ce soir, Paul ne va tout de même pas la mettre à la porte ?

La seconde mise en scène de théâtre de Rohmer ne part plus d'un texte classique, mais d'une pièce écrite spécialement par l'auteur pour la scène, projet depuis longtemps cher au cœur du cinéaste. Comme la mise en scène de *Catherine Heilbronn*, en 1979, avait ouvert une nouvelle période, celle-ci confirme l'achèvement de la série des six Comédies et proverbes, comme si l'exploration de ce qui relève du théâtre à l'intérieur du cinéma avait permis au cinéaste d'approcher de front la théâtralité. *Trio en mi bémol* semble en effet construit logiquement — comme la structure des Contes moraux de données qui auraient pu sortir d'un ordinateur — à partir des postulats qui définissent l'essence même du théâtre.

L'espace d'abord. La scène. Ici, l'appartement de Paul, où se déroulent les six actes coupés d'un bref intermède. Il se réduit à une salle de séjour sur laquelle s'ouvrent deux hors-champ : à gauche la cuisine (éventuellement les autres pièces : chambre, salle de bains), à droite l'entrée, par où survient, au début de chaque acte, Adèle. Son ameublement est sommaire : les éléments strictement fonctionnels, indispensables au drame (le « nécessaire » selon Aristote), sièges, chaîne Hi Fi, ou utiles à l'information du spectateur (le « vraisemblable ») : un certain ordre sans fioriture — il sera fait allusion à la manie de l'ordre de Paul, moins stricte que celle de Stanislas — un arbre parfaitement « réaliste », fort éloigné de la stylisation de ceux de *Perceval*, permettant de dater les différents actes.

L'unité de lieu, la permanence du décor déterminent le personnage de Paul : casanier (même s'il affirme avoir du temps pour voir ses amis), il vient même de repeindre son appartement comme le constate Adèle, et se refuse à participer directement aux événements qui se déroulent hors de sa tanière. Dès la première scène, il est en attente de ce qui va « arriver » (Adèle) et sera présent au début et à la fin de chaque scène, à l'exception de l'intermède nocturne qui s'ouvre sur son arrivée et s'achève sur son départ, seul moment où il agit, acte précisément « manqué ». Déterminant grossièrement le caractère de Paul, l'unité de lieu définit aussi les grandes lignes de l'action. Sauf cas particulier utilisé alors pour sa valeur d'exception, l'espace théâtral, à l'opposé de l'espace cinématographique, est centripète et non centrifuge : la scène compte moins pour ce qu'elle est — d'où, ici, sa définition minimaliste — que par ce qu'elle attire vers elle d'extérieur qui s'y révèle par le verbe. L'action proprement dite est pratiquement inexistante et la mise en scène réduite à une mise en place[1] : les déplacements des personnages en fonction de leurs réactions affectives d'attrait ou de répulsion. Les événements se situent hors-champ et sont réfractés par le dialogue, les récits d'Adèle ou ceux, indirects (par ouï-dire ou par supputation), de Paul. La matière — le sujet — de *Trio en mi bémol* est évidemment moins dans les faits (l'attirance, l'amour d'Adèle pour Stanislas, puis la rupture) que dans la façon dont l'un et l'autre réagissent à ces informations (au sens quasi informatique du terme) et les utilisent l'un envers l'autre. De dramatique, le mouvement centripète devient psychologique : ce qui vient de l'extérieur est vampirisé par les personnages présents sur la scène en fonction de leurs intérêts. Le mécanisme inhérent aux Comédies — chacun projetant vers l'autre une image de lui-même, à la fois mensongère et révélatrice — devient l'unique centre d'intérêt.

De là découle aussi le « McGuffin », ici le morceau de musique de Mozart, engendrant la situation privilégiée du théâtre et des Comédies : le quiproquo. Paul attend une réponse à une question qui n'est pas posée, Adèle n'ayant pas reçu le disque concerné. Si l'on retrouve une situation rohmérienne type, posée dès *Charlotte et son steak* (1951) — Paul arrivera-t-il à retenir Adèle dans cet espace et empêcher qu'au dernier acte elle ne reparte de nouveau vers

---

1. Je parle de la mise en scène théâtrale de Rohmer et non du découpage de la version vidéo, si sobre et fonctionnel soit-il.

l'extérieur ? — s'y ajoute ici un élément certes fréquemment présent dans les films antérieurs, à commencer par *Le Signe du Lion*, mais rarement doté d'une telle importance, la musique. Le verbe est au théâtre la matière, sinon unique, du moins primordiale. Tout le suspense tient dans la « phrase » qu'aurait dû ou pu prononcer Adèle. Elle ne le sera jamais : la musique vient y suppléer. Ce que la pièce pouvait avoir d'intellectuel et, de ce fait, d'irritant, avec ses analyses de coupeur de cheveux en quatre, prend du même coup une autre densité, une autre qualité d'émotion, une dimension physique, concrète, que les conventions de la scène n'appelaient pas. Tout en s'appliquant à développer les seules potentialités de l'esthétique théâtrale et de ses codifications, Rohmer les déborde, comme il dépassait les limites du cinéma en les frottant aux principes du récit littéraire dans les Contes moraux et à ceux du théâtre dans les Comédies. Le *Trio en mi bémol* ne pouvait être conçu que par un cinéaste : c'est ce qui en fait la force et l'originalité, mais aussi les limites au regard d'une hypothétique spécificité théâtrale. Revendiquant depuis toujours un cinéma impur, Rohmer débouche sur un théâtre impur.

La musique vient, ici, métaphoriser la fonction du verbe rohmérien qui vaut moins, malgré les apparences, par ce qu'il dit que par ce qu'il révèle et produit. Si le *Trio en mi bémol* n'apporte rien de fondamental à la connaissance de l'univers rohmérien — il a même un côté exercice de style un peu appliqué — il introduit une réflexion jusque-là restée en arrière plan : le temps, structure essentielle du mouvement musical. L'évolution des saisons, indiquée par les arbres visibles par la fenêtre en demi-cercle qui occupe le centre du décor, et le conflit des générations — Adèle ne cesse de reprocher à Paul d'être figé dans une culture et une sensibilité musicales passéistes — ne sont pas chose neuve dans l'œuvre de Rohmer : elles furent rarement aussi centrales. Que le cycle entrepris par le cinéaste depuis, (Contes des quatre saisons), en fasse sa matière principale, ne saurait étonner.

Les Jeux de société (1989)

Production : FR 3, La Sept, Initial Group, avec la collaboration du Centre national de la Cinématographie et des Editions du Seuil, dans le cadre de la série « Histoires de la vie

privée », inspirée par l'œuvre dirigée par Georges Duby et Philippe Ariès.
Production déléguée : Denis Freyd pour Initial Group.
Production exécutive : Françoise Etchegaray pour C.E.R.
Conception et réalisation : Eric Rohmer.
Images : Luc Pagès, assisté de Philippe Renaut et Didier Maigret.
Musique : Jean-Louis Valero, d'après des airs de vaudeville.
Son : Pascal Ribier, assisté de Ludovic Hénault.
Montage : Maria-Luisa Garcia.
Costumes : Anne-Marie Moulin.
Décors : Alain Tchillinguirian, Alwyne de Dardel, Jérôme Pouvaret.
Documentation : Hervé Grandsart.
Durée : 57 minutes.
Diffusion : La Sept (5 juin 1989).
Interprétation : 1) Gilles Masson, Sophie Robin, Corinne Ortéga, David Conti, Florence Masure, Marc Lelou, Marie-Pascale His, Thomas Dubois, Anne Baleyte, Xavier Blanc ; 2) Philippe Capelle, Olivier Derousseau, Anne-Charlotte Boutry, Anne-Claire Debarbieux, Carène Loyer, Marjolène Olivier, Gauthier Jalonski, Eric Le Gal, Sylvain Montreau, Pierre Olivier ; 3) Dominique Parent, Isabelle Vazeille, Chantal Calvet, Véronique Gouse, Marie Terlutte, Audrey Drigues, Marie-Emilie Anjolras ; 4) Lucien Pascal, Alexandra Stewart, Loulou Bertal, Bruno Balp, Muse Dalbray, Jean-Marie Robain ; 5) Florence Darel, Etienne Pommeret, Pascal Derwel ; 6) Pascal Greggory, Christiane Desbois, Daniel Tarrare, Eloïse Bennett, Jacques Penat, Florence Cornillot, Jean Douchet, Nathalie Kotcholava, Alexandra Imparato, Françoise Becam, Chris Artigaud, Jean Prieur, Aurélia Alcaïs, Virginie Perrier, Géraldine Studer, Patricia Poirier, Jacques Beaufils, Anne-Sophie Rouvillos, Rosette.

La Sellette, les gages (époque Consulat). Dans un jardin à la française, avec une quinzaine de participants hommes et femmes, un meneur de jeu place sur la sellette (un tabouret) un joueur qui doit deviner de qui émane telle accusation déposée contre lui. S'il réussit, l'accusateur passe à son tour sur la sellette. S'il se trompe, il doit déposer un objet en gage. Pour racheter les gages, une épreuve est choisie (baiser le dessous du chandelier, le baiser à la capucine, le cheval

Le jeu du singe.

d'Aristote, le baiser de lièvre, le singe...) que le propriétaire de l'objet doit exécuter avec le cavalier ou la cavalière de son choix. Avant que le jeu s'achève par le pont d'amour, des assistants commentent : « *En somme, ce qui différencie les jeux de société des autres, c'est qu'il faut s'ingénier à perdre et non plus à gagner. — En effet, quoi de plus doux pour un homme que d'être mis en pénitence par une femme... Il ne faut pas multiplier les baisers, ils pourraient alarmer la pudeur des dames... et même des jeunes gens...* »

Le Colin-maillard (poème de Régnier-Desmarets, époque Louis XIV). Dans un décor dont le fond est une toile représentant l'intérieur d'une maison de la Grèce antique et le devant occupé par quelques sièges Louis XIV, quelques personnages du grand siècle jouent à colin-maillard : l'aveugle doit s'asseoir sur les genoux d'un(e) des assistant(e)s et deviner son identité à la seule aide de ses pieds. Le commentaire évoque l'origine antique de ce jeu — des jeunes enfants grecs jouent alors dans le décor débarrassé de ses accessoires modernes. Est aussi racontée la plaisanterie faite à un jeune colin-maillard craintif : on ne cessait de l'avertir qu'il allait se cogner en criant « poteau noir » alors qu'on avait ôté tous les obstacles.

J'aime mon amant par A. (Encyclopédie méthodique, époque Louis XVI). Dans un salon, un abbé accueille ces jeunes dames et jeunes gens qui reviennent de jouer à la promenade et mille autres jeux sous la conduite d'un second abbé. Le premier constate que les plus petits jeux sont souvent plus divertissants que les plus grands et l'on a vu bien des personnes de haut rang et culture s'y adonner avec plaisir, certes en y jouant quelque argent. L'origine du colin-maillard évoquée, quelqu'un propose de jouer à « J'aime mon amant par A. », qui consiste à compléter une phrase-type par des mots commençant par la lettre A. Une adolescente à l'orthographe maladroite se fait souffler les mots par l'abbé ; un chevalier étourdi reçoit des gages. On propose des jeux plus difficiles : fondés sur la mémoire ou la prononciation, etc. Une femme vient rompre les plaisirs de l'assemblée, reprochant à l'abbé d'enseigner des jeux stupides au lieu des cartes, plus dignes, et où l'argent est en cause. L'abbé doute de la réalité d'un tel gain, à quoi elle répond que certains qui ne s'adonnent pas aux cartes ont des passe-temps bien plus dispendieux : chevaux, maîtresses... L'abbé lui fait remarquer qu'elle a beau mépriser leurs petits jeux, elle n'en est pas moins frivole elle-même, étant folle de mode. Les cartes et les jeux, selon lui, sont nécessaires au bien moral d'une société et permettent d'employer le temps des désœuvrés qui risqueraient autrement de se livrer à des activités bien plus préjudiciables au bien privé comme public. Les mères sont attachées aux abbés qui occupent ainsi leurs enfants. Il cite *L'Ecole des femmes* où l'on refuse aux femmes de jouer même au « Corbillon » pour s'assurer de leur stupidité. A l'intruse qui affirme que si elle avait des filles, elle les garderait auprès d'elle, l'abbé rétorque qu'elle en ferait ainsi des joueuses de profession. La femme repart, décidément fâchée.

La Mouche (« Béatrix », Honoré de Balzac, 1836). Tout en jouant à la « Mouche » (jeu de cartes dont les règles ne sont pas évoquées), dans une pièce sombre et exiguë, six personnes, la plupart âgées, à l'exception de la baronne, d'origine anglaise, évoquent différents sujets, tandis que M. du Guénic s'endort régulièrement : la politique, des souvenirs de guerre, une mode, la tricherie du curé (qui s'en défend), la mort du duc d'Elancourt, un mariage, la « monstruosité » de Mlle des Touche, dont on apprend qu'elle... fume !

Le Jeu des Rois et des Reines (« *Le Jeu de Robin et Marion* », Adam de la Halle, 1280). Dans la campagne, six jeunes gens et jeunes filles se promènent et décident de jouer au Jeu des Rois et des Reines. Le sort désigne un roi. Chacun doit comparaître « à la cour » et répondre sincèrement aux questions du roi : as-tu déjà été jaloux ? Quelle viande préfères-tu ? Ressens-tu une grande émotion quand tu me vois ? Le jeu permet de mettre en évidence l'amour de Robin et Marion.

Les Charades en action ou La Soirée bourgeoise (vaudeville de Dumersan et Sewrin, 1818). Dans une grande maison bourgeoise, M. de Saint-Gil est interrogé sur les « charades en action ». De première force en la matière et charadiste en chef, Saint-Gil propose d'en faire immédiatement la démonstration. Il choisit, au dépit de ceux qui ne seront que spectateurs chargés de deviner, six personnes qui vont mimer avec lui les deux syllabes et le tout de la charade. Dans l'assemblée, un brave bourgeois, M. Nicolas, que son ignorance n'empêche pas de parler haut et fort, discute avec sa fille. Mimant le tout (« Pluton »), Saint-Gil enlève, fidèle à la mythologie, Mlle Palmyre. Une servante vient avertir l'assemblée que l'enlèvement est passé de la charade à la réalité : « *J'avais toujours pensé que ces charades-là lui joueraient un méchant tour !* » commente-t-elle, à quoi M. Nicolas ajoute : « *Moi aussi, mais je ne disais rien.* » Puis tous se lèvent pour chanter tandis que défile le générique final.

Que le jeu soit constitutif de la pensée et de la démarche rohmériennes ne saurait plus étonner. Dans cette commande, le cinéaste fait se rejoindre deux tendances de son œuvre : l'aspect pédagogique de ses travaux des années 60 pour la télévision scolaire comme, dans une moindre mesure, de ses films « historiques » (*La Marquise d'O...* et *Perceval*) et le courant fictionnel, devenu largement majoritaire. Rarement documentaire aura été un tel régal pour l'esprit comme pour les sens. Au lieu de se contenter de puiser dans l'œuvre de Georges Duby et Philippe Ariès dont la série « Histoires de la vie privée » s'inspire, Rohmer opère ses propres recherches et exerce son propre choix. Bien plus, au lieu d'une fastidieuse énumération chronologique, il constitue son propre discours en fonction de thèmes précis, mêlant allègrement

Baiser le dessous du chandelier.

les époques, y compris à l'intérieur d'un même épisode (celui de colin-maillard).

Il est significatif, connaissant l'importance du hasard dans l'univers rohmérien, que le cinéaste n'ait aucunement traité des jeux de hasard, mais des « jeux de société » dans lesquels celui-ci ne joue aucun rôle. C'est à la fonction sociale du jeu qu'il s'attache, à la façon dont les règles des jeux contournent celles du jeu social et dont celles-ci, à leur tour, détournent les premières.

Qu'Eric Rohmer ait préféré à un discours pesant et directif — facilité à laquelle le documentaire cède si souvent — un dispositif qui est en lui-même un jeu de société, avec un luxe de variations tant dans les sources (poème, encyclopédie, vaudeville, roman...) que dans la représentation (jardin, toile peinte, campagne, salon, appartement bourgeois...), ne saurait surprendre. La matière de chaque épisode est « jouée » (au sens théâtral du terme) et mise en jeu (en scène), confrontée à la résistance des matériaux (corps, voix, espace, décors, costumes). Le jeu, ainsi dépouillé de son arbitraire et de son abstraction, désigne en quelque sorte de lui-même son poids de réalité, son inscription dans un monde bien réel. Le premier épisode (« La Sellette ») met littéralement en place le propos et le programme. Alignée en demi-cercle face à la caméra et au meneur de jeu, sur fond de jardin à la française d'une parfaite symétrie, l'assistance participe d'un ordre strict que le jeu vient déranger, voire renverser momentanément. Sur la sellette se révèlent les défauts, les petitesses, les jalousies, les mesquineries, les médisances, les antagonismes que cachent les règles sociales et les masques de la bonne société. Le rachat des gages va plus loin, permettant, par le choix du partenaire, aux attirances affectives de se faire jour, voire à des contacts physiques de se donner libre cours (baisers), aux corps de basculer (cheval d'Aristote), à l'impeccable propreté des toilettes et des maquillages de faire place au sale (le singe) dans des plaisanteries frisant la vulgarité. Avec le pont d'amour, ces transgressions, sous la forme d'un chaste baiser, reprennent place dans un ordre, le mouvement ne venant plus le briser, mais s'y mêler harmonieusement.

Avec le « colin-maillard » sont opposées deux époques : celle des jeux innocents des enfants de la Grèce antique et celle de l'époque Louis XIV : identifier celui ou celle sur les genoux duquel s'assied le colin-maillard à l'aide des seuls pieds est bien moins innocent... Mais les petites tricheries des modernes prennent leur source dans la farce faite au plus craintif des jeunes Grecs : le jeu contient en lui-même les germes de sa perversion et de sa dégradation.

« J'aime mon amant par A. » marque un autre pas vers la socialisation des jeux. Ils ont pour fonction essentielle et avouée de détourner la société oisive qui s'y adonne — la noblesse que son inutilité sociale va anéantir sous le choc de la Révolution — de turpitudes plus graves. Sous la direction de deux abbés à la moralité élastique, appréciés par les mères sans doute pas uniquement pour leur rôle de bonnes d'enfants, le jeu est le garant d'un ordre artificiellement stabilisé. La tricherie y est institutionnalisée (l'abbé soufflant les réponses à l'adolescente à l'orthographe défaillante). Mais un danger plus grave encore le guette : devenir un objet de spéculation, comme le sont les jeux de cartes, tenus pour plus élevés pour cette seule raison, idée que l'abbé a beau jeu de détruire dans un merveilleux syllogisme. L'avantage reste tout de même aux « petits jeux », dont la gratuité garantit un minimum d'utilité, Molière et *L'Ecole des femmes* à l'appui.

Dans la société bourgeoise triomphante du XIXᵉ siècle, le jeu n'est plus qu'un prétexte — on dédaigne même de nous expliquer les règles de « La Mouche » et le rôle du fameux Mistigri censé faire pâlir le nez du curé — surtout lorsqu'il réunit quelques vieillards ridés, guettés par le sommeil, préoccupés du passé, des morts, des dernières turpitudes de ceux à qui leur âge permet d'être encore dans la course. Rien d'étonnant à ce que l'encore jeune baronne emporte les enjeux !
« Le Jeu des Rois et des Reines » se déroule dans un paysage bucolique où s'ébrouent quelques jeunes paysans et paysannes. Que l'on saisisse mal le sens de leurs paroles, dans un français ancien, fleuri, poétique, importe peu : seules comptent l'aisance et la grâce avec lesquelles ils se meuvent en parfaite harmonie avec la nature. Le jeu leur permet de se prendre pour les rois et les reines — ce qu'ils sont — de ce monde primitif, de passer des sentiments les plus délicats aux plaisanteries scatologiques avec le plus parfait des naturels : il retrouve sa fonction première de lien entre l'ordre social et l'ordre privé, sans le moindre antagonisme.
Après cette plongée dans le mythe, « Les Charades en action » nous ramène à l'époque bourgeoise. Le jeu, certes, ici, est dévié de sa fonction purement ludique : la charade permet au roué M. de Saint-Gil d'embarquer la frêle Mlle Palmyre. Le tout, si l'on peut dire, sous le regard goguenard du bourgeois Nicolas, inculte, grande gueule, mais bon vivant (à la différence de sa fille, pimbêche et tricheuse). Mais ne retrouve-t-il pas, justement, sa fonction primitive : rectifier les rigueurs de l'ordre social ? A l'étonnement de la servante, qui ne comprend pas la distinction entre réalité et fiction, répond le réalisme de Nicolas : que l'imaginaire du jeu se prolonge dans la réalité sociale, quel meilleur sort peut-on lui assigner ?
Cette conclusion rassemble les divers thèmes et les époques (la mythologie grecque sert de prétexte à la charade) et s'achève dans une mise en scène aussi arbitraire, par rapport aux critères du réalisme, que celle du *Petit théâtre de Jean Renoir*. *Jeux de société* est aussi une réflexion sur le cinéma, un art poétique inattendu d'Eric Rohmer : le cinéma est-il autre chose que la mise en scène de la parole ? Le documentaire, principe originel du projet, débouche sur la plus totale des théâtralités. Quoi de plus naturel, Rohmer l'écrivait à

propos du film de Renoir : « *Dès que le film devient fiction, il perd son innocence et son originalité radicale.* » Le jeu, en ce sens, est une merveilleuse métaphore du cinéma. Quelle que soit l'attraction qu'exerce son origine mythique (la pureté et la gratuité ludiques), il se mêle à la société, se dégrade peut-être, mais conserve une puissance corrosive, une faculté de revivifier la naturelle inertie sociale. Et le cinéma n'est-il pas l'une des plus nobles formes contemporaines (ou des plus triviales, c'est selon) des jeux de société ?

Contes des Quatre Saisons
Conte de printemps (1989)

Production : Margaret Menegoz, Les Films du Losange, avec la participation des Soficas Investimage.
Réalisation, scénario, dialogues : Eric Rohmer.
Images : Luc Pagès, assisté de Philippe Renaut.
Sons : Pascal Ribier, assisté de Ludovic Hénault.
Mélanges : Jean-Pierre Laforce.
Montage : Maria-Luisa Garcie, assistée de Françoise Combès.
Distribution : Les Films du Losange.
Film en 35 mm couleurs.

Le cœur au rythme des saisons (Hugues Quester et Florence Darel).

Durée : 1 h 52.
Sortie à Paris : 4 avril 1990.
Interprétation : Anne Teyssèdre (Jeanne), Hugues Quester (Igor), Florence Darel (Natacha), Eloïse Bennett (Eve), Sophie Robin (Gaëlle).

En attendant une nomination en province, Jeanne, jeune professeur de philosophie qui vient d'obtenir le CAPES, est en stage dans un lycée de la région parisienne en attendant un poste en province. Son fiancé Mathieu, mathématicien, vient de partir pour une semaine. Dans l'appartement exigu de ce dernier où elle vit habituellement, elle rassemble quelques affaires et s'apprête à rejoindre son propre logement, qu'elle a prêté à sa cousine Gaëlle. Celle-ci est venue en stage à Paris. Convaincue qu'elle ne sera pas dans les dix candidates retenues, elle aurait dû partir, mais son ami Gildas, militaire, l'a rejointe pour le week-end. Jeanne n'ose les mettre à la porte. Hésitante, Jeanne accepte finalement l'invitation téléphonique d'une amie qui l'invite à une soirée à Montmorency. Là-bas, elle ne connaît personne et fait la connaissance de Natacha. Elle lui confie qu'elle ne s'ennuie pas, mais que son goût ne se porte sur rien, aujourd'hui où son comportement paraît absurde, avec ses deux appartements dont l'un est occupé, l'autre vide, mais où elle n'a pas envie d'être en l'absence de Mathieu. Natacha, dont l'ami William, journaliste, a dû partir précipitamment, voudrait rentrer à Paris et propose à Jeanne de l'héberger. Depuis que leur mère les a quittés, son père vit chez ses maîtresses, actuellement Eve, une fille de l'âge de Natacha. Sa chambre est donc libre. Jeanne découvre ainsi l'appartement de Natacha et sa cuisine à l'architecture moderne étrange, objet de brouille entre les parents. Natacha étudie le piano au Conservatoire. Les femmes, selon elle, ont une influence néfaste sur son père, écrivain. La mère aurait aimé qu'il soit un vrai créateur, mais il est trop critique envers lui-même et trop admirateur envers les autres écrivains. Quant à Eve, elle le vampirise : depuis qu'il est avec elle, il n'a pas avancé dans son bouquin et elle utilise ses idées pour des articles qu'elle publie dans les journaux.
Le matin, alors que Natacha est à son cours, Igor vient chercher quelques affaires alors que Jeanne prend sa douche. Il s'excuse et s'étonne que Natacha ait oublié de l'avertir

de sa venue avant de s'éclipser jusqu'à mercredi. A son retour, Natacha est très sensible au fait que Jeanne ait acheté des fleurs. L'après-midi, elle l'emmène dans leur maison de campagne, voir les cerisiers en fleurs. Elle confie à Jeanne qu'elle n'aimerait pas que son père y amène Eve, mais n'est pas jalouse et ne serait pas gênée qu'il vive avec une femme comme Jeanne. Elle soupçonne Eve d'avoir fait disparaître un collier qu'Igor devait offrir à Natacha pour son anniversaire après l'avoir un moment prêté à Eve. Le collier a disparu de façon inexplicable. Le lundi, Gaëlle ayant été sélectionnée et devant prolonger son séjour d'une semaine dans l'appartement de Jeanne, celle-ci revient chez Natacha, à la grande joie de cette dernière. Le mercredi, Natacha arrive à retenir son père à dîner mais est contrainte d'inviter Eve. Au cours de la conversation, Eve, qui prépare une maîtrise de philosophie, oppose la vie active de la presse, l'audiovisuel et l'édition à l'enseignement. Igor promet d'aller à la campagne faire quelques travaux ce week-end. Eve n'est pas libre, ni Jeanne. Le lendemain, Natacha affirme à Jeanne que son père l'a trouvée très bien.
Se disant sûre que son père ne tiendra pas sa promesse, Natacha convainc Jeanne de l'accompagner à la campagne. Elles y trouvent Igor et Eve. Natacha est tellement désagréable qu'Eve décide de repartir. Seule, puisque Igor veut rester. L'après-midi, Natacha part avec William, puis avertit Jeanne qu'elle rentre directement à Paris. Igor retient Jeanne. Au café, Jeanne accède à trois demandes d'Igor : s'asseoir près d'elle, lui prendre la main, l'embrasser, puis elle s'écarte. Igor regrette cette volonté de désérotiser leurs rapports. Jeanne affirme n'avoir eu aucune intention et n'avoir agi que par la logique du nombre trois. Mais aussi contre Natacha qui veut la jeter dans les bras de son père qui lui avait formellement confirmé vendredi qu'il serait là. Lorsque Igor affirme à Eve au téléphone qu'« elles » sont parties et qu'il compte rester pour la nuit, Jeanne part, convaincue d'être victime d'un complot, après avoir déposé un baiser sur la joue d'Igor qui nie toute complicité.
Le lendemain, Natacha, irritée des accusations de Jeanne, s'enferme dans sa chambre. En rassemblant ses effets, Jeanne trouve le collier, sans doute tombé d'une poche d'Igor. Cette explication détruit l'hypothèse de Natacha. Jeanne, troublée, s'excuse auprès de Natacha : son imagination lui joue aussi

Une beauté qui n'a rien de fragile (Anne Teyssèdre).

des tours. Tandis que Natacha affirme que l'histoire d'Igor avec Eve va vite finir, Jeanne, de retour dans l'appartement de Mathieu enlève d'un vase un bouquet de fleurs fanées.

Ouvrant un nouveau cycle, celui des Contes des quatre saisons, *Conte de printemps* ne prendra, à l'évidence, toute sa signification que dans le cadre du cycle achevé. Remarquons d'abord que, dans sa dénomination même, il rejoint les Contes moraux par sa délimitation, les Comédies et proverbes s'étant voulus indéterminés dans leur nombre, même si ce cycle s'est achevé au sixième film lui aussi. S'y ajoute le fait de commencer par le printemps qui laisse supposer que cette nouvelle série s'achèvera sur l'hiver, c'est-à-dire le trajet métaphorique d'une vie. On ne s'étonnera donc pas que les personnages fassent preuve, majoritairement, d'une maturité un peu laissée de côté depuis les Contes moraux. Le personnage de Jeanne est, au moins moralement, fort éloigné des adolescents immatures des Comédies et il y avait longtemps que l'on n'avait vu chez Rohmer un homme de quarante ans, sans oublier le lien de paternité, jusqu'ici simplement esquissé quand il ne relevait pas de l'imaginaire. Les ressemblances extérieures avec les Contes moraux ne

Chacun s'y montre maladroit (Anne Teyssèdre et Hugues Quester).

s'arrêtent d'ailleurs pas là. L'intrigue de *Conte de printemps* peut se lire comme une version féminine — par où cette série constituerait la synthèse des Contes et Comédies — du programme des Contes moraux : une femme qui affirme avoir fait son choix en matière de sentiments — Jeanne épousera Mathieu et ira vivre avec lui à Grenoble — se trouve en état de « vacances », l'élu étant absent pour une période déterminée (une semaine), et s'intéresse à un autre homme avant de rejoindre le premier. Si l'itinéraire est globalement semblable, le trajet est plus complexe : Jeanne est-elle vraiment attirée par Igor ou seulement victime des manigances de Natacha ? Imagine-t-elle ce complot pour justifier cette dérogation aux principes de vie qu'elle s'est fixés ? La réponse restera suspendue, aussi bien pour le spectateur que pour Jeanne. Aux rapports qu'entretient celle-ci avec ses principes et l'idée qu'elle se fait d'elle-même s'ajoutent les figures du quiproquo et de l'interprétation que chacun fait des comportements des autres mais aussi de l'image qu'il veut imposer de lui-même par le discours.

La dimension la plus nouvelle, parce qu'enfin au premier plan, est celle du temps, déjà amorcée dans *Trio en mi bémol,* fortement rythmé par l'écoulement des saisons. La différence d'âge entre les divers protagonistes devient un enjeu capital. Que Mathieu soit sensiblement de son âge n'est nullement indifférent à son choix ; elle semble même regretter le minime écart de quelques mois. Au contraire, Igor vit avec une maîtresse, Eve, de l'âge de sa fille, tandis que celle-ci a un ami, William, de l'âge de son père et ne verrait pas d'un mauvais œil qu'il s'intéresse à Jeanne. L'intérêt de plus en plus grand, surtout depuis les Comédies, manifesté par Eric Rohmer pour les fraîches adolescentes a été suffisamment signalé pour que l'on n'en tire pas des conclusions hâtives par rapport à l'âge du réalisateur. La façon dont Hugues Quester se façonne un personnage dont les attitudes physiques font fréquemment penser à celles du réalisateur — ce qui n'a pu échapper à un directeur d'acteurs aussi méticuleux que Rohmer — pourrait appuyer cette lecture. Mais outre que cette intrusion impudique de la biographie dans l'œuvre n'est pas dans les habitudes du cinéaste, ce constat ne mène qu'à une tautologie : que quelque chose des préoccupations intimes de l'auteur passe, même malgré lui, dans ses films relève de la palissade.

Il me paraît plus important de constater que le *Conte d'hiver* de Shakespeare est évoqué, dans *Trio en mi bémol*, par Adèle qui propose d'y accompagner Paul à qui elle vient de reprocher de se figer dans le passé. De même, le dernier épisode des *Jeux de société* fait référence à l'enlèvement de Proserpine par Pluton, mythe explicitement évoqué dans la pièce de Shakespeare, œuvre d'âge mur qui traite du vieillissement, de la fidélité conjugale, des erreurs de jugement... Si ce nouveau cycle est le fruit d'une maturation, c'est aussi une certaine maturité qui caractérise Jeanne, que l'on pourrait rapprocher, dans un registre de beauté et de caractère, certes fort différent, de la Maud de *Ma nuit chez Maud,* ou encore de l'Aurora du *Genou de Claire,* voire de la Suzanne de *La Carrière de Suzanne*. La beauté d'Anne Teyssèdre n'a rien de la fragilité d'une Anne-Laure Maury, d'une Béatrice Romand, d'une Marie Rivière ou d'une Pascale Ogier. Le caractère volontiers farouche, affirmé, offensif de Jeanne —elle ne cède pas d'un pied dans la discussion philosophique qui l'oppose à Eve — n'est pas de ceux qui éveillent les sentiments volontiers protecteurs des hommes, surtout de quarante ans ; son apparence et ses toilettes, sobres, sont exemptes de recherche excessive de plaire ou de séduire. Elle serait plutôt de nature à faire fuir plus d'un héros rohmérien, fort enclin à la dérobade.

Cette attitude solidement volontaire est pourtant mise à rude épreuve. Tout, autour de Jeanne, se ligue pour introduire le chaos dans l'ordre qu'elle souhaite voir régir sa vie. Son métier, d'abord, qui l'oblige à cette année de stage avant de trouver un poste fixe. Sa situation sentimentale, qui la place, comme la Louise des *Nuits de la pleine lune*, en porte-à-faux entre deux appartements, mais sans qu'elle l'ait choisi. L'absence momentanée de Mathieu, qui la confronte à l'ordre de ce dernier, reflété par son appartement. Le hasard, ensuite, qui fait se prolonger le séjour de Gaëlle dans son propre appartement. Pendant toute cette semaine, Jeanne ne cesse d'être là où elle ne voulait pas être pour revenir finalement au lieu qu'elle fuyait initialement. Jamais Rohmer n'a mis en scène une telle quantité de lieux centrifuges où tout le monde — et Jeanne en particulier — se sent, à un moment ou un autre, déplacé. La cuisine de l'appartement de Natacha, conçue par un « jeune » architecte et prétexte de la discorde des parents, en est l'emblème, tandis que la scène où chacun considère que c'est à lui de partir de la maison de campagne en est le paroxysme comique. Rien d'étonnant à ce que les rues de Paris soient filmées ici sous un jour inédit, en travellings-avant, d'une façon quasi godardienne.

Dans un tel maëlstrom, Jeanne ne peut que s'imaginer victime d'un complot dont rien d'ailleurs ne vient prouver définitivement qu'il soit purement imaginaire. L'aspiration de Jeanne à l'ordre et à s'établir dans une certaine durée s'accompagne d'ailleurs du désir secret d'une certaine fantaisie comme de l'éphémère. Comparant Igor à Mathieu, elle constate une identique façon poétique de vivre la vie, ajoutant que cela n'empêche pas le père de Natacha d'être précis et scrupuleux, qualités dont on peut s'étonner qu'elles manquent au mathématicien qu'elle a choisi. C'est précisément l'ordre de Mathieu qu'elle ne supporte pas dans son appartement. Sa passion pour les fleurs relève, elle aussi, d'une attirance pour une beauté d'autant plus éclatante qu'elle ne résiste pas à l'usure du temps. Cette semaine de vacances (au moins géographiques) est pour elle une initiation à un aspect de la vie qu'elle se refusait à envisager. Si elle accepte si facilement la version du hasard, qui déculpabilise Eve, dans l'affaire du collier et révise si facilement son « erreur » de jugement quant au complot ourdi par Natacha, c'est que cette attitude permet de faire rentrer les choses dans l'ordre, dans son ordre et de se réfugier dans l'appartement de Mathieu où les fleurs n'ont pu l'attendre et se sont fanées. Si la liaison entre Igor et Eve est en train de finir, rien ne permet de dire que le couple que forment Jeanne et Mathieu sort renforcé ou fragilisé de cette épreuve. Seul le temps a joué, permettant à Igor de découvrir qu'un type de femme différent des conquêtes faciles auxquelles il semble voué pouvait l'intéresser, comme à Natacha de réviser, à tort ou à raison, son jugement sur Eve et de se rendre compte que le comportement des autres n'entre pas aussi facilement que cela dans le cadre de son imagination fertile.

Deux éléments scandent de façon inédite *Conte de printemps*. Le premier est le repas : on n'a jamais mangé aussi souvent chez Rohmer. Certes, le repas y reste frugal : tomates, saucisson, rôti, quiches... Qu'il s'agisse de la préparation ou de la consommation des mets, chacun s'y montre maladroit, manifestant à la fois sa répugnance devant une matière qui implique aussi sa dégradation et son aspiration à s'accepter comme corps. A la nourriture répond le thème floral, inhérent à la saison, mais qui inscrit les êtres dans le cycle de la nature, de la durée, de la naissance à la mort, du printemps à l'hiver. Ce que chacun découvre ici, c'est la promesse d'une naissance dont la beauté ne saurait exister qu'à la condition d'être aussi promesse de sa disparition. Une vérité que seule la maturité, d'un cinéaste comme de ses personnages, peut aborder avec sérénité.

Bibliographie

La bibliographie comprend les ouvrages et articles divers écrits par Eric Rohmer, à l'exception de quelques textes circonstanciels de type plus journalistique, publiés dans *Les Temps modernes, Arts* ou *La Parisienne,* les entretiens avec le cinéaste et les études ou articles concernant son œuvre et chacun de ses films. Nous avons essayé d'être le plus complet possible sans prétendre à l'exhaustivité, en particulier en ce qui concerne les publications étrangères.

Pour les quotidiens, hebdomadaires et revues cités le plus fréquemment, nous avons utilisé les abréviations suivantes :

ASC	L'Avant-Scène du Cinéma
CdC	Cahiers du cinéma
Cgphe	Cinématographe
C 72 (73, 74, etc.)	Cinéma 72 (73, 74, etc)
E 72 (73, 74, etc)	Ecran 72 (73,74, etc.)
Figaro Lit.	Le Figaro Littéraire
Fr Soir	France-Soir
Huma	L'Humanité
Huma D	L'Humanité-Dimanche
IS	Image et Son
JC	Jeune Cinéma
LF	Les Lettres Françaises
Libé	Libération
Matin	Le Matin
Monde	Le Monde
NL	Les Nouvelles Littéraires
NO	Le Nouvel Observateur
Pos	Positif
QP	Le Quotidien de Paris
RC	La Revue du Cinéma

SC   La Saison cinématographique
TLC   Téléciné (ou Télé-Ciné)
TLRM   Télérama

Publications d'Eric Rohmer

– *Elizabeth* (sous le pseudonyme de Gilbert Cordier), Gallimard, Paris, 1946 (roman).
– *Hitchcock* (en collaboration avec Claude Chabrol), Editions Universitaires, Paris, 1957 ; Ed. d'aujourd'hui, Paris, 1976 ; Ramsey-Poche-Cinéma, 1986.
– *Six contes moraux,* L'Herne, Paris, 1974 (nouvelles).
– *L'Organisation de l'espace dans le « Faust » de Murnau,* UGE, coll. « 10/18 », Paris, 1977.
– *L'Avant-Scène du Cinéma,* n° 190-191, juillet-septembre 1977 : découpage intégral de « Faust » de F.W. Murnau.
– *Le Goût de la beauté* (recueil d'articles), Cahiers du cinéma, Editions de l'Etoile, Paris, 1984.

Textes et articles d'Eric Rohmer

• *Dans « La Revue du Cinéma »*
– n° 14 (juin 1948) : « Le cinéma, art de l'espace » (signé M.S.).
– n° 15 (juillet 1948) : « Festival Hitchcock : *Notorious* » (*Les Enchaînés*), d'Alfred Hitchcock (signé M.S.).

• *Dans la « Gazette du cinéma »*
– n° 1 (mai 1950) : Etude technique de *« La Corde »* (Maurice Schérer).
– n° 4 (octobre 1950) : *« City Lights »* (*Les Lumières de la ville*), de Ch. Chaplin (signé E.R.).
« *Tva Manniskor* de Carl Dreyer » *(Deux êtres)* (signé E.R.).
– n° 5 (novembre 1950) : *« Stromboli »* (R. Rossellini), (Maurice Schérer).
« *One exciting night* » (D.W. Griffith) (signé M.S.).

• *Dans les « Cahiers du Cinéma »*
(Les articles signés Maurice Schérer sont suivis des initiales (M.S.).
– n° 3 : « Vanité que la peinture » (MS)
– n° 5 : « La Roseraie : sujet de film » (Eric Rohmer et Paul Gegauff).
– n° 8 : « Renoir américain » (MS) : « La robe bleue d'Harriet » (sur *Le Fleuve* de Renoir) (MS).

Edith Clever *(La Marquise d'O...)*.

– n° 10 : « Opinions sur l'avant-garde (4) : Isou ou les choses telles qu'elles sont » (MS)

– n° 12 : « Le Soupçon » (sur *The Lady Vanishes* d'Hitchock) (MS) - « Présentation : scénario original d'Eric Rohmer ».

– n° 14 : « Revue des revues » (MS).

– n° 21 : « La revanche de l'Occident » (sur *Tabou* de Murnau) (M.S.).

– n° 25 : « Génie du christianisme » (sur *Europe 51* de Rossellini) (MS).

– n° 26 : « De trois films et d'une certaine école » (sur *Le Fleuve* de Renoir, *Stromboli* de Rossellini et *Strangers on a train* d'Hitchcock) (MS)

– n° 29 : « Les Maîtres de l'aventure » (sur *The Big Sky*) (MS).

– n° 31 : « Vertus cardinales du Cinémascope » (MS).

– n° 36 : « Un réalisme méchant » (sur *The Blue Gardenia* de Fritz Lang) (MS).

– n° 37 : « Entretien avec Rossellini » (MS et François Truffaut) ; filmographie ; livres : « L'amour du cinéma ».

– n° 38 : « Le meilleur des mondes » (sur *Gentlemen prefer Blondes* de Hawks) (MS).

– n° 39 : « A qui la faute ? » (sur Hitchcock) (MS).

– n° 44 : « Le celluloïd et le marbre (1) : Le bandit philosophe ».

— n° 47 : « La terre du miracle » (sur *Voyage en Italie* de Rossellini), (MS).
— n° 49 : « Le celluloïd et le marbre (2) : Le siècle des peintres ».
— n° 51 : « Le celluloïd et le marbre (3) : De la métaphore ».
— n° 52 : « Le celluloïd et le marbre (4) : Beau comme la musique ».
— n° 53 : « Le celluloïd et le marbre (5) : Architecture d'apocalypse » ; « Naissance de la musique » (sur *Hallelujah !* de King Vidor).
— n° 54 : « Redécouvrir l'Amérique ».
— n° 55 : « Une Alceste chrétienne » (sur *Ordet* de Dreyer) ; Les 10 meilleurs films de 55.
— n° 58 : « Castigat ridendo... » (sur *The Trouble with Harry* d'Hitchcock).
— n° 59 : « Ajax ou Le Cid » (sur *Rebel without a cause* de Nicholas Ray ; « Deux images de la solitude » (sur *La Voix Humaine* de Rossellini, sketch du film *L'Amore*) ; livres : « Eisenstein », « Le langage cinématographique ».
— n° 60 : « La nef des fous » (sur *Lifeboat* d'Hitchcock) ; « Notre miracle quotidien » (sur *Le Roman inachevé* de Frédéric Ermler) ; livres : « Le cinéma japonais », « Beaux-arts et cinéma ».
— n° 61 : « Présentation d'Ingmar Bergman » ; « Une fable du XXe siècle » (sur *Confidential Report* d'Orson Welles) ; livres : « Le cinéma ou l'homme imaginaire ».
— n° 62 : « Les souffrances de l'inventeur » (sur *The Court Martial of Billy Mitchell* de Preminger) ; livres : « Panorama du film noir », « Film criminel et film policier », « Le mythe de la femme dans le cinéma français ».
— n° 63 : « Le roi des montagnes » (sur *The Last Frontier* d'Anthony Mann) ; « Les lecteurs des « Cahiers » et la politique des auteurs. »
— n° 64 : « Les singes et Vénus » (sur *Eléna et les hommes* de Renoir) ; « Yonville en Kansas » (sur *Picnic* de Joshua Logan) ; livre : « Caméras sous le soleil ».
— n° 65 : « Le miracle des objets » (sur *Un condamné à mort s'est échappé* de Bresson ; livres : « J. Prévert », « Les chemins de Fellini » ; « Revue des revues ».
— n° 67 : « Leçon d'un échec » (sur *Moby Dick* de John Huston) ; Les 10 meilleurs films de 56.
— n° 69 : « Ou bien... ou bien... » (sur *Bigger than Life* de Nicholas Ray).

– n° 70 : « Loin de Griffith » (sur *Giant* de George Stevens).
– n° 71 : Six personnages en quête d'auteurs (débat sur le cinéma français avec André Bazin, Jacques Rivette, Jacques Doniol-Valcroze, Pierre Kast, Roger Leenhardt, et Eric Rohmer).
– n° 74 : Livres : « Esthétique du cinéma » ; « Petite littérature du cinéma » ; « Les Stars ».
– n° 75 : Venise 1957 (*Oeil pour oeil* de Cayatte, *Les Nuits blanches* de Visconti, *Bitter Victory* de Nicholas Ray).
– n° 76 : « L'art de la caricature » (sur *Oh ! For a man* de Frank Tashlin) : « Mélodie désaccordée » (sur Porte des Lilas de René Clair).
– n° 78 : Spécial Jean Renoir (Rohmer a rédigé les notes critiques sur *Boudu sauvé des eaux, Madame Bovary, The Southerner, Le Carrosse d'or*).
– n° 79 : Les 10 meilleurs films de 57 ; « Cinémathèque : à propos de *Nosferatu* ».
– n° 80 : « Premier accessit » (sur *Ascenseur pour l'échafaud* de Louis Malle).
– n° 81 : Rétrospective de Mizoguchi (sur *Les Contes de la lune vague*).
– n° 83 : « La quintessence du genre » (sur *Les Girls* de Cukor).
– n° 85 : Rétrospective Bergman (Rohmer a rédigé les notes critiques sur *Vers la félicité* et *Rêves de femmes*).
– n° 86 : « Politique contre destin » (sur *The Quiet American* de Manckiewicz).
– n° 89 : « Pourvu qu'on ait l'ivresse » (sur *Rêves de femmes* de Bergman).
– n° 91 : « La somme » d'André Bazin.
– n° 92 : « Explication de vote » (sur *South Pacific* de Joshua Logan) ; « *Les Tricheurs* de Marcel Carné : Archaïque et superficiel » ; Les 10 meilleurs films de 58.
– n° 93 : « L'hélice et l'idée » (sur *Vertigo* d'Hitchcock).
– n° 94 : « Voir ou ne pas voir » (sur *Au seuil de la vie* de Bergman).
– n° 96 : « La semaine du cinéma soviétique » (sur *La fille du capitaine* de Vladimir Kaplounovski).
– n° 97 : Table ronde autour d'*Hiroshima mon Amour* de Resnais (avec Jean Domarchi, Jacques Doniol-Valcroze, Jean-Luc Godard, Pierre Kast, Jacques Rivette et Eric Rohmer).
– n° 102 : « Jeunesse de Jean Renoir » (sur *Le Déjeuner sur l'herbe*) ; Les 10 meilleurs films de 59.

— n° 106 : « La foi et les montagnes » (sur *Les Etoiles du Midi* de Marcel Ichac).
— n° 112 : « Photogénie du sport » (sur la retransmission télévisée des Jeux Olympiques de Rome).
— n° 115 : « Entretien avec Cukor » (Eric Rohmer, Jean Domarchi).
— n° 116 : « Entretien avec Alexandre Astruc » (Eric Rohmer, Jacques Rivette) ; Les 10 meilleurs films de 60.
— n° 120 : « Journées du cinéma polonais » (Note sur *Les Innocents* d'Andrzej Wajda).
— n° 121 : « Le goût de la beauté » (sur *La proie pour l'ombre* d'Astruc, *Les Godelureaux* de Chabrol, *La Pyramide humaine* de Rouch et *Exodus* de Preminger) : « Entretien avec Otto Preminger » (Eric Rohmer, Jacques Doniol-Valcroze).
— n° 125 : « Entretien avec Serge Youtkevitch » (Eric Rohmer, Louis Marcorelles).
— n° 126 : Débat sur la critique cinématographique.
— n° 127 : Tours, 1961.
— n° 128 : Les 10 meilleurs films de 60.
— n° 135 : « Entretien avec Henri Langlois » (Eric Rohmer, Michel Mardore).
— n° 138 : 162 nouveaux cinéastes français et participation à « Trois points d'économie ».
— n° 139 : Spécial Howard Hawks (Rohmer a rédigé les notices sur *Viva Villa ! Ceiling zero* et *Red River*).
— n° 140 : « Entretien avec Jean Rouch » (Eric Rohmer, Louis Marcorelles).
— n° 145 : Entretien avec Rossellini (Eric Rohmer, Fereydoun Hoveyda).
— n° 152 : Les 10 meilleurs films de 63.
— n° 161-162 : Réponse à sept questions sur le cinéma (spécial « Crise du cinéma français ») ; « Les dix meilleurs films français depuis la Libération ».
— n° 185 : Réponses au questionnaire « Film et roman ».
— n° 200-201 : Réponses au questionnaire : « Vers un livre blanc du cinéma français, le cinéma et l'Etat. »
— n° 355 : Les dix meilleurs films 83.
— n° 356 : Rectificatif aux dix meilleurs films 83.

Textes divers d'Eric Rohmer

– « Lettre à un critique (à propos des Contes moraux) », *La Nouvelle Revue Française*, n° 219, mars 1971 (repris dans *Le Goût de la beauté*).

– « Notes sur la mise en scène de *La Marquise d'O...* », *L'Avant-Scène du Cinéma*, n° 173, 1er octobre 1976.

– « Le film et les trois plans du discours : indirect/direct/hyperdirect », *Cahiers Renaud-Barrault*, n° 96, octobre 1977 (rpris dans *Le Goût de la beauté*).

– « Notes sur la traduction et sur la mise en scène de *Perceval* », *L'Avant-Scène du Cinéma*, n° 221, 1er février 1979.

– « Inspiration et ordinateur », *Le Cinéma*, sous la direction de Claude Beylie et Philippe Carcassonne, Bordas, Paris, 1983 (propos).

– « Le Petit théâtre de Jean Renoir », *Cinéma 79*, n° 244, avril 1979 (repris dans *Le Goût de la beauté*).

– Témoignage sur « La Revue du cinéma », novembre 1979 (publié en postface à la réédition du cinquantenaire en fac-similé, tome cinquième, Pierre Lherminier Editeur, Paris, 1979).

Scénarios et découpages de films d'Eric Rohmer

– *La Roseraie* (sujet de film par Eric Rohmer et Paul Gégauff, qui deviendra *Le Genou de Claire*), *Cahiers du cinéma*, n° 5, septembre 1951.

– *Présentation* (scénario original de Eric Rohmer, qui deviendra *Charlotte et son steak*), *Cahiers du cinéma*, n° 12, mai 1952.

– *L'Avant-Scène du Cinéma*, n° 69, avril 1967 : découpages intégraux de *La Collectionneuse* et *Présentation ou Charlotte et son steak*.

– *L'Avant-Scène du Cinéma*, n° 98, décembre 1969 : découpage intégral de *Ma nuit chez Maud*.

– *L'Avant-Scène du Cinéma*, n° 173, octobre 1976 : découpage intégral de *La Marquise d'O...*

– *L'Avant-Scène du Cinéma*, n° 221, 1er février 1979 : découpage intégral de *Perceval le Gallois*.

– *L'Avant-Scène du Cinéma*, n° 293, 1er octobre 1982 : découpage intégral du *Beau mariage*.

– *L'Avant-Scène du Cinéma*, n° 310, 15 juin 1983 : découpage intégral de *Pauline à la plage*.

– *L'Avant-Scène du Cinéma*, n° 336, janvier 1985 : découpages intégraux des *Nuits de la pleine lune*, *La Femme de l'aviateur* et *Place de l'Etoile*.

– *L'Avant-Scène du Cinéma,* n° 355, décembre 1986 : découpage intégral du *Rayon vert.*

Livres et numéros spéciaux de revues consacrés à Eric Rohmer

– *Les Contes moraux d'Eric Rohmer,* par Marion Vidal, Lherminier, coll. « Cinéma permanent », Paris, 1977.
– *Eric Rohmer,* par Giovanna Angeli, Moizzi Aditore, Milan, 1979 (en italien).
– *Eric Rohmer,* par Michèle Mancini, La Nuova Italia, coll. « Il castoro cinema », Florence, 1983 (en italien).
– « Un cinéaste à la quête du Graal », par Joël Magny, *Cinéma 79,* février 1979 *(Dossier-auteur : Eric Rohmer).*
– « Eric Rohmer : des Contes moraux à Perceval », *Cinématographe,* n° 44, février 1979 (textes de Hélène Bokanowski, Jean-Claude Bonnet, Jacques Fieschi, Claude Arnulf, Michel Devillers, Louis Audibert).
– *Visuel,* n° 9/10, printemps 1984, Turin (en italien) (textes de Joël Magny, Eduardo Bruno, Alain Philippon, Mireille Calle-Gruber, Piera Detassis : interventions de Jean Douchet, Eric Rohmer, Carlo Scarrone).

Jean-Claude Brialy, Fabrice Luchini *(Le Genou de Claire).*

– *Eric Rohmer 1 et 2,* Etudes cinématographiques, 2 volumes, n° 146-148 et 149-152, Lettres Modernes-Minard, Paris, 1985-1986 (textes de René Prédal), François Ramasse, André Séailles (entr. E.R.), Daniel Serceau, Michel Serceau, Stéphane Brauschweig, Michel Estève, Jacques Gerstenkorn, Joël Magny, Joseph Marty, Michel Mesnil, Marie-Claude Tigoulet, sous la dir. de M. Estève).

– « Spécial Rohmer », *L'Avant-Scène du Cinéma,* n° 336, janv. 1985 (textes de Alain Carbonnier, Claude Beylie, Philippe Huvet, entr. E.R.).

– « Spécial Rohmer », *L'Avant-Scène du Cinéma* n° 336, janvier 1985 (textes de Alain Carbonnier, Claude Beylie, Philippe Huvet).

Ouvrages comportant un chapitre ou une partie consacrés à Eric Rohmer

– *La Nouvelle vague,* par Jacques Siclier, Cerf, coll. « 7e art », Paris, 1961.

– *Le Cinéma français depuis la Nouvelle Vague,* par Claire Clouzot, Fernand Nathan/ L'Alliance française, Paris, 1972.

– *Le Cinéma en question,* par Jean Collet, Cerf, coll. « 7e art », Paris, 1972 (reprise d'articles parus dans la revue *Etudes*).

– *The New Wave,* par James Monaco, Oxford University Press, New York, 1976 ; rééd. 1980 (en anglais).

– *La Copia originale,* par Giorgio Tinazzi, Marsilio, 1983 (en italien).

– *La Femme à l'écran,* par J. Molly Haskell, Seghers, Paris, 1977.

– *Women and their sexuality in the New Film,* Dell Publishing Co, 1973.

– *Le Cinéma français depuis la guerre,* par Marcel Martin, Edilig, Paris, 1984.

– *Le Cinéma français contemporain,* par René Prédal, Cerf, coll. « 7e art », Paris, 1984.

– *Du spirituel dans le cinéma,* par Guy Bedouelle, Cerf, coll. « 7e art », Paris, 1985.

– *Un homme à la caméra,* par Nestor Almendros, 5 Continents-Hatier, Paris, 1980.

– *Nuits Blanches,* par Jérôme Prieur, Gallimard, 1980.

– *Cinémanie,* par Gérard Legrand, Stock, Paris, 1979.

– *La Mise en scène comme langage,* par Michel Mourlet, Ed. Henri Veyrier, Paris, 1987.

Entretiens avec Eric Rohmer

Etudes Cinématographiques, n° 14-15, 1er tri. 62 (réponse à un questionnaire sur l'acteur) - *LF*, n° 1061, 31.12.64 - *LF*, n° 7.1.65 - *CdC* n° 172, nov. 65 - *V.O.* n° 9, juin 67 - *Combat* 27.2.67 - TLRM n° 895 - *Monde*, 3.3.67 *IS*, n° 210, nov. 67 - *Film*, n° 51, printemps 68 - *LF*, n° 1288, 17.6.69 (Ma nuit chez Maud) - *IS*, n° 235, janvier 70 - *LF*, n° 1364, 16.12.70 - *NL*, 3.12.70 - *Monde*, 10.12.70 - *CdC*, n° 219, avr. 70. - *C 71*, n° 153, fév. 71. - *TLC*, n° 170, juin 71 - *Film Quarterly*, été 71 - *New York, Times Magazine*, 21.11.71 - *Cinema* (USA) automne 71 - *Travelling*, n° 30, hiver 71 - *Monde*, 31.8.72 - *Huma*, 30.9.72 - *The Village Voice*, 12.10.72 - *Inter View*, n° 27, nov. 72 - *Séquences* n° 71, janv. 73 - *Take One*, vol. 4, n° 1, sept.-oct. 72 (publié en janvier 74) - *E 74*, n° 24, avr. 74 (sur les courts métrages) - *Filmkritik*, n° 229, janv. 76 - *E 76*, n° 47, mai 76 (Marquise d'O...) - *Cgphe*, n° 19, juin 76 (Marquise d'O...) - *Cinéma d'aujourd'hui*, n° 10, Noël 76 (les acteurs) - *Sight and Sound*, automne 78 (sur Perceval) - *Film Comment*, sept-oct 78 (sur Perceval) - *Cgphe*, n° 44, fév. 79 - *C 79*, n° 242 (sur Perceval) - *Figaro*, 10.12.79 - *Ça Cinéma*, n° 17, 1979 (sur Perceval, avec J. le Goff) - *Nouvelle critique*, n° 123, avr. 79 - *Cinema e cinema*, n° 16/17 juil-déc 78. - *Théâtre public*, n° 31, janv-fév 80 (sur Catherine de Heilbronn) - *Le Figaro*, 23.12.80 - *QP*, 10.3.81 (La Femme de l'aviateur) - *Tribune de Genève*, 11.4.81 - *Cgphe*, n° 67, mai 81 - *CdC*, n° 323-324, mai 81 (sur l'économie du cinéma français) - *CdC*, n° 346, avr. 83, (sur Pauline à la plage) - *Cinéma français*, n° 21 (sur Perceval) - *Matin*, 19.5.82 - *Libé*, 23.3.83 - *Monde*, 24.3.83 - *NL*, 21.5.83 - *Figaro*, 23.10.82 et 23.3.83 - *C 84*, n° 301, janv. 84 (avec J. Douchet, sur la critique) - *ASC*, n° 336, janv. 85 (sur l'espace) - *Figaro*, 29.8.84 - *TLRM*, 29.8.84 - *NO*, 25.8.84 - *Monde*, 30.8.84 - *Matin*, 29.8.84 - *La Nouvelle Vague 25 ans après*, dossier établi par JL Douin, Ed. du Cerf, coll. 7e Art, 1983 - *François Truffaut*, n° spécial hors série des *Cahiers du cinéma*, déc. 84 (réédité en livre, Ed. de l'Etoile - *CdC,* 1985 (sur F. Truffaut et la Nouvelle vague) - *Etudes Cinématographiques, Rohmer 1,* n° 146-148, Lettres Modernes, Minard, Paris, 1985 - « Le Temps de la critique », in *Le Goût de la beauté,* Ed. de l'Etoile, Cahiers du cinéma, Paris, 1984.

Etudes générales sur Eric Rohmer

LF, n° 807, 14.1.60 - *CdC,* n° 165, avr. 65 (les courts métrages, par J. Bontemps) - *Etudes,* oct. 69 (« L'Architecte passionné », par J. Collet) - *Sight and Sound,* été 71 (R. Nogueira) - *Pos,* n° 112, janv. 70 (« Sur une convergence de plusieurs films récents », par G. Legrand) - *Travelling,* n° 30, hiver 71 (« Rohmer ou le cinéma de papa », par B. Duval) - *CdC,* n° 364, oct. 84 (Eric Rohmer, la grâce et la rigueur », par A. Bergala et A. Philippon) - *Pos,* n° 300, fév. 86 (M. Vidal, sur les héroïnes rohmériennes) - *Cinéma* (Los Angeles), automne 71 (J. Mellen : « The Moral Psychologie of Rohmer's Tales ») - International Film Guide 72, (G. Petrie).

Articles sur les films d'Eric Rohmer

• *Les courts métrages, La Boulangère de Monceau, La Carrière de Suzanne*
TLC, n° 158, janv. 70 (JL Veuillot) - *ASC,* n° 336, janv. 85 (Cl. Beylie) - *CdC,* n° 165, avr. 65 (J. Bontemps) - *Combat,* janv. 65 (H. Chapier) et 21.11.65 (G. Matzneff) - *LF,* 15.1.65 - *Monde,* 14.2.74 (J. Siclier).

• *Le Signe du Lion*
C 62, juin 62 (R. Gilson) - *CdC,* n° 98, août 59 (J. Douchet) et n° 116, fév. 61 (F. Weyergans) et n° 133, juil. 62 (Cl. Beylie) et n° 161-162, janv. 65 (J.L. Comolli) - *TLC,* n° 186, *SC 62* (J. Chevalier) - Document *UNESCO Film Club,* n° 4 (L. Marcorelles) - *Pos,* n° 33, avr. 60 (L. Seguin) - *TLRM,* n° 517, 528, 644, 802 - *Arts,* n° 818, 9.5.62 - *LF,* n° 926, 10.5.62 - *Cité Pano,* fév. 67 - *Sight and Sound,* juin 60 et automne 60 (P. Houston) - *LF,* 16.4.62 (M. Capdenac) - *Tribune des nations,* 11.4.62 (J. Toury) - *Monde,* 7.4.62 (J. de Baroncelli) - *Témoignage Chrétien,* 11.4.62 (Cl. Fléouter).

• *Paris vu par... « Place de l'Etoile »*
E 74, n° 24 (Cl. Beylie) - *CdC,* n° 172, nov. 65 (J.-Cl. Biette) - *IS,* n° 189, déc. 65 (F. Chevassu) - *ASC,* n° 336, janv. 85, (Cl. Beylie) - *Pos,* n° 73, fév. 66 (B. Cohn) - *C 66,* n° 101, déc. 65 (G. Jacob) - *TLC,* n° 125, nov. 65 (M. Mortier) - *Canard enchaîné,* 22.10.65 - *TLRM,* 7.11.65 (J. Arbois, J. Collet, B. Schroeder) -

Arts, 24.10.65 (J.M. Carzou) - *LF*, 28.10.65 et 4.11.65 (M. Marti) - *Combat*, 21.10.65 (H. Chapier) - *Tribune des nations*, 29.11.65 (J. Toury) - *Le Soir, 19.6.69 (A. Thirfays).*

● *La Collectionneuse*
   CdC, n° 188, mars 67 (C.J. Philippe) - *Pos*, n° 85, juin 67, (L. Seguin) - *IS*, n° 207, juin, juil. 67 (R. Lefèvre) - *LF*, n° 173, 8 mars 67 (M. Martin) - *C 67*, n° 115, avril 67 (P. Defrancel) - JC, n° 22, avril 67 (L. Sand) - *SC, 67 (J. Lajeunesse)* - *TLC* n° 134 - *ASC*, n° 69, avril 67, (C.J. Philippe) - *Cinémonde*, 1.3.67 (G. Guez) - *Cinéforum*, n° 80, déc. 68 - *TLRM*, n° 895 (Cl. Jean-Philippe) - *Arts*, 1.3.67 (P. Marcabru) - *Canard Enchainé*, 8.2.67 (M. Duran) - *NO*, 1.3.67 (JL. Bory) - *Combat*, 1.3.67 (H. Chapier) (Cl. Sartirano) - *Le Monde*, 27.2 et 3.3.67 (J. de Baroncelli) - *Le Figaro*, 8.3.67 (L. Chauvet) - *Express*, 6.3.67 (P. Billard) - *Figaro Lit.*, 2.3.67 (Cl. Mauriac) - *Huma*, 8.3.67 (JP Léonardini) - *Pariscope*, 1.3.67 (M. Mardore) - *France Nouvelle*, 1.3.67 (A. Cervoni) - *Candide*, 13.3.67 (M. Aubriant) - *Filmcritica*, n° 179-180, juil-août 67 (E. Bruno) - *Kosmorama*, n° 99 - *Film Mese*, n° 133, n° 172 - *Cine al Dia*, 5.68.

Jean-Louis Trintignant, Françoise Fabian *(Ma nuit chez Maud).*

• *Ma nuit chez Maud*
  CdC, n° 213 (P. Bonitzer) - *Pos*, n° 107, été 69 (M. Ciment) - *CdC*, n° 214, juil-août 69 (P. Bonitzer) - *C 69*, n° 69, juil-août 69 (F. Gévaudan) - *Travelling, n° 25 (F. Pasche)* - *TLRM*, n° 1012 (C.J. Philippe) - *Fiches du cinéma* n° 459 et n° 459 (dossier) - *TLC*, n° 154, juil. 69 (J. Arbois) et n° 158, janv. 70 (M. Serceau) - *Ciné-Club Méditerranée*, n° 7, 1969 - *ASC*, n° 98, Déc. 69 (J. Collet) - *Dossiers du cinéma*, Films II, Casterman, 1969 (T. Renaud) - *La Saison cinématographique*, 69 (J. Lajeunesse) - *Le Monde*, 17.5.69 (Y. Baby) et le 7.6.69 (J. de Baroncelli) - *Combat*, 17.5.69 (H. Chapier) - *NL*, 25.5.69 (G. Jacob) - *NO*, 30.6.69 (M. Mardore) et 25.5.69 (J.L. Bory) - *Aurore*, 5.6.69 (Cl. Garson) - *Express*, 8.6.69 (P. Billard) - *Canard enchaîné*, 8.6.69 (M. Duran) - *Liberté*, Oct, 69 - *Matin*, 3.1.80 et 4.1.80 - *Libé*, 17.11.80 - *Kosmorama* n° 99 - *Filmcritic*, n° 229 - *Film Quaterly*, été 71 - *Ekran* n° 85-86 - *NO*, 25.2.74 (Cl. Mauriac) - *Sight and Sound*, hiver 69-70 (C. Clarens) - *Movie*, n° 18, hiver 70-71 (J. Hiller) - *Transatlantic Review*, n° 48 (P. Sousian).

• *Le Genou de Claire*
  C 71, n° 153 (G. Haustrate) - *Pos*, n° 125, mars 71, (G. Legrand) - *RC/IS*, n° 246, janv. 71 (N. Simsolo) - *LF*, n° 1365, 23.12.70

Laurence de Monaghan, Béatrice Romand, Fabrice Luchini *(Le Genou de Claire)*.

(M. Capdenac) - Cgphe, n° 65, fév. 81 - *TLC*, n° 158, fév. 71 (Y. Guégan) et n° 170, juin 71 (G. Chasslat) - *SC 71* (G. Allombert) - *Travelling*, n° 30 (R. Racine) - *Fiches du cinéma*, n° 431 - *TLRM*, n° 1093 (J.-L. Tallenay et J. Collet) : le 30.1.80 (Cl-M. Trémois) - *NO*, 11.1.71 (J.L. Bory) - *LF*, 17.12.70 (M. Mardou) - *Monde*, 15.12.70 (J. de Baroncelli) - *Combat*, 14.12.70 (H. Chapier) - *NL*, 17.12.70 (G. Jacob) - *Liberté*, mars 71 - *Sight and Sound*, été 71 (C. Clarens) - *Kosmorama*, n° 103 - *Filmcritica*, n° 218, sept.-oct. 71 (M. Mancini) - *Letture*, n° 2, fév. 72 - *Filmkritic* juin 72 (R. Koller).

● *L'Amour l'après-midi*

C 72, n° 169, sept.-oct. 72 (H.T.) - *E 72*, n° 9, nov. 72 (M. Martin) - *POS*, n° 144-145, nov.-déc. (G. Legrand) - *JC*, n° 65, sept.-oct. 72 (B. Trémége) - *TLC*, n° 176, janv. 73 (M. Zeleny, D. Serceau, M. Serceau) - *SC 73* (J. Chevalier) - *Nouvelle critique*, n° 58, nov. 72 - *La Quinzaine littéraire*, 1.11.72 (L. Seguin) - *TLRM*, n° 1181 (J. Arbois) et n° 1233 (fiches) - *NO*, 4.9.72 (J.L. Bory) - *Sight and Sound*, hiver 72-73 (P. Houston) - *Letture* n° 10, oct. 74 - *Film Quaterly*, été 73 - *Cinestudio*, n° 120 - *Variety*, 30.8.72 - *Filmkritic*, n° 229 - *Mad*, n° 9 - *Kosmorama*, n° 112 - *Ciné-Club Méditerranée*, n° 1, 73.

Bruno Ganz, Edith Clever *(La Marquise d'O...)*.

• *La Marquise d'O...*

CdC, n° 272, déc. 72 (P. Bonitzer) - *RC/IS*, n° 308, sept. 76 - *Pos*, n° 183-184, juil.-août 76 (F. Vitoux) - *Pos*, n° 189 (A. Masson) - *E 76*, n° 47, mai 76 (Cl. Beylie) - *C 76*, n° 211, juil. 76 (J. Roy) - *Cgphe*, n° 18, juin 76 (J. Fieschi) - *JC*, n° 96, juil.-août 76 (J. Delmas) - *ASC*, n° 274, oct. 76 - *TLC*, n° 209 (J. Magny) - *SC 76* (F. Maupin) - *TLRM*, n° 1355, n° 1375 - *France Allemagne*, n° 3, 76 - *Figaro*, 17.3.83 (J. Richard) - *France Allemagne*, n° 3, 76 - *Figaro*, 17.3.83 (J. Richard) - *France Nouvelle*, 7.6.76 (Cl. Prévost) - *QP*, 18.5.76 (H. Chapier) - *Matin*, 22.7.81 (E.S. Angel) - *Monde*, 19.5.76 (J. de Baroncelli) - *Aurore*, 18.5.76 (G. Teisseire) - *Huma*, 20.5.76, (F. Maurin) - *Figaro*, 19.5.76 M. Mohrt - *Fr Soir*, 19.5.76 (R. Chazal) - *Libé*. 23.6.81 (L. Intérim) - *Minute*, 25.5.76 (J. Mara) - *Canard enchaîné, 26.5.76 (J.-P. Grousset)* - *NO*, 17.5.77 (J.-L. Bory) - *Revista del Cinematografo*, n° 4, avr. 78 - *Comunicazioni di massa*, n° 26, 2ᵉ trimestre 77 - *Cinemassessenta*, n° 117, sept-oct. 77 - *Cineforum*, n° 168, oct. 77 - *Cinema Nuovo*, n° 252, mars-arv. 78 - *Filmkritic*, n° 229 - *Film Kultura* n° 5, 76 - *Dirigido por*, n° 36 - *APEC*, n° 2, 76 - *Film Quaterly*, printemps 77 - *Cinema Québec*, n° 45 - *Point*, 17.5.76 (M. Flacon) - *Canard Enchainé*, 26.5.76 (JP Grousset) - *Minute*, 26.5.76 (J. Mara) - *Etudes*, juil. 76 (J. Collet).

Fabrice Luchini, André Dussolier, Marie-Christine Barrault, Marc Eyraud *(Perceval)*.

• *Catherine de Heilbronn*
Le Monde, 8 nov. 79 - *NL*, 31 juil. 80 (M. Bayon, B. Le Saux) - *C 79*, n° 252, déc. 79 (D. Rabourdin) - *Programme du Festival d'Automne 79* (entretien) - *Théâtre public*, n° 31, janv.-fév. 80 (entretien).

• *Perceval le Gallois*
RC, n° 334, (A. Cornand) - *C 79*, n° 242 (M. Amiel) - *JC*, n° 116, fév. 79 (G. Gervais) - *Pos*, n° 216, mars 79 (A. Masson) - *CdC*, n° 299, avril 79 (D. Dubroux et F. Géré - *ASC*, n° 221, fév. 79 (J. Fieschi) - *Cgphe*, n° 44 (L. Audibert, P. Carcassonne) - *Saison Cinématographique 79* (G. Dagneau) - *Monde*, 8.2.79 (J. de Baroncelli) - *Le Point* 12.2.79 (P. Marcubru) - *Matin, 6.2.79 et 13.10.78 (M. Pérez)* - *Huma*, 7.2.79 (F. Maurin) - *NO*, 12.2.79 (J.L. Bory) - *Libé*, 14 et 15.10.79 (G. Rochut) - *Tribune de Genève*, 8.9.80 (H. Dumont) - *Figaro*, 23.12.80 (P. Montaigne) - *Huma D.*, 18.10.78 (G. Vaugeois) - *Fr. Soir*, 9.2.79 (R. Chazal) - *Figaro*, 8.2.79 (M. Marmin) - Les Cahiers de la Cinémathèque, n° 42-43, été 85 (J. Marty) - *Sigth and sound*, automne 78 et été 81 (T. Milne) - *Film Quaterly*, hiver 79-80 (N. Wise) - *Etudes*, avril 79 (J. Collet) - *La Nouvelle Critique*, n° 123, avr. 79 - *La Quinzaine Littéraire*, 16 mars 79 (L. Seguin).

Anne-Laure Meury *(La Femme de l'aviateur).*

● *La Femme de l'aviateur*
CdC, n° 232, avril 81 (P. Bonitzer) - *Pos*, n° 241, avril 81, (G. Legrand) - *C 81, n° 268, avril 81 (J. Magny)* - *RC*, n° 360 (A. Cornand) - *C 81, n° 270, juin 81 (D. Païni)* - *Ggphe*, n° 65, février 81 (J. Fieschi) - *JC* , n° 134, avril-mai 81 (M. Portal) - *ASC*, n° 336 - *La Saison Cinématographique 81* (M. Martin) - *TLRM*, 11.3.81 (C.M. Tremois) - *Matin*, 4.3.81 (M. Pérez) - *Monde*, 5.3.81 (J. de Baroncelli) - *Témoignage Chrétien, 9.3.81 (J. Magny)* - *Etudes*, 1.4.81 (J. Collet) - *NO*, 9.3.81 (M. Mardore) - *Fr-Soir*, 6.3.81 (R. Chazal) - *Huma D*, 13.3.81 (G. Vaugeois) - Q.P., 9.3.81 (P. Bouteiller) - *Huma*, 4.3.81 (A. Cervoni) - *Figaro*, 6.3.81 (Cl. Baignères) - *Sight and Sound*, Eté 81 (Tom Milne).

● *Le Beau Mariage*
CdC, n° 332 fév. 82 (tournage par M. Binet-Bouteloup) ; n 338, juil-août 82 (S. Daney) - *C 82*, n° 282, juil. 82 (J. Magny) - *Pos*, n° 256, juin 82 (F. Ramasse) - *Cgphe*, n° 78, mai 82 (Cl. Arnaud, P. Carcassonne) - *JC*, n° 144, juil-août (R. Predal) - *ASC*, n° 293 (A. Carbonnier) - *TLRM*, 19.5.82 (J. Schildow) - *Télé 7 Jours*, 22.5.82 (G. Lenne) - *Révolution*, 27.5.82 (J. Roy) - *Etudes*, 7.5.82 (J. Collet) - *NO*, 22.5.82 (M. Mardore) - *Fr Soir*, 20.5.82 (R.

Arielle Dombasle, Béatrice Romand *(Le Beau mariage)*.

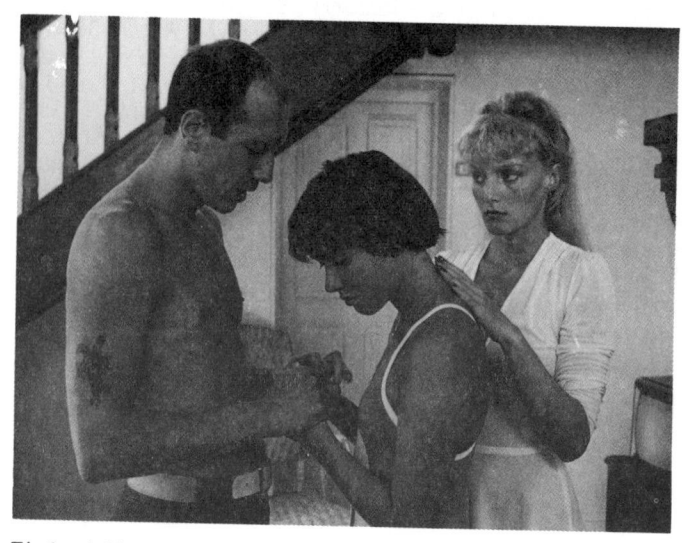

Féodor Atkine, Amanda Langlet, Arielle Dombasle *(Pauline à la plage)*.

Chazal) - *Figaro*, 24.5.82, (Cl. Baigneres) - *Libé*, 27.5.82 (J.L. Rivière) - *Le Monde*, 20.5.82 (Cl. Devarrieux) - *QP*, 30.5.82 (D. Jamet) - *Matin*, 2.6.82 (M. Pérez) - *Letture*, n° 12, déc. 83 - *Sight and Sound*, n° 31, vol. 52, hiver 82/83 (T. Milne) - *La Quinzaine littéraire*, 16 juil. 82 (L. Seguin).

• *Pauline à la plage*
   CdC, n° 346 avr. 83 (D. Dubroux, P. Bonitzer) - *C 83*, n° 292, avr. 83 (A. Carbonnier) - *Cgphe*, n° 88, avr. 83 (E. Decaux, O. Amiel) - *RC*, n° 382, avr. 83 (F. Chevassu) - *Pos*, n° 267, mai 83 (G. Legrand) - *ASC*, n° 310, 15 juin 83 (E. Carrère) - *SC 83* (F. Chevassu) - *NL*, 31.3.83 (G. Charensol) - *Etudes*, avr. 83 (J. Collet) - *NO*, 1.4.83 (M. Mardore) - *Huma D.*, 25.3.83 (G. Vaugeois) - *Révolution*, 25.3.83 (N. Simsolo) - *TLRM*, 23.3.83 (E. Carrère) - *Matin, 24.3.83* - *Monde 24.3.83* (J. Siclier) - *Libé.*, 22.3.83 (S. Daney), 23.3.83 (Louella Interim) - *QP*, 29.3.83 (D. Jamet) - *La Quinzaine littéraire*, 1er mai 83 (L. Seguin) - *Art Press*, n° 70, mai 83 (D. Paini) - *Sight and Sound*, été 83 (G. Adair) - *Letture*, n° 10, oct. 83.

Fabrice Luchini et Pascale Ogier *(Les Nuits de la pleine lune).*

• *Les Nuits de la pleine lune*
   Pos, n° 283 sept. 84 (V. Amiel) - *CdC*, n° 364 (A. Philippon et A. Bergala) - *Cgphe*, n° 103, oct. 84 (P. Carcassonne et O. Dazat) - *ASC*, n° 336, janv. 85 (P. Huvet) - *C 84*, n° 309, sept. 84 (A. Carbonnier) - *RC*, n° 397, sept. 84 (N. Simsolo) - JC, n° 162, nov. 84 (J. d'Yvoire) - *TLRM*, 30.8.84 (CM Trémois) - *Point*, 27.8.84 - *NO*, 31.8.84 (F. Vitoux) - *Express*, 31.8.84 (R. Bernard) - *Etudes*, oct. 84 (J. Collet) - *Huma D.*, 31.8.84 (Cl. Sartirano) - *Monde*, 30.8.84 (Cl. Devarrieux) - *QP*, 3.9.84 (D. Jamet) - *Libé*, 4.9.84 (S. Daney) - *Huma*, 28.9.84 (G. Le Morvan) - *La Quinzaine Littéraire*, 1er oct. 84 (L. Seguin).

• *Le Rayon vert*
   CdC, n° 387, sept. 86 (A. Bergala, P. Bonitzer) ; tournage (F. Etchegaray) – *Pos*. n° 307, sept. 86 (A. Masson, G. Legrand) – *RC* n° 419, sept. 86 (R. Bassan) – *C86*, n° 366, 3 sept. 86 (A. Carbonnier) – *Cgphe*, n° 122, sept. 86 (Ph. Le Guay, J.-Cl. Bonnet ; entr. E.R. par V. Ostria ; entr. S. Maintigneux) – *Starfix*, n° 40, sept. 86 (F. Cognard) – *Première*, n° 144, sept. 86 (M. Esposito) – *Actua-Ciné*, n° 58, sept. 86 (G. Cohen) – *Etudes*, sept. 86 (J. Collet) – *Photo-Magazine*, n° 75, sep. 86

Marie Rivière *(Le Rayon vert)*

(F. Revault d'Allonnes) – *TLRM*, n° 1912, 3.9.86 (C.-M. Trémois ; entr. E.R.) – *Télé-Sept-Jours*, n° 1371, 3.9.86 (G. Lenne) – *L'Evénement du jeudi*, 4.9.86 (A. Andreu) – *NO*, 5.9.86 (F. Vitoux, S. Michaux) – *L'Express*, 29.8.86 (F. Forrestier) – *Monde*, 24-25.8.86 (C. Humblot) ; 4.9.86 (C. Godard) ; 12.9.86 (M. Braudeau) – *Libé*, 30-31.8.86 (A.-D. Bouzet) ; 3.9.86 (G. Lefort, S. Daney, X. Villetard, L. Scorecki, A.-D. Bouzet ; entr. avec E.R.) – *Huma*, 1.9.86 (J. Roy) – *QP*, 10.9.86 (D. Jamet) ; 11.9.86 (A. de Gasperi) – *Fiches du cinéma*, n° 884, 3.9.86 (P. Deschamps) – *Esprit*, oct. 86 (M. Mesnil) – *Le Français dans le monde*, nov.-déc. 86 (M. Estève) – *Sight and Sound*, Winter 86/87, volume 56, n° 1 : « Silly Girls » (John Pym) – *Art Press*, n° 108, nov. 86 (entr. avec E. R. par D. Païni, prés. de A.-M. Faux) – *L'Avant-Scène du Cinéma*, n° 355, déc. 86 (textes de Claude Artaud, Claude Beylie).

● *Quatre aventures de Reinette et Mirabelle*
CdC, n° 392, février 87 (A. Philippon) ; entretien avec E.R. (A. Philippon, S. Toubiana) – *Pos*, n° 309, nov. 86 (G. Legrand) ; entretien avec E.R. (G. Legrand, H. Niogret, F. Ramasse) ; entr.

avec Sophie Maintigneux (N. Saada) – *RC*, n° 425, mars 87 (F. Chevassu) – *Etudes*, mars 87 (J. Collet) – *Première*, n° 119, fév. 87 (J.-P. Guérand) – *C87*, n° 386, 4.2.87 et n° 387, 11.2.87 (F. Revault d'Allonnes) – *Monde*, 10.2.87 (J. Siclier) – *Fiches du cinéma*, n° 905, 4.2.87 (P. Deschamps) – Rohmer fait du court métrage », plaquette éditée par l'Agence du court métrage, avec un entretien avec E.R. (F. Ode).

_ *Bois ton café il va être froid*
Visions international, n° 1, fév. 87.

_ *L'Ami de mon amie*
CdC, n°399, sept. 87 (J. Magny) – *Pos*, n° 319, sept. 87 (F. Ramasse) – *RC*, n° 430, sept. 87 (M. Martin) – *Etudes*, sept. 87 (J. Collet) – *TLRM*, n° 1963, 29.9.87 (C.-M. Trémois) ; entr. avec E. Chaulet, A.-L. Meury, Rosette, M. Rivière, P. Ogier, S. Renoir, A. Dombasle, B. Romand – *C87*, n° 407 (J. Rabinovici) ; entr. avec A.-L. Meury, S. Renoir, E. Viellard – *Première*, n° 125, juil. 87 (A. Boulat) ; entr. avec E.R. (J.-P. Guérand) – *Studio*, n° 6, sept. 87 (M. Esposito) – *Fiches du cinéma*, n° 933-934, 19-26 août 87 (D. Nilse) – *Pariscope*, n° 1005, 26 août 87 (J.-Cl. Brialy) – *7 à Paris*, n° 301, 26 août 87 (Cl.-J. Philippe) – *NO*, 21.8.87 (A. Riou) – *Libé*, 26.8.87 (L. Scorecki) – *Matin*, 26.8.87 (M. Pérez) ; entr. avec E.R. (M.-E. Rouchy) ; entr. avec F.-E. Gendron (T. Lescure) – *Figaro*, 26.8.87 (M.-N. Tranchant) ; entr. avec E. Viellard (M.-N. T.) – *Huma*, 26.8.87 (J. Roy) – *QP*, 26.8.87 (D. Jamet) ; entr. avec E.R. (A. Heliot) – *Monde*, 29.8.87 (J. Siclier) ; entr. avec E. R. – *La Quinzaine Littéraire*, n° 493, 16.9.87 (L. Seguin).

Collection Rivages Cinéma

1. *Fritz Lang* par Frieda Grafe, Enno Patalas, Hans Helmut Prinzler.
2. *Alfred Hitchcock* par Bruno Villien.
3. *Orson Welles* par Joseph Mac Bride.
4. *Fassbinder* par Yaak Karsunke, Peter Iden, Wilfried Wiegand, Wolfram Schütte, Peter W. Jansen, Wilhelm Roth, Hans Helmut Prinzler.
5. *Wim Wenders* par Peter Buchka.
6. *Eric Rohmer* par Joël Magny.
7. *Joseph Mankiewicz* par N.T. Binh.
8. *Martin Scorsese* par Michel Cieutat.
9. *John Cassavetes* par Laurence Gavron et Denis Lenoir.
10. *François Truffaut* par Hervé Dalmais.
11. *Roman Polanski* par Dominique Avron.
12. *Steven Spielberg* par Jean-Pierre Godard.
13. *Robert Aldrich* par Michel Mahéo.
14. *Francis Ford Coppola* par J.P. Chaillet et C. Viviani.
15. *Nicholas Ray* par Jean Wagner.
16. *Jean Renoir* par Pierre Haffner.
17. *Billy Wilder* par Jérôme Jacobs.
18. *Alain Resnais* par Marcel Oms.
19. *Frank Capra* par Michel Cieutat.
20. *Woody Allen* par Jean-Phillippe Guerand.
21. *Claude Chabrol* par Christian Blanchet.
22. *Clint Eastwood* par Michèle Weinberger.
23. *Jean-Luc Godard* par Jean-Luc Douin.
24. *Stanley Kubrick* par Pierre Giuliani.
25. *John Ford* par Jean-Loup Bourget.

Achevé d'imprimer
sur les presses de
l'Imprimerie A. ROBERT
116, bd de la Pomme
13011 Marseille
pour le compte
des Editions Rivages
5, rue Paul-Louis Courier - 75007 Paris
10, rue Fortia - 13001 Marseille

3e édition

Dépôt légal : 4e trimestre 1986